国家社会科学基金一般项目"互动式治理视角下农村环境多元共治的实现机制研究"（19BZZ077）

湖南省自然科学基金面上项目"演进韧性视角下和美乡村建设质量综合评价与模拟仿真"（2024JJ5106）

湖南省教育厅重点项目"环洞庭湖区生态环境治理共同体建设模式及推进机制研究"（2024ZD0138）

湖南省社科基金项目"美丽湖南视角下新型城镇化生态环境效应研究"（24JL019）

中国农村环境
治理问题研究

苏 静◎著

中国财经出版传媒集团

经济科学出版社
Economic Science Press

·北 京·

图书在版编目（CIP）数据

中国农村环境治理问题研究／苏静著． -- 北京：
经济科学出版社，2025.3. -- ISBN 978 - 7 -5218 -6632 -2

Ⅰ. X322.2

中国国家版本馆 CIP 数据核字第 2025Q0V291 号

责任编辑：周国强
责任校对：易　超
责任印制：张佳裕

中国农村环境治理问题研究
ZHONGGUO NONGCUN HUANJING ZHILI WENTI YANJIU
苏　静　著

经济科学出版社出版、发行　新华书店经销
社址：北京市海淀区阜成路甲 28 号　邮编：100142
总编部电话：010 - 88191217　发行部电话：010 - 88191522
网址：www. esp. com. cn
电子邮箱：esp@ esp. com. cn
天猫网店：经济科学出版社旗舰店
网址：http://jjkxcbs. tmall. com
固安华明印业有限公司印装
710×1000　16 开　17.5 印张　260000 字
2025 年 3 月第 1 版　2025 年 3 月第 1 次印刷
ISBN 978 - 7 - 5218 - 6632 - 2　定价：98.00 元
（图书出现印装问题，本社负责调换。电话：010 - 88191545）
（版权所有　侵权必究　打击盗版　举报热线：010 - 88191661
QQ：2242791300　营销中心电话：010 - 88191537
电子邮箱：dbts@ esp. com. cn）

前　言

改善农村生态环境，建设美丽宜居和美乡村，是实施乡村振兴战略的一项重要任务，是美丽中国建设的重要组成部分，是推进农业农村现代化的重要抓手，事关广大农民根本福祉，事关农村社会文明和谐，事关全国生态文明建设成效。

党的十八大以来，以习近平同志为核心的党中央全面部署推进农村生态环境治理工作。在许多重要场合和重要会议上，习近平总书记就农村生态环境问题作出了一系列科学论断和重要指示。"我们既要绿水青山，也要金山银山"①"中国要美，农村必须美"②"生态环境是关系党的使命宗旨的重大政治问题，也是关系民生的重大社会问

---

① 2013 年 9 月，习近平在哈萨克斯坦纳扎尔巴耶夫大学的演讲。
② 2016 年 4 月，习近平在农村改革座谈会上的讲话。

题"①"要持续开展农村人居环境整治行动，打造美丽乡村，为老百姓留住鸟语花香田园风光"②"要继续完善农村公共基础设施，改善农村人居环境，重点做好垃圾污水治理、厕所革命、村容村貌提升，把乡村建设得更加美丽"③。党的十八大之后，连续多年的中央一号文件以及中央的有关重要文件均对农村生态环境问题做出了强调和部署。2018年2月发布的《关于实施乡村振兴战略的意见》明确提出：乡村振兴，生态宜居是关键，要牢固树立和践行绿水青山就是金山银山的理念，将农村生态环境治理作为全面推进乡村振兴的重要"抓手"，加强农村突出环境问题综合治理，推进乡村绿色发展。同期发布的《农村人居环境整治三年行动方案》提出，要以建设美丽宜居村庄为导向，以农村垃圾、污水治理和村容村貌提升为主攻方向，动员各方力量，整合各种资源，强化各项举措，加快补齐农村人居环境突出短板。并明确了推进农村生活垃圾治理、开展厕所粪污治理、梯次推进农村生活污水治理、提升村容村貌、加强村庄规划管理、完善建设和管护机制等六大重点任务，就全面推进农村人居环境整治做出具体部署与设计。2018年12月，中央农办、农业农村部等18部门联合印发《农村人居环境整治村庄清洁行动方案》，要求针对当前影响农村环境卫生的突出问题，广泛宣传、群策群力，集中力量从面上推进农村环境卫生整治，重点做好村庄内"三清一改"工作，着力解决村庄环境"脏乱差"问题，掀起全民关心农村人居环境改善、农民群众自觉行动、社会各界积极参与村庄清洁行动的热潮，实现村庄环境干净、整洁、有序，文明村规民约普遍形成，长效清洁机制逐步建立，村民清洁卫生文明意识普遍提高的目标。2019年相继发布《关于推进农村"厕所革命"专项行动的指导意见》《关于推进农村生活污水治理的指导意见》就推进农村厕所改革和生活污水治理的整体思路、重点任务、保障措施、目标要求等进行了全面部署。除此之外，党的十八大以来每年的中央一号文件都

---

① ② 2018年5月，习近平在全国生态环境保护大会上的讲话。
③ 2019年7月，习近平在内蒙古考察并指导开展"不忘初心、牢记使命"主题教育时的讲话。

对农村环境治理问题进行了专门部署，无不彰显中央治理农村环境的决心和信心。农村环境治理逐步被置于前所未有的战略高位。

在中央大政方针的正确指引与高位推动下，各地区各部门认真贯彻党中央、国务院决策部署，因地制宜、真抓实干，广大农民群众积极参与、切实行动，使得已经出台的诸多政策在现实中发挥了重要而积极的作用与效能，我国农村环境治理呈现良好的发展态势，取得了积极而显著的成效。农村环境治理的角色定位逐步从边缘到主角，制度设计逐步从单一性到多样化，政策内容逐步从零散性趋向系统化，环境治理主体日益多元化。特别是实现"生态宜居"与"乡村振兴"、建设"宜居宜业和美乡村"、实现"农业农村现代化"等目标和要求的提出，给新时期农村环境治理带来了新的发展机遇，农村环境治理不断走向深入，环境治理质量与治理效率显著提升，农村地区环境卫生长期以来"脏、乱、差"的局面得到根本性扭转。截至 2020 年底，全国行政村生活垃圾处置体系覆盖率达到 90% 以上，农村垃圾山、垃圾围村、垃圾围坝等现象明显改善；基本建立了污水排放标准和县域规划体系；农村污水、垃圾处理产业逐步培育，设备及配套材料供应、设备设施建设、建设后的运营管理监督维护等全产业链条逐步形成；全国农村卫生厕所普及率达 68% 以上，政府主导、村民主体、社会参与的多元协同治理机制开始形成①，农村人居环境明显改善，村民环境与卫生意识普遍增强，参与的主动性、积极性明显提高。这为全面建成小康社会起到了补短板、强弱项的作用。

然而，我国农村环境治理是一项系统工程，涉及多主体、多部门、多要素与多种机制。其治理内容已经由 20 世纪 90 年代的污染治理逐步拓展为污染治理、生态保护、人居环境整治、居民生活质量提高、宜居宜业和美乡村建设等多项内容。治理目标也由 20 世纪 90 年代的环境保护向推进生态宜居、

---

① 接续推进农村人居环境整治行动 [N]. 经济日报，2022 - 05 - 13 (11).

绿色发展、可持续发展与生态文明建设转型。因而，农村环境在治理实践中具有根本的复杂性，对政策质量以及政策的接受性预期的要求都比较高。尽管当前我国农村环境治理取得了不同程度的积极成效，但总体上看，我国农村环境治理形势依然严峻，农业农村污染治理依然是生态环境保护和"三农"工作的薄弱领域，还有很多"硬骨头"需要啃。农村环境总体质量水平还不高，实现总体质量水平提升还任重道远。农村环境治理区域发展不平衡、工作进展不平衡、整治效果不平衡的问题依然突出，基本生活设施不完善、管护机制不健全等问题还广泛存在。"重建轻管""只管前半段，不管后半程""治理成果短期有效、长期失效"等问题还没有得到根本性解决。农村环境整治成效亟待巩固提升，全国尚有2/3的行政村没有达到环境整治要求，农村生活污水治理率仅为25.5%，农村黑臭水体治理刚刚起步；全国农村卫生厕所普及率只有68%，农业面源污染物排放仍处高位，化肥农药减量增效亟须夯实，畜禽养殖污染防治水平有待提升、水产养殖尾水治理基础薄弱，依法治污、科学治污、精准治污的水平还不高。① 这与农业农村现代化要求与农民群众对美好生活的向往以及2035年基本实现美丽中国目标还存在较大差距。

在此背景下，2021年1月生态环境部、农业农村部等部委进一步印发《农业农村污染治理攻坚战行动方案（2021—2025年）》。在总结评估"十三五"农业农村污染治理攻坚战成效的基础上，围绕落实"十四五"生态环境保护目标和全面推进乡村振兴的总要求，提出立足"三农"实际和发展需求，聚焦薄弱领域、重点区域，分段推进，针对农村生活污水垃圾治理、农村黑臭水体整治、化肥农药减量增效、农膜回收行动、养殖业污染防治等5个方面的突出短板，加大攻坚力度，提升治理成效，持续打好农业农村污染治理攻坚战。同年12月，生态环境部、国家发改委等七部委联合印发了

---

① https：//www.mee.gov.cn/ywdt/zbft/202201/t20220129_968602.shtml.

《"十四五"土壤、地下水和农村生态环境保护规划》（以下简称《规划》）以及中央办公厅、国务院办公厅联合发布《农村人居环境整治提升五年行动方案（2021—2025 年)》（以下简称《五年行动方案》）两大重磅文件。其中，《规划》坚持全面规划和突出重点相协调，从 4 个方面提出了 20 项具体任务，对"十四五"时期土壤、地下水和农业农村生态环境保护的目标指标、重点任务和保障措施作出了系统部署和具体安排。强调要深化农业农村环境治理，包括加强种植业污染防治、着力推进养殖业污染防治、推进农业面源污染治理与监督指导、整治农村黑臭水体、治理农村生活污水垃圾、加强农村饮用水水源地环境保护等，并分 2025 年和 2035 年两个阶段设置了农村环境治理目标。《五年行动方案》提出接续推进农村人居环境整治提升行动。这是 2018 年 2 月《农村人居环境整治三年行动方案》的升级版，既是夯实基础和巩固已有治理成果的需要，也是全面提升治理能力与水平的需要。新一轮五年行动突出高质量主题，其特点主要体现在三个方面①：一是在总体目标上从推动村庄环境干净整洁向美丽宜居升级；二是在重点任务上从全面推开向整体提升迈进；三是在保障措施上从探索建立机制向促进长治长效深化。其中，机制上的探索与创新是凝聚人心、汇聚力量的根本性保障。建立机制的重心，首先，在于建立健全农村环境常态化、长效化治理机制，着力完善以保质量求实效为导向、以农民群众是否满意为标准的工作推进机制。其次，在于突出政策引导扶持，着力构建系统化、规范化和长效化的政策制度。最后，在于突出农民主体作用，着力激发广大农民自觉投身农村人居环境整治的内生动力。这就需要真正发挥村民主体作用，让村民真正成为农村环境治理的主体力量。

党的十九大报告指出，要"健全现代环境治理体系""形成导向清晰、决策科学、执行有力、激励有效、多元参与、良性互动的环境治理体系"。

---

① 接续推进农村人居环境整治行动 [N]. 经济日报，2022-05-13 (11).

《关于构建现代环境治理体系的指导意见》（2020 年）提出，要"明晰政府、企业、公众等各类主体权责，畅通参与渠道，形成全社会共同推进环境治理的良好格局"。党的二十大报告指出，要"建立健全共建共治共享的社会治理制度""建设人人有责、人人尽责、人人享有的社会治理共同体"。那么，当前我国农村环境治理进展如何？是否达到了政策设计的预期目标？哪些因素助推抑或阻碍了我国农村环境治理？农村环境治理过程中还存在哪些亟待破解的问题与瓶颈？问题存在的背后根源是什么？如何突破当前我国农村环境治理问题与瓶颈，以最大化凝聚治理资源，形成治理合力，提升治理效能，进而实现农村环境的长效治理与可持续治理？我国未来农村环境治理该如何走向？这些问题的研究和回答，对于检验我国农村环境治理政策效果，建立健全农村环境治理长效机制，推进农业农村现代化具有重要的理论价值与现实意义。

本书聚焦农村环境治理这一重大命题，以调查研究为基础，系统探讨我国农村环境治理的执行进展与整体形势，挖掘我国农村环境治理中存在的典型问题及其形成机理，评估我国农村环境治理的效果，解析我国农村环境治理的成功模式及其经验启示，探索农村环境长效治理的有效路径。这对于纾解当前农村环境治理困局，着力推动农村环境治理由局部走向全域、由外驱走向内生、由薄弱走向韧性、由整洁走向和美、由增量走向增质、由短效走向长效的转变，进而推动实现农村环境由表及里、形神兼备的全面提升，具有重要的理论价值与现实意义。

目　录

第1章

绪 论

1.1 研究缘起

近年来，随着农业现代化进程的推进、农村地区生产生活水平的提高以及农村居民生活方式的转变，农村地区环境污染与日俱增，已成为亟待解决的突出问题。这不仅对农村生态环境的可持续性构成威胁，还直接影响到农村居民的健康和生活质量，并且在 定程度上制约了农村经济社会的健康、稳定发展。从生活垃圾排放情况来看，据统计，2021 年我国农村居民平均每人每天产生的垃圾量约为 0.86 千克，并且每年以 9% 左右的速度增长。^① 按照 2022 年底全国农村人口 4.91 亿计算，全国农村年生活垃圾排放量将近 1.54 亿吨。量大、面广、成分复杂的生活垃圾污染一度成为困扰我国农村环境治理的顽疾。从农业面源污染情况来看，2015～2021 年我国农用化肥施用量连续 6 年保持下降，但 2021 年全国农用化肥施用量仍然高达 5191 万吨（折纯）^②，盲目施肥和过量施肥现象依然不同程度存在，化肥农药减量增效亟须夯实。从可再生资源利用情况来看，以秸秆为例，我国年均秸秆产量约 8 亿吨，其中每年至少有 1 亿吨未被有效利用^③，秸秆焚烧导致的重污染"雾霾"天气现象依然在不同地方重复上演。从农村生活污水处理情况来看，农村生活污水处理设施建设总体滞后，整体治理率偏低，截至 2020 年底，还有 74.5% 的行政村未完成生活污水治理。从各地区环境治理整体情况来看，农村环境总体质量水平还不高，依法治污、科学治污、精准治污的水平还不高，工作进展不平衡、治理效果不平衡的问题依然突出；基本生活设施不完善、管护机制不健全等问题还广泛存在。农村地区生活垃圾污染、农业面源污染、水污染、畜禽养殖污染、种植业污染以及自然环境与社会生态形成的复合性污染等等相互交织、重重叠加，使得农村环境每况愈下，成为全面推进乡村振兴和美丽中国建设的关键制约与突出短板。

在此背景下，各地区以实施中央《"十四五"土壤、地下水和农村生态环境保护规划》、落实《农业农村污染治理攻坚战行动方案（2021—2025年)》为抓手，强化因地制宜、分类施策、先行先试，持续深入开展了净土保卫战和农业农村污染治理攻坚战。大部分地区农村环境治理取得了积极而显著的成效，农村环境得到大力改善；然而也有部分地区农村环境治理成效甚微。针对上述现象，相关学者进行了专门的研究与探索，大部分学者从制度安排与政策工具、成本收益与资金投入、社会资本、环保认知、主体参与

---

① 《中国城乡建设统计年鉴（2022）》。
② 2022 年农业农村部《到 2025 年化肥减量化行动方案》。
③ 《中国秸秆行业发展深度研究与投资趋势分析报告（2023—2030)》。

等不同层面探讨了农村环境治理效果差异背后的动因及相关影响因素。外部因素的影响固然是农村环境治理成效差异形成的重要原因之一，然而，村民作为农村环境治理的直接参与者与受益者，其广泛、积极、有效的参与是农村环境治理不可或缺的重要一环。村民环境治理参与行为、参与程度以及其环境治理感知度、内心认可度、满意度等也直接影响到农村环境治理成效。但截至目前，受农村现实环境、基层治理体制以及数据可得性等诸多条件制约，从村民环境治理参与行为视角来探讨农村环境治理问题的理论与案例研究还相当缺乏。以田野问卷调查数据为基础，系统研究村民环境治理参与行为影响因素及其影响机制的文献也还比较少见。同时，自中央高位推动农村环境治理工作以来，不少地区就农村环境治理模式进行了成功的探索与尝试，积累了很多值得推广的创新性经验。目前也鲜有文献就我国农村环境治理典型模式及其经验借鉴进行总结与提炼。

为了评估当前我国农村环境治理的执行进展及其成效，考察影响村民环境治理行为的主要因素及其影响途径，全面梳理和分析我国农村环境治理的成功模式及其典型经验，探索我国农村环境长效治理的实践路径与优化政策，本书主要以问卷调查、深度访谈、驻村观察等为事实基础，基于主体参与行为的微观视角，实证研究村民环境治理参与行为的影响因素及其影响机制；基于村民感知、村民满意度视角实证分析农村环境治理的执行进展与治理效果；基于典型案例视角，考察我国农村环境治理的成功模式及其经验启示；基于可持续发展视角，考察我国农村环境长效治理的实践路径与优化政策。在当前全国各地学习运用"千万工程"经验的政策背景下，上述问题的研究既是深入推进乡村全面振兴、建设美丽中国等国家战略需求的实践命题，也是心系民生福祉和农业农村可持续发展的理论议题。一方面，将有助于解释对于处在转型时期的发展中国家而言，村民等关键主体具体都是在哪些因素的驱动下，通过哪些途径与行为、如何充分参与到农村环境治理中来进而为农村环境治理作出贡献的，为规制和引导村民主体充分高效参与农村环境治理，激发村民参与农村环境治理的内生动力，挖掘农村环境治理向纵深转型的内在动力机制，为形成符合中国国情的新型农村环境治理模式、治理形态及其实现路径提供理论指导和现实依据。另一方面，将有助于从关键主体层面准确把脉农村环境治理存在的问题及其根源，科学评价我国农村环境治理成效，破解农村环境治理关键主体缺位或参与不足的困局，进而为推动形成村民充分高效参与的农村环境治理格局提供现实依据，为优化农村环境治理政策提供参考与借鉴。

1.2　研究价值

自中央高位推动农村环境治理以来，我国农村环境治理实践经历了复杂而深刻的变革。政策层面不断加强，出台了一系列相关法规和指导文件，为农村环境治理提供了制度保障。各级地方政府和各地村庄积极响应，结合各自实际情况，探索出多样化的治理模式和治理路径。农村环境治理内容不仅关注传统的水、土、气污染治理，还逐渐向生态修复、和谐美丽、可持续发展等方向延伸，强调生态环境、经济发展与社会治理的协调。技术的应用也在不断提升，智能化监测、生态治理技术的引入，使得治理效率显著提高。然而，我国农村环境治理依然面临不少挑战，如资金不足、专业人才匮乏、农村居民环保意识不强、村民参与程度和力度还亟待提升等等。本书以问卷调查、深度访谈、驻村观察为事实基础，结合数据模型系统研究农村环境治理问题，具有重要的理论价值与应用价值。

一是有利于深化对农村环境治理内在动力的学理认识。村民参与是提升农村环境治理有效性和可持续性的关键因素之一。如何突出村民主体作用，着力激发广大村民自觉投身农村环境治理的内生动力既是建立宜居宜业和美乡村的实践堵点，更是影响乡村振兴和美丽中国建设过程中精准治污的理论难点。本书基于历史的"长镜头"系统探讨我国农村环境治理的历史演进与政策脉络，解析我国农村环境治理的阶段性特征及演进逻辑，深度刻画我国农村环境治理的广袤历史图景，挖掘我国农村环境治理面临的问题、挑战以及现实启示。在此基础上，基于微观行为视角，系统研究村民参与农村环境治理行为的影响因素及其影响机制，透过村民的内心真实感受，考察我国农村环境治理的堵点、成效及其未来走向，这将有利于丰富农村环境治理微观层面的研究，深化对农村环境治理及其主体参与动力的学理认识，推动农村环境治理研究走向深入。

二是从类型学上增进了对农村环境治理成功模式及其实践路径的认识。一方面，本书根据对各地区农村环境治理成功模式及其典型经验的梳理与挖掘，解析了积分制治理模式及其浙江贺田模式、黄山"生态美超市"模式两种不同的实践样态和内源驱动型治理模式及其四川丹棱模式、湖南"六自三微"模式两种不同的实践样态，重点从主体参与层面对其典型经验进行了阐释与挖掘，就两种不同治理模式的内在治理逻辑进行了分析。这从类型学上增进了对农村环境治理模式及其内在运作逻辑的认识。另一方面，本书探讨了农村环境长效治理的实践路径，比较分析了实践路径的差异及其形成机制，根据农村环境治理主体的不同，对不同路径下主体的行为逻辑及其内在运作机制进行了深入分析。这从类型学上增进了对农村环境治理实践路径及其内在实现机制的认识。

本书也具有其独特而重要的应用价值，具体体现在如下两个方面：

一是能为相关部门完善农村环境治理的政策措施提供决策参考。本书以田野调查和统计数据为基础，基于村民主体环境治理参与行为的视角深入解析农村环境治理过程中深层次的问题、症结及其成因，分析影响农村环境治理内驱力形成的影响因素及其影响途径，探索农村环境长效治理的有效模式与实践路径，形成可操作性的研究成果，为促进以村民为代表的关键主体积极、有效参与农村环境治理，提升农村环境治理效率、效能提供案例与经验资料，为切实解决农村环境治理主体参与难题找到突破口，为中央和地方政府部门修正和完善农村环境治理政策提供决策咨询。

二是为国家层面构建以村民为主体的现代农村环境治理体系提供案例与

蓝本。虽然农村环境治理在某种程度上与城市和其他地区存在共同点，但由于历史、文化、经济等因素的不同，农村环境治理面临着特有的挑战和机遇，我国农村环境治理相对于其他地区而言，有其特殊性。本书多角度挖掘我国农村环境治理的成功案例及其本土经验，深入分析农村环境治理的共性与特殊性，有助于我们从多维度理解农村环境治理机制构建与治理体系设计的复杂性。这不仅能够为政策制定者提供理论依据，也能为实践者提供可操作的经验，促进实践与理论的良性互动。

1.3 研究内容

本书共分为 10 章，各章具体内容如下：

第 1 章，绪论。本章交代研究缘起、研究价值、研究内容、研究思路、研究方法及可能的创新之处。

第 2 章，概念界定与理论基础。本章主要就农村人居环境、农村环境治理等核心概念进行界定，并就其内涵与外延进行分析。就与本书相关的协同治理理论、行为理论、新内生式发展理论、乡村治理理论等进行分析，并阐述了其在我国农村环境治理中的契合性，夯实本书的理论基础。

第 3 章，我国农村环境治理的历史演进、基本经验与主要挑战。本章主要基于历史的"长镜头"探讨我国农村环境治理的历史演进与政策脉络，解析我国农村环境治理的阶段性特征与演进逻辑，深度刻画我国农村环境治理的广袤历史图景。在此基础上，进一步分析和挖掘我国农村环境治理面临的问题、挑战以及现实启示。

第 4 章，我国农村环境治理的总体形势与执行进展。本章主要基于微观调查数据，分析我国农村环境治理的总体形势、执行进展及其村民行动，分析我国农村环境治理中存在的典型问题及其主要制约因素，为全面把握我国农村环境治理总体情况以及改进方向提供实践指导。

第 5 章，污染感知与村庄认同如何影响农户生活垃圾处理行为。农户生活垃圾处理行为直接关系到农村环境治理整体成效。本章将污染感知、村庄认同、制度信任纳入统一的分析框架，采用湖南省农户调查数据和有序 Logit 模型研究三者对农户生活垃圾处理行为的影响效应及其影响机制与内在作用逻辑，以期为破解农村生活垃圾长效治理难题提供针对性参考。

第 6 章，村规民约和村干部信任如何影响农户环境治理参与行为。秸秆等农业可再生资源利用是实现农业绿色可持续发展的重要举措，也是农户参与农村环境治理的重要行为表现。本章以秸秆资源化利用为例，采用湖南省农户调查数据和 Logit 模型，实证分析了村规民约、村干部信任对农户秸秆资源化利用行为的影响效应，并进一步分析了村干部信任在村规民约与农户秸秆资源化利用行为之间的调节效应，以回应农村环境治理过程中农业秸秆等可再生资源综合利用的实践现状，为设计制定更加切实可行的秸秆综合利用政策工具、提升秸秆资源化利用率提供针对性参考。

第 7 章，基于农户满意度的农村环境治理效果评估。本章基于 8 个省（自治区、直辖市）157 个行政村 1967 个农户的问卷调查数据，采用有序 Logit 回归模型，从约束型规制、引导型规制、村庄治理效能、干部工作能力以及个体环保意识和受教育水平等不同层面实证研究农村环境治理满意度的影响因素及其作用机制，为全面检视农村环境治理的政策效果提供参考依据。

第 8 章，凸显村民主体特征的农村环境治理模式及其地方实践。本章主要以连续多年的田野调查为基础，重点分析农村环境治理中凸显村民主体特征的积分制模式、内源驱动型模式和共同体模式三类成功实践模式，解析其实践特征及其主要做法，为探寻更具普遍意义的以村民为主体的农村环境治理创新模式及其实践路径提供案例借鉴与实践指导。

第 9 章，我国农村环境治理成功模式的实践经验分析。农村环境治理成功模式的地方实践为我国现行农村环境治理转型积累了宝贵的经验。本章主要以上一章农村环境治理成功模式及其主要做法为基础，系统分析积分制模式、内源驱动型模式和共同体模式三类成功模式的典型实践经验，为推动我国农村环境长效可持续治理提供参考与借鉴。

第 10 章，我国农村环境治理路径与政策分析。本章在对行政放权下的激活型路径、党组织引领下的凝聚型路径、技术动员下的激励型路径和精英主导下的自治型路径进行对比分析的基础上，深入探讨四类路径的差异及其背后的生成机制。在此基础上，从五个方面提出了推进农村环境长效治理的政策建议。

1.4 研 究 思 路

本书依据"由远及近"以及"发现问题—分析问题—解决问题"的双重逻辑按以下思路展开研究：第一，结合我国农村环境治理的历史进程，分析了我国农村环境治理五个典型阶段（即起步与尝试阶段、恢复与探索阶段、完善与提升阶段、转型与强化阶段、深化与创新阶段）的主要特征及政策脉络，剖析农村环境治理的主要特点以及现状、困境及其存在的典型问题。第二，分别基于典型农村地区的问卷调查数据与深度访谈资料，分析我国农村环境治理的总体形势与执行进展，探究我国农村环境治理中的主要制约因素。第三，根据前文研究基础，基于村民参与行为视角，实证考察污染感知与村庄认同对农户生活垃圾处理行为的影响效应与影响机制以及村规民约与村干部信任对农户环境治理参与行为的影响效应与影响机制。第四，基于农户满意度视角，就我国农村环境治理效果进行评估，并实证分析了影响农村环境治理效果的相关因素。第五，从微观层面的农村环境治理典型模式与实践个案入手，分别剖析并呈现了凸显村民参与主体特征的积分制模式、内源驱动型模式、共同体模式等三类农村环境治理典型模式及其主要特征与地方实践，并且分层分类总结和提炼了三类治理模式实践成功的典型经验，为推动我国农村环境长效可持续治理提供参考与借鉴。第六，在对相关典型案例模式进行比较研究的基础上，进一步探索和分析了我国农村环境长效治理的实现路径，包括行政放权下的激活型路径、党组织引领下的凝聚型路径、技术动员下的激励型路径和精英主导下的自治型路径，并深入探讨了上述四类路径的差异及其背后的生成机制。在此基础上，从五个方面提出了推进农村环境长效治理的政策建议。

本书总体技术路线如图 1.1 所示。

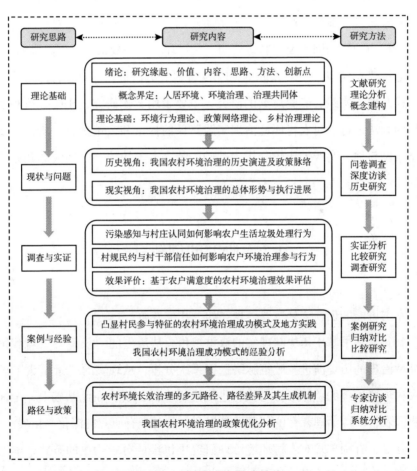

图 1.1　研究框架与技术路线

1.5　研　究　方　法

在研究方法上，本书综合运用了文献研究、调查研究、案例研究、比较研究、实证研究、建构研究等多种研究方法。对农村环境治理历史演进及政策脉络的研究，主要采用文献研究、历史研究和对比研究的方法进行。对农村环境治理的总体形势与执行进展以及现状与问题的把握，主要结合问卷调查、专家访谈、参与式观察、深度访谈等调查研究方法进行。对村民环境治理参与行为的影响因素及其影响机制、农村环境治理效果评价等内容的研究，主要通过建立模型，采用 Logit 回归等实证研究方法进行。对农村环境治理成功模式及地方实践、经验总结的研究，主要采用案例研究、比较分析和系统分析的方法进行。对农村环境治理实践路径的探索和政策优化分析，主要以典型案例与地方实践的比较分析为基础，结合专家访谈、归纳演绎和系统分析的方法进行。

1.6　研究的创新点

本书可能的创新之处主要体现在如下几个方面：

其一，本书基于历史与现实的双重视角，从历史的"长镜头"就我国农村环境治理的历史演进及政策脉络进行系统分析，从现实的"近镜头"就我国农村环境治理的总体形势与执行进展进行全面剖析，在此基础上，全面解析我国农村环境治理存在的问题及其根源，是对现有研究的深化与拓展。

其二，有别于现有农村环境治理研究中以经验分析为主的范式，本书采用典型地区问卷调查微观数据和 Logit 模型，就污染感知、村庄认同、村规民约、村干部信任等相关因素对农户环境治理参与行为的影响效应与影响机制进行实证分析，从农户满意度视角就农村环境治理效果进行实证分析与全面评价，提高了研究的科学性，也为从村民主体层面探究农村环境治理内在症结，检视农村环境治理绩效提供了一个新的思路与方法。

其三，本书从微观层面的农村环境治理典型模式与实践个案入手，分别剖析并呈现了凸显村民参与主体特征的积分制模式、内源驱动型模式、共同体模式等三类农村环境治理典型模式及其主要特征与地方实践，并且分层分类总结和提炼了三类治理模式实践成功的典型经验。这从类型学上增进了对农村环境有效治理模式及其内在治理逻辑与经验的认识。

其四，本书以对农村环境治理的调查研究、实证研究、案例研究的比较分析为基础，建立统一分析框架，进一步就农村环境有效治理的多元路径即行政放权下的激活型路径、党组织引领下的凝聚型路径、技术动员下的激励型路径和精英主导下的自治型路径进行分析，深入探讨上述四类路径的差异及其背后的生成机制，极大地丰富了农村环境治理的实践内涵。

第2章

概念界定与理论基础

本章主要就农村人居环境、农村环境治理、治理共同体等核心概念进行界定，对协同治理理论、行动者网络理论、乡村治理理论、新内生式发展理论等相关理论进行回顾与梳理，并阐述其在我国农村环境治理中的契合性，为下文的研究奠定理论基础。

2.1 概念界定

2.1.1 农村人居环境

吴良镛（2001）在其著作《人居环境科学导

论》中指出，人居环境是人类聚居生活的地方，是与人类生存活动密切相关的地表空间，它是人类在大自然中赖以生存的基础，是人类利用自然、改造自然的主要场所，在空间上可以再分为生态绿地系统和人工建筑系统两大部分。人居环境是一个不同层次和不同类型的空间系统，也可分为城镇人居环境和农村人居环境。李青、张琪（2004）指出"人居环境"就城市和建筑的领域来讲，可具体理解为人的居住生活环境，要求建筑必须将居住、工作、休憩、交通、管理、公共服务、文化等各个复杂的要求在时间和空间中结合起来。宁越敏（2020）将人居环境分为硬环境和软环境。硬环境是指以居民行为活动为载体的各种物质设施的总和，实际包括居住条件、基础设施、地理条件、资源分布等。软环境指的是居民在物质生产和生活过程中受到的潜移默化的非物质性影响，主要包括思想观念、传统文化、人文关怀、村规民约等。

农村人居环境是一个多维度的概念，是农村人口利用自然、改造自然满足生产生活的主要场所，包括农村居民的物质环境、社会与文化环境、生态环境等多个方面。物质环境主要涵盖了村民的基本生活设施（如住房等）、农业生产的支持设备、乡村公共服务基本设施以及村容村貌等；社会与文化环境主要涵盖了村民之间社会关系、治理机制以及村民的精神文明和文化生活环境（如乡土文化、习俗等）；生态环境主要涵盖了农村的自然生态状况（如水源、空气、绿地等）、村民的居住和生活环境以及农业的生产环境等方面（王昌璐，2024）。因此，农村人居环境不仅包括基础设施的建设、住房条件的改善、社会关系的和谐、公共服务的提供，还涵盖了生态环境的保护和文化氛围的营造，是村民生存、生活与发展的基本条件，是其经济发展的基础。物质环境直接关系到居民的生活质量和身体健康，而社会文化环境的和谐影响着村庄社区的凝聚力和居民的幸福感，经济环境的良好发展则为人们提供了更多的发展机会和选择，使他们能够在更好的条件下生活和工作。总之，良好的农村人居环境将为村民提供安全、舒适的生活空间，促进农业生产的顺利进行，并为农村经济的多元发展奠定坚实的基础。

农村人居环境是一个集体性空间，具有较强的公共属性，体现在居住空间与资源共享性、生态系统的相互依赖性、社会关系的互构性、村民的生活、历史与文化的传承性等等。村民的生活、生产活动都在这一环境中进行，无论是住房、道路、公共设施，还是水源和绿地，这些资源和空间都是村民共同使用的。村庄人居环境整体状况直接影响到每个村民的生活质量，因此，改善和维护农村人居环境是全体村民的共同责任。

2.1.2　农村环境治理

农村环境治理是我国国家治理现代化的重要组成部分，是衡量国家治理体系和治理能力现代化程度的重要指标。一般意义来看，农村环境治理是指在农村环境资源的开发利用过程中，国家、市场、社会、个体等多方行动者借助于一定的理念、机构、资源、规则、机制等对农村区域内的自然与生态环境、人居环境等环境资源进行管理维护的过程。此定义涵盖了农村环境治理的三个基本层面，即治理什么、谁来治理、如何治理。这三个基本层面的问题分别对应于农村环境的治理对象、治理主体、治理载体与治理机制。

从治理对象来看，农村环境治理的具体对象包括农村地区的自然与生态环境、人居环境等多个领域。其中，农村地区自然环境主要是指自然形成、客观存在于自然界中的水体、大气、土壤、生物、植被、自然资源等物质要素及其之间相互关系的总和。生态环境则更侧重于生物组成部分及其与周围非生物环境的相互作用和关系，即生态系统。生态环境强调的是生物与其生存环境之间的关系，包括生物之间的关系以及生物与水、空气、土壤等非生物环境因素之间的关系。生态环境通常会考虑人类活动对生物和生态系统产生的影响。农村人居环境是社会环境的重要组成部分，主要是指农村居民生活居住、工作劳动、休息游乐以及社会交往的生存环境与空间场所，不仅包括居住、生活、生产的有形空间，而且贯穿于农村地区经济、社会、文化、人口、资源、环境等各个方面。农村地区人居环境是一个"以人为本""和谐共生"的环境系统。农村人居环境治理指的是通过政策制定、资源配置、环境规划、社区参与以及法律法规的实施等手段，对农村地区的居住条件、基础设施、公共服务、环境卫生、社会文化、生态状况等进行系统的、持续的管理和改善。其目的在于创造一个健康、安全、舒适、美观、和谐、可持续的居住环境，提高农村居民的生活质量，促进社会和谐与经济发展。

从治理主体来看，农村环境治理的主体通常涉及国家行政主体、市场型主体、社会型主体、自治型主体、居民个体等不同类型，涵盖多个层级，具有多样性、内生性、地域性等特点。各个主体的地位和功能不同，治理方式的侧重点也存在差异。基层政府作为国家行政主体，负责制定和执行国家相关农村环境治理的政策、法规，监督和管理农村地区环境治理项目的实施，进行相关的环境治理动员，为农村环境治理的顺利实施提供必要的财政支持与保障。企业及其相关的合作社作为市场型主体，既是环境污染的制造者，也是环境治理的投资者、环境保护的实施者和参与者。非政府组织、志愿者组织等社会民间组织作为社会性主体，在动员社会资源，开展环境保护教育宣传，增强公众环保意识，推动环保行动以及环境监督等方面发挥重要作用。村民委员会、村民小组等村民自治机构作为农村环境的自治型主体，是农村基层环境治理的核心力量，既是环境治理的动员者、组织者、实施者，也是重要的参与者和监督者。其中，村民委员会作为基本的自治组织，负责规划和管理村庄环境发展，制定环境保护相关制度规范、村规民约，动员村民参与环境治理，建设和维护环境基础设施，以及处理垃圾和污水，努力实现村庄的绿化和美化，同时确保村民能够获得基本的公共服务，监管自然资源的可持续使用。村民小组等自治组织则侧重于内部的自我管理，协调解决组员之间在环境治理中出现的问题，执行环境保护项目，并在成员间推广有效的环保理念与环保实践。乡村精英、乡贤等作为广大基层民众的代表，在农村环境治理中担当多重关键角色，往往是农村环境治理实践的引领者与示范者，农村环境治理基层政策规范制定的重要参与者，政府、村委、民众之间冲突调解与社会和谐建构的桥梁者和沟通者，政府农村环境治理项目的主要承接者与资金、技术、人才资源的集聚者。村庄民众是基层环境治理的对象也是主体，他们的日常行为和习惯对环境有着直接的影响，是实现环境治理目标的直接行动者，环境治理中群体最庞大的直接参与者与受益者。理想的状态下，上述不同类型的治理主体通过各自职责功能的发挥与相互协作，共同推动农村环境的持续改善与有效治理。长期以来，随着我国农村环境治理中政府单一主体治理模式的弊端不断凸显，推动农村环境治理由政府主导的单主体治理模式向政府、企业、社会组织与民众等多主体协同治理模式转变成为农村环境治理改革的必然。

从治理载体与治理机制来看，农村环境治理载体主要是指用于实施治理活动的具体形式和工具，包括治理理念、治理制度与规范、治理资源（资金、技术等）与治理设施、治理网络与宣传媒介等，它们为基层环境治理实施提供必要的平台和手段。简而言之，农村环境治理机制就是农村环境治理相关主体借助治理载体，通过互动、协调、合作、竞争等方式，集聚和整合各类要素资源对农村环境进行治理的实际运行机制（刘旭东，2020），包括一系列的制度性安排和操作模式，是农村环境治理的过程保障。它包括决策机制、执行机制、激励与约束机制、监督机制、技术支撑机制、评价机制、社会参与机制等多个方面，确保治理活动有序、高效和适应性地进行。其中，决策机制涉及如何形成有效环境治理决策的规则和程序，包括民主决策、集体决策、专家咨询、数据驱动决策等方式，确保农村环境治理决策的合理性和公正性。执行机制关注农村环境治理决策如何落到实处，包括资源配置、行动指导、任务分派和执行监控等，确保农村环境治理政策和计划得到有效执行。激励和约束机制是农村环境治理政策的两个重要方面：一方面，通过提供积极的物质或精神奖励，鼓励相关主体贯彻落实执行环境治理政策、采取环保行为；另一方面，也通过法律、规章、经济等手段，限制或惩处破坏环境的行为。激励机制和约束机制共同构成了农村环境治理的动力系统。监督机制包括对农村环境治理过程和结果的监督，既包括政府的内部监督机制，也包括法律监督、社会监督和舆论监督，以确保权力的透明运行和防止滥用。技术支撑机制是农村环境治理体系中的一个重要组成部分，它主要是指将科学技术应用于农村环境治理的过程机制与操作模式，以提高环境治理的效率和效果。技术支撑机制由资源循环利用技术、污染治理技术、环境监测与信息技术、能源与农业技术、绿色认证技术、创新研发与知识普及技术等多方面内容构成。评价机制是指用于衡量农村环境治理活动效果和进程的一系列标准、方法和工具，这些机制能够提供关于环境治理政策、项目实施、技术应用和管理措施有效性的信息，并为持续改进提供依据。良好的评价机制能够帮助政府、企业和公众了解农村环境治理的状况，推动环境治理政策、手段的改善与优化。最后，农村环境治理的社会参与机制是指通过一系列制度安排和活动，动员和鼓励社会各界特别是农村居民在环境治理中发挥作用的过程。这种机制旨在通过村民参与、公众教育、信息公开、利益相关者协商以及志愿者行动等渠道实现多方共同参与农村环境治理。

总之，农村环境治理载体提供了环境治理活动的物质和组织基础，而治理机制则规范了各个主体的行为模式，协调了多元主体之间的关系，确保治理活动的有序进行。有效的治理载体与机制相结合，能够促进农村环境治理资源的合理配置，提高农村环境治理的效率和质量，促进农村环境持续改进与和谐发展。

2.1.3 治理共同体

治理共同体的概念是由治理理论和共同体理论发展而来的。"治理"一词最早源于亚里士多德的《政治学》，具有"控制、指导和操纵"之意，主要指"统治者或管理者通过公共权力的配置和运作，管理公共事务，以支配影响和调控社会"（徐勇，1997）。英文中与"治理"相对应的词为"governance"，其来自拉丁文和古希腊语，初意为"控制、引导和操纵"之意，常与统治管理和政府活动联系使用。著名学者詹姆斯·罗西瑙（2001）将"治理"的概念界定为由多元主体朝着共同目标进行管理活动的过程。它与"'统治'的有别之处在于管理活动的主体未必是政府，还可以是其他公共权威机构和组织"。在中华传统文化里，治理主要有"统治、秩序安定、管理"三个方面的含义，多指统治者为达到控制社会和政治稳定的目的而从事的管理过程，"治理"和"统治"在一定时期内被长期交叉使用（程银，2023）。俞可平（2000）在《治理与善治》一书中对治理的本质进行了论述，"与统治相比，治理是更高层次的社会管理形式，其优势在于：它的基础不是控制而是协调，它不仅涉及公共部门，也包括私人部门，因此，它是多元权力（权利）的持续互动、信任合作与协调平衡"。

共同体理论是在步入后工业时代的人类社会正面临"大分裂"和"社会原子化"的挑战下出现的，并且一出现就得到学界的广泛关注。共同体（community）起源于古希腊时期，亚里士多德将城邦视为共同体，认为共同体是为了达到某种"善"的目的而建立的团体，其最终目的是追求"至善"。近代思想家卢梭基于社会契约论进一步指出，国家是一个政治共同体。人们通过社会契约的方式，把自己的全部权力让渡给由人民结合成的国家，人民是这个共同体的主人。孟德斯鸠认为，法的精神是共同体的纽带。德国社会学家斐迪南·滕尼斯在其著作《共同体与社会：纯粹社会学的基本概念》中提出了共同体的概念，滕尼斯认为共同体是一种主要出现于原生性自然形成群体中的社会关系形式，具体包括家庭、宗族关系等血缘团块构成的血缘共同体，村落、邻里关系等地缘团块构成的地缘共同体，以及友谊、师徒关系等精神团块构成的精神共同体。马克思、恩格斯认为真正的共同体能够代表每一个共同体成员的利益，在共同体之中，每个人才能获得自由而全面的发展，每个人的自由仅存在于共同体之中。新时代语境中的"共同体"主要是指具有一定联系的群体和谐共处、利益共享、责任共担的一种生活形态（刘祖云和张诚，2018）。

围绕共同体理论展开的社会复合治理研究，主要体现在共同体与社会治理的互构关系中，包括在共同体的基础上实现有效社会治理和在社会治理的过程中建构共同体两个方面（张笑菡，2021）。公维友（2014）在早期的研究中将"治理共同体"视为"政治共同体"的现代修辞，其本质为人类在政治生活中所形成的一种组织形式，是实施国家治理或参与政治活动的基本方式。胡卫卫等（2023）认为"治理共同体"则是针对社会治理中的参与无序状态，通过密切的交往关注共同的社会问题，在治理目标上存在共同的利益目标。

自党的十九届四中全会正式提出"建设人人有责、人人尽责、人人享有的社会治理共同体"后，为顺应国家治理现代化的要求，创新我国治理体系，转变治理观念和治理方式，我国学者对治理共同体进行了诸多创新性运用与研究，包括乡村治理共同体、社区治理共同体、数字治理共同体和微社区治理共同体等。赵普民和左停（2024）在新型城镇化和组织振兴的背景下对东部地区南村的乡村治理共同体建构过程进行了解析。王光海（2024）通过对深圳市 D 社区的"聚光联盟"项目的实地考察，探索共同生产而构建社区治理共同体的实践逻辑。白淑英和王月（2024）从微社区的特性出发，认为微社区式基层治理共同体是最佳空间载体，并运用转译理论的分析框架，剖析居民精英在社区治理共同体建设中的路径。徐明（2024）基于"情感 – 价值 – 治理"的理论视角，研究数字赋能社区治理共同体建构的重要路径。

可见，治理共同体具有很强的广延性和适应性。当下农村环境治理正在试图打破政府主导和村民本位的二元对立，试图将具有多样性、内生性、地域性特点的多层治理主体充分整合，构建多元治理主体协同参与机制，使得政府、社会、市场和村民能够充分发挥其独特地位与功能，履行环境治理这一共同责任，对于完善社会治理体系、提升社会治理能力具有重要的意义。

2.2 理 论 基 础

2.2.1 乡村治理理论

阐述乡村治理理论之前，须区分"乡村"和"农村"两个概念。"农村"通常指的是以从事农业生产为主的劳动者聚居的地方。它是相对于城市而言的，具有特定的自然景观和社会经济条件。"乡村"则是一个更为宽泛和复杂的概念，它不仅包含农业生产功能，还强调了乡村地区的多重功能和综合性。我国法律对乡村的定义是城市建成区以外具有自然、社会、经济特征和生产、生活、生态、文化等多重功能的地域综合体，包括乡镇和村庄。因此，相比于农村，乡村具有更强的功能性和地域性，是一个综合性的地域单元。

自 20 世纪 80 年代以来，西方学者对治理问题进行了大量研究，并不断提出与治理相关的理论。与此同时，我国学者在吸收借鉴外来治理经验的同时结合中国乡村的实际，对乡村治理问题的研究不断深入，逐渐形成了具有中国特色的乡村治理理论，主要集中在参与治理理论、多中心治理理论。参与治理理论（participatory governance theory）兴起于 20 世纪 60 年代的西方社会，并在政治学、经济学等领域被运用。阿诺德·考夫曼（Arnold Kaufmann）首次提出"参与民主"的概念。参与式发展理论是指为实现发展的可持续性，运用一些正式或非正式的手段和方法使公众直接参与决策过程，建立公众对发展的主人翁意识或拥有意识，进而使发展涉及的对象能够积极主动参与发展的规划、实行、监测和评估的决策过程的一整套发展理论（郑珊等，2021）。从治理的权能和范围来看，政府、公众、市场和社会是治理过程中不可或缺的四股力量，其中政府是主导，公众、市场和社会是辅助。公众、市场和社会作为辅助往往会在政府行为失灵抑或其权力范围之外起作用，以此来弥补政府行为的缺陷（王俊程，2018）。在这一理论的指导下，学界形成了农村生态环境参与式治理，该治理方式表现为"放权式治理"，倡导鼓励政府与社会间构建良好的合作治理关系，不断增加行政力量、组织力量、社会力量与市场力量的民主协商和互动合作，促进政府生态环境治理决策科学化与民主化的增量发展（王芳和李宁，2021）。该理论有利于解决当前农村环境治理下政府、农民、社区、利益相关者缺乏参与和合作机制的问题。

多中心治理理论由美国政治经济学家奥斯特罗姆（Ostrom）夫妇率先提出，并在严谨的理论、实证分析的基础上共同创立，是一种关于社会组织和决策权分散的理论框架，旨在解决复杂社会问题和应对全球治理挑战。该理论主张在处理复杂社会问题时，权力和决策应该分散到多个中心，强调通过建立多个自治的、相互协作的决策中心，能够更好地适应不同群体的需求和偏好，从而实现更为有效的治理（裴宇成，2024）。该理论最本质的内涵是以多中心主体共同治理理论为逻辑出发点，试图解决在公共领域中所出现的"搭便车"等问题，即"公地悲剧"（tragedy of the commons），其目的是提高决策结果的科学性和可行性（罗博文，2023）。农村环境治理同样面临"公地悲剧"的难题。农村生态资源是一种公共资源，在消费上具有非排他性，必然造成过度使用的后果，加之长期以来以牺牲环境资源来促进经济发展的战略对我国农村环境造成了极大的破坏。在多元中心理论视角下，利益相关者基于农村环境治理的共同目标都参与其中，多方主体平等协商、谈判，不断调整各自利益诉求以适应共同目标，才能使环境问题得到缓解。此外，该理论强调权力下放的原则，即权力应当尽量下放给接近问题处理的决策者手中，以保证决策更接近需要解决问题的实质，满足相关利益者的要求。这种分散的权力结构可以通过建立自治组织、协会或合作机制来实现，从而确保决策过程的灵活性和适应性（王志刚，2009）。在农村环境治理实践中，决策的权力下放表现为市场、社会组织和农村中的利益群体应当成为决策信息的主要来源。通过让更多的利益相关者参与到决策过程中，包括政府、非政府以及个人，可以提高决策的代表性和可接受性。从实际运用的成效来看，该理论在中国各个层面的运用十分广泛，成为不同地区、不同领域介绍和推广的典型治理理论，能在一定程度上推动国家政府转变职能，建设服务型政府，提高政府行政的高效性、稳定性和合法性。

乡村治理是一个内涵丰富的概念，国内许多学者对乡村治理进行了研究。有学者认为乡村治理理论聚焦乡村社会的结构、关系及运行机制，强调多元主体共同参与、协同治理，以促进乡村的可持续发展。乡村治理是一个涵盖政治、经济、文化、社会、生态等多个范畴的概念。党国英和卢宪英（2019）从基层公共产品供给出发，对乡村治理的内涵进行了阐述，将其理解为以基层政府为主体、其他乡村治理组织和机构合作为乡村社会提供公共产品和服务的过程。张新文和张国磊（2018）从乡村治理过程和方式出发对其进行了界定，认为乡村治理是多元治理主体通过建立合作关系，通过协商、博弈、谈判等方式来解决利益冲突，以达到一种更加合理的治理秩序。中国语境下的乡村治理是指政府与乡村社会之间的互动与协同过程，乡村社会在培育公民自治意识、规范政治有序参与和推动政府与社会实现有效沟通等诸多方面发挥着不可替代的作用（王俊程和胡红霞，2018）。

虽然当前学术界对乡村治理的概念具有不同的见解，但具有以下共识：一是乡村治理主体的多元化。治理的主体既包括村落中的各种内生性权威主体，这是社会治理的核心主体，也包括在乡村中存在的许多具有非正式权威力量的主体，例如，乡绅、寨老和各种社会组织等。二是乡村治理场域的固定性。乡村治理是以乡村共同体为区域展开的治理方式，在这一共同体中，乡村内部成员具有共同的生活模式、信仰以及风俗习惯。三是乡村治理目标的公共性。治理理论彻底打破了公与私的狭隘观念，主张两者之间可以协商合作进而追求统一的价值目标（周云冉，2023）。经过协商将有利于增进乡村公共利益的意见或建议纳入乡村治理，最终必然能实现乡村公共利益的最大化。

2.2.2　协同治理理论

协同治理理论是一门由治理理论和协同学理论（协同理论）为基础发展而来的交叉理论，用以解释社会系统的协同发展问题。治理理论在 20 世纪 80 年代欧洲资本主义国家爆发福利国家危机后开始出现，经过多年发展，该理论形成了"去中心化"和"多主体管理"的学界共识，但并没有形成完整的理论体系。其中，全球治理委员会的定义具有一定的代表性和权威性，该委员会在 1995 年发表的名为《我们的全球伙伴关系》的研究报告中指出，治理是各种公共的或私人的个人和机构管理其共同事务的诸多方式的总和。它是使相互冲突的或不同的利益得以调和并且采取联合行动的持续的过程。这既包括有权迫使人们服从的正式制度和规则，也包括各种人们同意或以为符合其利益的非正式的制度安排（俞可平，2005）。"协同论"由理论物理学家赫尔曼·哈肯于 1971 年提出，他认为，各个系统之间存在着既相互影响又相互合作的关系，通过相互合作会产生"1 + 1 > 2"的协同效应（张纪岳和郭治安，1982）。该理论的重要意义在于打破了社会治理过程中多元主体相互对立的局面，强调多方主体通过协同的方式整合各方利益，调动多方资源，在多方协同中推动社会治理，从而实现各自利益诉求。

联合国全球治理委员会将协同治理界定为是使相互冲突的不同利益主体得以调和并且采取联合行动的持续的过程。布莱森等（Bryson, Stone & Crosby, 2006）的研究指出，协同治理具体指的是治理行为，即几个部门密切合作，甚至考虑通过信息整合和共享，来完成个别部门所不能做的事情。国内学者关于协同治理也有许多观点，其中朱纪华（2010）根据我国"强政府"的政治结构现状，认为协同治理是指政府、非政府组织、企业、公民个人共同参与到公共管理的实践中，发挥各自的独特作用，组成和谐有序高效的公共治理网络。洪炜（2023）认为协同治理就是寻求有效治理结构的过程，在这一过程中虽然也强调各个主体的竞争，但更多的是强调各个主体之间的协作，以实现整体大于部分之和的效果。代晨等（2024）认为协同治理是指政府及其他公私部门通过协调合作，形成相互依存、共同行动、共担风险的局面，这种合作可以使公共系统趋于完善，也可以产生新的功能与价值，实现整体效果的增长，促进公共利益的实现。

当前农村环境治理在治理主体方面存在模式单一化、治理过程缺乏系统性等问题，协同治理具有政府主导性、目标一致性、子系统的协作性、协同治理规则的制定等诸多特点，可据此出发探索解决农村环境治理当前存在的问题以及构建农村环境治理机制，充分将协同治理的特点转化为治理优势。第一，以政府为主导，把握农村环境的宏观治理。农村治理是乡村振兴战略的重要组成部分，农村环境治理的成效是衡量国家治理能力的重要指标。当前农村环境存在基层政府的悬浮问题，即基层政府及其职能部门的权力、政策、资源和人力等都悬浮在社会之上，很难用到基层治理最为需要的地方，产生了所谓"管得着的看不见，看得见的管不着"等问题。基层政府是国家政权的一个部分，是连接国家与农村的纽带。在农村环境治理中，政府的主导作用体现为从宏观上把握国家对于农村治理的重大战略的规划，结合农村实际制定政策解释和法律法规，发挥权威作用的同时，通过财政投入、政策引导、法规制定等多种方式，对环境治理进行宏观调控和微观管理，将权力、资源下放，保证农村环境治理的资源补充。第二，以目标一致性为出发点，构建多元主体的利益协调机制。协同治理理论一方面强调政府是在治理中扮演着主导性的角色，对于治理要提高农民健康生活的质量与水平，增强农民生活的幸福感这一目标有着宏观的把控。另一方面强调多元主体共同参与，通过协商、协作、协同等方式参与公共治理活动，主张将传统的单一管理主体转变为多元化的管理网络，即政府不再是唯一的社会治理主体，公民、市场和社会组织基于共同目标都可以参与社会公共事务的治理，形成多元共治的局面。当前，农村环境治理存在着参与成本较高的问题，农民存在知识落后、环境保护意识缺乏、公众参与意识薄弱等问题。协同治理理论对构建各主体间的利益协调机制，平衡治理支出与收益间的矛盾具有重要的指导作用。同时，各主体利益矛盾的协调对于调动各主体积极性，形成多元共治的治理系统具有积极的导向作用。第三，以子系统的协作性，实现治理效果的最优化。协同治理往往产生"$1+1>2$"的效果。政府、社会组织、市场、社会公众等子系统处于互相协作状态，每个子系统都尽可能发挥其最大功能，使得所有子系统的功能之和强于任何单一系统的功能，可以促进农村环境治理系统的良好运行。政府对环境治理政策的宏观把握、社会组织对于环境治理资源的有效补充、市场对环境治理技术以及知识的更新、社会公众对本土环境的深入了解是单个系统功能发挥作用的关键。第四，制定协同治理规则，提高治理的有效性。农村环境的治理主体既包括村委会、社团组织和村民个人等主体，同时也由于不同方面环境的治理涉及多种类型村民利益群体。居民在参与环境协同治理中应当遵守共同规则，从而形成一种有效的环境治理秩序。协同治理是一种集体行为方式，普遍认可的规则是必要的，这些规则不仅促进协同治理的有效性，还有助于增进内部和谐和信任（王昌璐，2024）。

综上所述，协同治理理论的核心在于通过不同主体或系统的协同合作达到整体最优效果的实现。在这一理论的指导下，我们可以更有针对性地重视调动政府和非正式组织以及社会个人等多元主体的积极性，探索信任互助、合作共赢的工作实施路径，形成高效的协同治理模式，更好地推动农村环境治理进程。

2.2.3 行动者网络理论

行动者网络理论（actor network theory，ANT）源自 20 世纪 80 年代中期

的科学技术研究，由法国社会学家米歇尔·卡龙（Michel Callon）在《行动者网络的社会学－电动车的案例》中提出，后鲁诺·拉图尔（Bruno Latour）和约翰·劳（John Law）继承并发展了这一理论，行动者网络理论逐步完善。

行动者网络理论指的是包括由人与非人的各类行动者相互转译、共联共建、不断变化的异质网络，行动者的性质和形式随之不断位移、变动（刘文旋，2017）。该理论涉及行动者（actor）、转译（translation）和异质性网络（heterogeneous network）三个核心概念。在行动者网络理论框架下，行动者是具有异质性的，实践中的所有相关因素都可以视作"行动者"，包括人类主体行动者和非人类主体行动者，二者地位平等，并且实践中的主体与客体的关系并不是二元对立的，而是一种可以相互转化的动态关系。简单来说，转译是指行动者将各自的利益或问题翻译转化为其他行动者的利益，形成共同的利益追求，从而产生强制通行点。在行动者网络理论中，转译是行动者构建网络的路径和过程，也是整个理论得以构建的关键点。因此，为确保转译的目的性和有效性，核心行动者的明确尤为重要，一方面，核心行动者需要接收并表达出其他行动者的问题与利益，另一方面，核心行动者需要采取各种措施将其余行动者的利益诉求转译为行动者的共同利益，形成实现目标的强制通行点，以推动行动者网络的形成与发展，实现行动者利益最大化的目标（王玥，2024）。法国社会学者米歇尔·卡龙（Michel Callon）曾将转译分为"明确问题"（problematisation）、"利益赋予"（interessement）、"征召"（enrolment）、"动员"（mobilization）及"排除异议"（dissidence）五个层次，即为了协作而积极整合表达，透过信息网、利益链、行动线的编织，在磨合中调试、在共创中认同，扩大同盟圈的同时也通过其他行动者而参照界定自己角色的能动性。在行动者网络理论下，异质性网络并非单纯地指互联网或信息技术，而是涵盖了技术关系、经济形式、政治结构和社会圈层等概念，其指向空间是由独立的行动者之间有规则（或模式化）的交往形式（或活动节点）所构筑的，更确切地说，此理论实则侧重社会空间中更多面、更强流动性的关系表达（王玥，2024）。作为一种看待动态社会关系的认知方法，行动者网络理论具有"去中心化"的典型特征，适用于构建多元主体参与的平等互动关系（李金盾，2022）。

随着行动者网络理论不断被完善和发展，我国学者对该理论的介绍逐渐加深，并且许多学者在经济学、哲学、社会学、政治学等学科领域都采用了行动者网络理论分析各领域存在的问题，构建科学的问题解决方案。例如，汪现义等（2024）基于行动者网络理论分析框架，针对"双减"政策下青少年校外体育培训行动者网络中的角色定位进行梳理，探讨了网络运行困境的成因，提出了优化策略。徐明华（2023）基于行动者网络理论框架，分析社交机器人在问题呈现、利益赋予、征召与动员中可能引发的泛政治化、话题失焦、扰乱议程与群体极化等问题。同时，行动者网络理论在乡村振兴的实证研究中也被广泛应用，例如，李鹏（2014）等应用行动者网络分析开平碉楼与村落世界遗产地的空间生产，发现申遗成功后，寄托华侨乡愁的空间转变为商业性空间。孟洪宇和李涛（2024）利用行动者网络理论构建起环境犯罪的多元主体治理网络，切实推动公安机关生态职能的高效发挥。这些研究对进一步在农村环境治理中引入行动者网络理论的运用具有重要参考价值。

目前，行动者网络理论作为能够解释农村环境治理中行动者关系和运作逻辑的理论工具，为突破农村环境治理主客体二元对立的传统认识，构建多元主体的互动联合机制与行动网络，分析复杂的农村环境治理现象和探索解决问题的有效路径提供了重要的方法论指导。从上文对行动者网络理论的介绍来看，行动者网络治理理论与农村环境治理的契合性在于：第一，行动者网络理论强调现实社会的建构过程并不是依赖单一主体力量实现的，而是由多个行动主体彼此互动、共同作用的结果。农村环境治理主体包括政府、社会组织、市场和农村的利益群体，各主体具有不同的利益导向，这一点与行动者网络理论的多元异质性相契合。第二，行动者网络理论构建的关键是通过转译机制促进行动者的共同利益的转化，形成实现目标的强制通行点，从而构建有效的行动者合作网络。新时代我国追求高质量生态文明建设下的农村环境治理过程就是着重强调由不同行动者协同推进的过程，通过激发各主体的环境保护意识和挖掘不同主体的治理优势，推动形成多元互动的行动网络。其中，基层政府在行动者网络理论中发挥着利益转移的作用，政府能够运用政府权威最广泛地调动财政、人力等资源进行利益赋予，使农村环境治理的总体目标符合异质性行动者的利益诉求，动员行动者积极参与农村环境治理实践。

综上所述，行动者网络理论对于农村环境治理形成主体多元共治的机制提供了一个可借鉴的理论框架。基于这一理论可以更好地理清农村环境治理中的行动者互动逻辑和利益整合逻辑，以吸纳多元行动者构建复合利益共同体，推动治理问题的有效解决。

2.2.4　新内生式发展理论

新内生式发展理论是对内生式发展理论和外生式发展理论的发展和优化。1975 年，瑞典哈马斯库德财团提出了依靠地区内部力量推动当地社会发展的理念。20 世纪 70 年代末，这一理念被广泛应用于分析和解决西方国家的农村问题，在进行农村治理的实践中，逐步发展为内生发展理论（孟小秋，2021）。内生发展理论强调通过调动区域本身的集体资源而排斥外部资源以改善经济发展，更多体现自下而上和由内而外的发展路径。外生式发展模式（exogenous development model）认为，依赖性是乡村发展的基本属性，且外部因素才是真正对乡村产生影响的，并提出乡村的技术、文化和经济层面高度依附于城市地区，乡村发展只能依靠城市地区的政策扶持和国家自上而下的帮扶来实现（张奇男，2024）。英国学者雷（Ray，2006）提出新内生发展理论，该理论强调要扎根本土，多关注人的需求、能力，对地方的发展给予更多的权利；同时，重视内外互动与合作，提出对地方治理模式进行创新，以实现乡村经济、政治、文化、生态等可持续发展的目的。新内生式发展理论既克服了外部资源发展模式中过度干预乡村发展进而形成限制地方自主发展的压力的缺点，又克服了内生式发展模式中完全依靠地方行动者自主发挥作用的缺点，是二者的有机结合。新内生式发展理论强调外源资源与内生动力是两个密切关联、互动的体系，而乡村可持续发展的关键是要促成外源型资源与内生性动力的聚合转换（Rayc，1998）。

新内生式发展理论已在中国学界广泛应用，王飞和黄国栋（2024）以新内生式发展理论为指导，构建以本体认同为核心，地方赋权为动力，内外联动为机制的综合体系，旨在克服传统内生式发展过度依赖内部资源而忽视外部支持的局限性，有效内化外部资源，以推动中国乡村学校高质量发展。陈国申和史培（2024）在新内生发展理论视域下研究新型职业农民的下乡动力及路径。葛晓军等（2024）利用新内生发展理论，基于外在力量和内在力量的研究视角，阐析伊犁州树上干杏产业的发展演变，探究内部力量和外部力量在产业融合中协调推进树上干杏产业高质高效发展。

习近平总书记在党的二十大报告中强调"要扎实推动乡村产业、人才、文化、生态、组织的全面振兴"。农村环境治理是乡村治理的重要组成部分，更是实现乡村振兴的必不可少的一环。新内生式发展理论对农村环境的治理具有适切性。简单来说包括"上下联动"和"内外共生"两个方面。第一，"上下联动"即调动自下而上的农村内部力量形成上下联动的多元治理主体格局，这是激活农村环境治理内生动力的关键。内生发展能力持续良性循环的影响因素是其提升的关键，包括人力资本、物质资本、技术创新等（檀学文，2018）。在我国农村环境治理的实践中，政府权责不清晰、村集体治理能力低下，以及农民环境责任意识不强使得不作为现象时有发生。因此，厘清责任归属，通过政府、市场主体、村集体、村民以及农村精英等主体互动形成多方共建共管格局对促进环境持续治理能力具有重要意义。第二，"内外共生"即调动外部资源形成内外共生的资源供给机制，这是撬动农村环境治理动力的重点。我国农村人居环境治理较多依赖项目配额、财政资金以及产权市场等政策工作，即政府利用政治势能注入各类外部资源，例如，项目制、驻村帮扶、村社包干、资源下乡等外源型模式（杜焱强和詹昕颖，2024）。外部资源的补充可以有效补充内部资源的缺失，形成资源供给的长效机制。外部资源供给主体可分为政府部门、科研院所、金融部门、其他农业经营主体和消费者等各类利益相关主体，它们供给的资源要素分别对应着政策、科学技术、资金、劳动力、市场等（夏雯雯，2022）。

综上所述，在多方共建共管格局下，农村环境治理注重调动主体的各自禀赋和不同素质，激发内外各主体的创新性和动力，推动农村内外部资源的优化重组，并且建立合理的机制，保证外部资源供给的稳定性和连续性，以打破农村环境治理依赖外部资源供给的被动局面。

第 3 章

我国农村环境治理的历史演进、基本经验与主要挑战*

本章主要基于历史的"长镜头"，探讨我国农村环境治理的历史阶段与政策脉络，全面呈现我国农村环境治理的历史演进逻辑与阶段性特征，深度刻画我国农村环境治理的广袤历史图景。在此基础上，进一步总结和提炼我国农村环境治理的主要特点，分析我国农村环境治理存在的问题与挑战，研判我国农村环境治理的未来走向，为纵深推进我国农村环境治理提供参考与启示。

---

* 本章主要内容发表在苏静，冯思祺，王尔媚. 我国农村环境治理的历史变迁及政策脉络 [J]. 黄河科技学院学报，2023，25（7）：72 –73。

3.1 问题的提出与研究综述

3.1.1 问题的提出

新中国成立以来，我国经济社会发展取得了历史性成就，经济结构持续优化，经济增速继续领先，经济总量跃居世界第二，综合国力不断攀升，创造了举世瞩目的"中国奇迹"。然而，伴随着经济的快速增长，我国环境污染与资源承载的压力也与日俱增，特别是对于农村地区而言，由于长期处于生态保护与环境治理的边缘地带。党的十八大以来，党中央高度重视农村环境治理工作，以生态文明建设和乡村振兴战略为引领，统筹规划、高位推进，多措并举，针对农村环境治理问题打出了一系列政策"组合拳"。"三年行动""五年提升"等硬目标无不彰显中央治理农村环境的决心和信心。各地基层为贯彻落实党中央决策部署，持续加大对农村环境治理工作的人力、物力、财力和精力投入，完善了一系列农村环境基础设施建设，农村生态保护和环境治理水平大大提高。农村地区逐步变成了环境治理的"攻坚区"和"主战场"。农村环境治理不仅是提升农民生活质量、满足农民对美好生活需要的一项重要民生工程，亦是深入推进乡村振兴战略实施的重要内容与关键环节，更是新时期建设美丽中国不可或缺的组成部分。推进农村环境治理对提升农村人居环境质量、提速农业农村现代化、全面推进乡村振兴、实现人与自然和谐共生发展具有重大现实意义。

在不同时期，中央和各级地方政府均针对农村环境治理问题出台了一系列政策文件，尤其是党的十八大以来，每年的中央"一号文件"，都采用大篇幅就年度农村环境污染治理提出了具体目标，作出了具体部署。然而，即便如此，截至目前我国农村环境问题依然未得到根本性解决，部分环境问题不断发生变化，部分环境污染长治不绝，新的环境问题层出不穷。深入剖析其中缘由，需要站在历史的角度，对我国农村环境治理政策及其实施背景与历史演进进行全面梳理，对我国农村环境治理的阶段性特征进行科学把握，对不同阶段我国农村环境治理政策的问题、成效及其经验进行分析与提炼。

3.1.2 研究综述

随着农村环境问题被逐渐提上日程，关于我国农村环境治理的相关研究也日益丰富。但是从新中国成立以来的历史视角对我国农村环境治理政策的发展阶段和演进脉络进行系统梳理的文献还不多见。张连辉和赵凌云（2007）较早对1953~2003年中国制定并实施的环境保护政策的历史演变进行了回溯与研究，分析了不同阶段中国环境保护政策的历史背景、主要内容及其特征。周宏春和季曦（2009）对我国改革开放以来的总体环境保护政策演变进行了梳理，并分析了我国总体环境政策发展的主要特征。按照农村经济社会发展历程，将我国环境政策发展分为开创阶段（改革开放前）、发展阶段（1979~1991年）、加速发展阶段（1992~2002年）、深化发展阶段（2003年至今）等四个阶段。但上述研究主要是对中国总体环境保护与治理政策的分析与梳理，不是专门针对农村环境治理政策的专项聚焦。事实上，由于农村地区特殊的区位和特点，农村环境治理政策与全国总体环境治理政策有着很大的区别。

近年来，有部分学者开始关注农村环境治理政策研究。王西琴等（2015）对新中国成立以来我国农村环境政策进行了回顾，将我国农村环境政策分为五个历史阶段：以水土保持和农业资源保护为主的起步阶段（1949~1977年）、以农业面源污染和乡镇企业污染控制为主的强化阶段（1978~

1991 年）、以污染防治与生态保护并重的转型阶段（1992～2002 年）、以生态补偿和村镇综合整治为主的多元化阶段（2003～2012 年）、以生态农业和农业可持续发展为主的综合治理阶段（2013 年至今），并在此基础上深入解析了我国农村环境政策面临的挑战。金书秦和韩冬梅（2015）分析了我国农村环境治理问题和政策应对，将我国农村环境政策发展阶段分为四个典型的时期：问题初显与政策分散期（1973～1979 年）、问题突出与政策起步期（1980～1989 年）、问题集中显现与政策关注提高期（1990～1999 年）、污染严重与政策转型期（2000 年至今）。闵继胜（2016）按照"政策目标—制度安排—政策举措—环境问题—治理对策"的逻辑思路，刻画了 1978～2015 年我国农村环境治理政策的发展逻辑，将改革开放以来中国农村环境治理分为问题萌发与政策关注不足（1978～1980 年）、乡镇企业污染问题突出与政策关照渐显（1981～1989 年）、三大污染源叠加与治理政策频出（1990～1999年）、农业面源污染严重与政策不断创新（2000～2015 年）共四个典型阶段，分析认为我国各阶段出现的不同类型农村环境问题是政策目标指向下一系列制度安排的必然结果。甘黎黎和吴仁平（2018）运用政策文本量化方法回溯与分析了我国农村自然资源的治理政策及其基本特征。研究认为我国农村自然资源治理已经形成了以规制性政策工具为主，规制性、市场性和社会性三种类型政策工具相结合的工具体系。林龙飞等（2020）梳理和分析了新中国成立以来我国农村环境治理 70 年的进程和特点。将我国农村环境治理分为被动起步（1949～1971 年）、主动调整（1972～1989 年）、完善强化（1990～2009 年）、全面深入（2010 年至今）四个演进阶段，并且全面总结了我国农村环境治理的成就与经验。鉴于此，本书在借鉴王西琴等（2015）、闵继胜（2016）、林龙飞等（2020）等学者进行我国农村环境治理阶段划分的基础上，结合历年我国农村环境治理政策文本和重大标志性环境事件，从新中国成立以来的历史"长镜头"，系统分析我国农村环境治理政策的阶段性演进与政策脉络，全面解析我国农村环境治理各个阶段的主要内容及其特征，归纳、提炼和分析农村环境治理取得的成就、积累的经验及其存在的问题，以探寻有益于下一步我国制定农村环境治理政策、提高农村环境治理政策绩效的历史启示。

上述研究给了本书很好的启示，但是也存在一些有待改进和完善的地方。首先，专门针对我国农村环境治理政策的相关研究还相当缺乏，现有关于农村环境治理政策的相关研究还比较薄弱。其次，虽然大多数研究梳理了环境政策的发展历程，但是缺乏对每个演进阶段环境治理特征进行深入分析。同时，也少有研究就下一步我国农村环境治理政策可能面临的挑战进行前瞻性的分析。鉴于此，本章着重从我国农村环境治理政策演进的历史角度入手，全面梳理我国农村环境治理历史阶段及其典型特征，探究农村环境治理的政策逻辑及其演进，总结农村环境治理的经验与不足，以期能够完整地呈现我国农村环境治理的历史阶段与政策脉络，解析不同历史阶段我国农村环境治理中的政策滞碍并探寻消解之道，为未来政策改进的方向和重点提供决策参考。

3.2 我国农村环境治理的历史阶段及其政策脉络

针对农村环境问题，国家在不同时期出台了不同的环境保护与治理政策，通过对新中国成立 70 多年以来农村环境治理出现的问题及其政策应对进行回溯与梳理可以发现，我国农村环境治理可以划分为五个鲜明的演进与发展阶段：即环境问题初显下的政策起步与尝试阶段（1949～1978 年）、环境污染显现下的政策恢复与探索阶段（1979～1990 年）、环境污染凸显下的政策完善与提升阶段（1991～2002 年）、环境污染加剧下的政策转型与强化阶段（2003～2012 年）、环境污染恶化下的政策创新与深化阶段（2013 年至今）。每一个阶段都呈现出鲜明的特征，并遵循一定的政策逻辑。

3.2.1 环境问题初显下的政策起步与尝试阶段（1949～1978年）

新中国成立初期，百废待兴，解决温饱与发展经济是国家高层的核心关切，环境问题特别是农村环境问题并没有得到关注和重视。尽管1949年全国政协第一次全体会议发布的《中国人民政治协商会议共同纲领》，初步提出了保护农业资源环境的立场，但是国家"一五"计划时期采取的是"先工业后农业、先城市后乡村"的发展战略。"先工业后农业"的发展政策使得城市地区迅速发展并聚集了一批高污染、高能耗、低技术、粗放型的重工业。"文化大革命"期间甚至提出了"变消费城市为生产城市"的政策引导。"先城市后农村"的发展政策一方面为城市通过工农产品价格"剪刀差"向农村赚取农业生产积累和财富提供了便利，另一方面使得工业化过程中城市地区将大量污染转移到农村地区。农村某种程度上变相地成为了为城市工业发展提供廉价原料的基地，农村生态环境问题开始显现。特别是"大跃进"及"文化大革命"时期，我国农村地区开始进行大规模毁林开荒及围湖造田，对农业农村资源要素和生态环境造成极大破坏。这一时期中央层面并没有出台专门针对农村环境治理的文件，只是在一些相关文件中设置了一些环境保护的内容与条款。在接连发生了几起影响较大的环境污染事件后，国内逐步开始重视环境保护问题。1972年，中国派代表参加了联合国在瑞典组织召开的"人类环境会议"。此次会议使得我国政府开始认识到环境污染治理的必要性和紧迫性，对我国以后的环境治理产生了深远的影响，环境保护由此正式进入中央决策层的决策视野。1972年，党和政府首次发文对官厅水库污染进行治理，这是新中国成立以来国家层面首次开展的实质性环境治理行动，标志着我国环境治理帷幕正式拉开。1973年4月国家层面颁布了《关于进一步开展烟囱除尘工作的意见》。1973年8月，我国召开第一次全国性环境保护会议并通过了《关于保护和改善环境的若干规定（试行）》。同年，国家计划委员会进一步提出了限期治理污染严重的城镇、工矿企业、江河湖泊和海湾的具体措施。同年 11 月，国家颁布了国内第一个环境标准——《工业"三废"排放试行标准》，标志着我国环境保护事业迈出关键性的一步。1974年，国家正式成立国务院环境保护领导小组。1976 年 5 月，领导小组下发《关于环境保护的 10 年规划意见》，提出了"5 年控制，10 年解决"的环境保护规划目标。同年，中央下发《关于编制环境保护长远规划的通知》，明确要求把环境保护纳入国民经济年度计划和长远规划。1978 年《中华人民共和国宪法》规定"国家保护环境和自然资源，防止污染和其他公害"，这是我国第一次从宪法层面对环境保护作出规定，显现了运用法律手段防治环境污染的思想，为推进环境保护走上法治化道路奠定了基础。同年 12 月，中共中央批转了国务院环境保护领导小组的《环境保护工作汇报要点》，将"消除污染，保护环境"明确为进行社会主义建设的重要组成部分，明确提出"向排污单位实行排放污染物的收费制度……"，表明运用经济手段防治环境污染的思想也已初步显现。

总体而言，这一时期的农村环境治理政策处于起步与尝试阶段。农村环境保护与治理政策条款主要是包含在一般意义上的全国总体环境政策文本之中。环境治理行动更多的是由于环境问题显现后倒逼的结果，环境治理明显滞后于环境污染。此时期的民众环境保护意识普遍比较差，环保治理投入有限，环境污染治理水平低下，环保治理政策主要是通过行政手段或者强制性命令来推行的，环境治理绩效不高，环境保护政策很多未能付诸实践。值得提出的是，通过开展群众运动进行环境保护工作也是此时期一项颇具特色的重要的环保手段。"发动群众，开展综合利用""开展消烟除尘的群众运动"等用语屡屡出现在一些环保文献中。群众运动手段延续了推行重工业优先发展战略所形成的固有思维和行为习惯，具有典型的时代特征。

起步与尝试阶段主要农村环境治理政策及内容（1949～1978年），具体如表3.1所示。

表3.1　起步与尝试阶段主要农村环境治理政策及内容（1949～1978年）

年份	政策内容	政策文件
1956	工业企业的设计符合卫生要求，符合"三废"排放标准	《工业企业设计暂行卫生标准》
1973	开展烟囱除尘，节约燃料	《关于进一步开展烟囱除尘工作的意见》
1973	对自然资源的开发要考虑到对气象、水生资源、水土保持等自然环境的影响，保护和改善环境的规划要作为省（自治区、直辖市）长期计划和年度计划的组成部分	《关于保护和改善环境的若干规定（试行）》
1973	对工业污染源排出的废气、废水和废渣（简称"三废"）的容许排放量、排放浓度等作出了规定	《工业"三废"排放试行标准》
1976	对饮用水中与人类健康的各种因素以法律形式作出量值规定，以及为实现量值作出了有关行为规范的规定	《生活饮用水卫生标准（试行）》
1976	明确要求把环境保护纳入国民经济的长远规划和年度计划	《关于编制环境保护长远规划的通知》
1976	全面加强海洋污染防治，并对沿海水域保护、防止沿海水域污染的监督管理工作作了分工	《中华人民共和国防止沿海水域污染暂行规定》
1978	国家保护环境和自然资源，防止污染和其他公害	《中华人民共和国宪法》

资料来源：笔者根据相关资料整理。

3.2.2　环境污染显现下的政策恢复与探索阶段（1979～1990年）

20世纪70年代末80年代初，技术诱致与制度创新带动了农村地区的快速发展，但以牺牲农村生态环境为代价的发展模式并没有得到根本性改观。

农村环境污染以及由此引发的问题不断显现。1978 年 12 月召开的中共十一届三中全会提出将党和国家工作的重点转移到社会主义现代化建设上来。以此为起点，中国开始逐步退出重工业优先发展战略，取而代之进入现代化战略的新阶段。这一时期，经济兼顾社会型的发展战略和逐步推行的以市场化为导向的经济改革，以及中央为最大限度地激发和提高农民从事农业生产的积极性而推行的家庭联产承包责任制，都使得与经济发展和居民生活密切相关的农村环境治理开始得到更多重视。中央开始从国家战略层面主动寻求农村生态环境治理的切实举措，农村环境政策适时调整并逐步完善，农村环境治理与生态保护亦随之发生重大而深远的变化。

与前一阶段相比，这一阶段农村环境保护在国民经济社会发展中的地位大为提高，农村环境治理政策恢复和探索具体可以从以下几个方面得到体现：一是农村环境治理行政机构设置不断完善。从中央环境保护机构设置来看，1974 年成立的国务院环境保护领导小组办公室成为新中国历史上第一个正式的环境保护机构。1982 年国家城市建设总局、国家建筑工程总局、国家测绘总局和国家基本建设委员会的部分机构，以及国务院环境保护领导小组办公室合并成立国家城乡建设环境保护部，内设环境保护局；1988 年环境保护局进一步升格为副部级机构——国家环境保护局，为国务院直属机构；1998 年再次升格为国家直属的正部级机构——国家环境保护总局，以加强全国环境保护的规划和监督管理。农村环境治理机构也随之调整和完善，职能也不断得到强化。1976 年农村环境保护工作首次被纳入国家行政管理体系。从中央部委内设机构来看，1976 年中央在原农林部科教局内设处级环保组，专门负责农业环境保护工作。从农业部门内设机构来看，1985 年，农牧渔业部专门成立了环境保护委员会，其办事机构设在能源环保办公室，规定农业部门的基本职责之一就是农业农村环境保护，1987 年能源环保办公室更名为能源环境保护局，1989 年又进一步改名为环保能源司。随着农业农村环境保护机构的不断完善，其涉农环境保护和治理的功能也得以不断加强。二是环境立法迅速发展，农村环境治理被正式纳入法律体系。在这一阶段，国家相继制定并颁布实施了一系列涉农环保法律规范和政策措施。例如，1979 年的《中华人民共和国环境保护法（试行）》，但作为我国环境保护的一部基本法，涉及农业农村环境保护的条款只有第二十一条。于是在十年后，即 1989 年，正式颁布实施《中华人民共和国环境保护法》，该法加强了农村环境保护的内容，明确规定"加强农村环境保护、防治生态破坏，合理使用农药、化肥等农业生产投入"。此后该法成为我国农村环境保护与治理工作的重要法律基础与法律依据。为了防止城市污染"转嫁下乡"，1979 年中央出台的《关于加强农村环境保护工作的意见》和 1984 年出台的《关于加强乡镇、街道企业环境管理的规定》都明确提出了"坚决制止大城市向农村转嫁污染"。为了发展生态农业，加强农村生态保护，1985 年发布的《关于发展生态农业加强农业生态环境保护工作的意见》和 1986 年发布的《中华人民共和国国民经济和社会发展第七个五年计划》都对推广生态农业作出了具体要求与部署。同时，1982～1986 年中共中央、国务院连续颁发的五个中央一号文件都原则性地提出了农业改革形势下保护农业农村自然资源和生态环境的基本方针策略。这些政策文件的出台也意味着我国农村环境治理法规框架初步搭建起来。三是环境保护上升为一项基本国策，其中农村环境保护被提上日程。1983 年召开的第二次全国环境保护会议正式把涉农环境保护确立为我国的一项基本国策，并且强调要把农村环境治理作为环境保护的重点来抓。自 1983 年之后，环境保护还作为一项重要内容被写入历年政府工作报告，提出并且规定了年度农村环境保护工作的目标、要求、任务和重点举措。1989 年，第三次全国环境保护会议确立了我国环境保护"经济建设、城乡建设和环境建设同步规划、同步实施、同步发展"的"三同时"制度。这突出了农村环境保护在我国经济和社会发展中与城市环境保护并重的指导思想，极大地推动了农村环境治理政策的贯彻落实，对农村环保事业的发展具有积极而深远的影响。四是环境治理的重心开始向农村倾斜，乡镇企业的污染控制开始成为农村环境治理的重点。20 世纪 80 年代，随着城市化进程的加速，城市工业"三废"以及一些高耗能、高污染的化工、造纸、纺织等行业通过建立分厂、开展联营等途径，化身乡镇企业进入农村地区，严重污染了农村地区的生态环境。由于缺乏规划，乡镇企业为扩大规模，大量滥砍滥伐、占用耕地，造成农村地区大量水土流失和土壤沙化。由于乡村环境污染监管缺乏，乡镇企业大量的工业"三废"未经处理就直接排出，造成农村地区的水质、土壤和空气被大规模污染。其污染广度和污染严重程度以及污染强度甚至超过了城市工业污染。在此背景下，环境治理开始向农村倾斜和调整的同时，农村环境治理政策也开始调整和完善。乡镇企业的污染控制和农业面源污染治理开始成为这一时期农村环境治理的重点。1984 年制定出台的《关于加强乡镇、街道企业环境管理的规定》、1986 年农业部牵头在全国开展的乡镇企业污染源调查工作、1987 年之后实施的《乡镇企业环境管理规定》、1988 年开始试点的《乡镇企业排污许可证制度》等等，都是国家层面发力控制乡镇企业污染的行动写照。同时，这一时期，农药、化肥以及高残留农药的过量使用、过度垦荒放牧与滥砍滥伐导致水土流失等由传统农业向现代农业转型发展过程中产生的生态环境问题也开始显现。据郭士勤和蒋天中（1981）研究显示，卫生部在对全国 16 个省（自治区、直辖市）的 7700 多份农畜产品进行检验的过程中，发现其中 50% 以上含有高残留农药，80% 肥瘦肉样品高残留农药含量超标，动物性样品几乎 100% 含有高残留农药。因此，1990 年国家层面正式颁布实施《国务院关于进一步加强环境保护工作的决定》，特别提出并强调了加强农村环境污染治理的重要性，明确提出要对农药滥用、农业化肥施用和薄膜使用等农村环境污染的重点领域进行强化治理。农村环境保护工作被提到新的历史高度。

恢复与探索阶段主要农村环境治理政策及内容（1979～1990 年），具体如表 3.2 所示。

表 3.2　　恢复与探索阶段主要农村环境治理政策及内容（1979～1990 年）

年份	政策内容	政策文件
1979	节约农业用水，发展和保护牧草资源，积极发展高效、低毒、低残留农药。推广综合防治和生物防治，合理利用污水灌溉，防止土壤和作物的污染	《中华人民共和国环境保护法（试行）》
1979	加强农业资源保护，控制农药、化肥、农膜等污染，开展综合防治	《关于加强农村环境保护工作的意见》
1984	要认真保护农业生态环境。各级环境保护部门要会同有关部门积极推广生态农业，防止农业环境的污染和破坏	《关于环境保护工作的决定》
1984	制止城市向农村进行转嫁污染	《关于加强乡镇、街道企业环境管理的规定》
1985	积极推广生态农业，加强农业生态环境保护	《关于开展生态农业，加强农业生态环境保护工作的意见》
1986	对乡镇企业的发展，要合理规划，应当注意防止对环境的污染；保护农村环境，"坚决制止大城市向农村、大中型企业向小型企业转嫁污染	《中华人民共和国国民经济和社会发展第七个五年计划》
1989	加强农村环境保护、防治生态破坏，合理使用农药、化肥等农业生产投入	《中华人民共和国环境保护法》
1990	对农业化肥施用、薄膜使用、农药滥用等进行强化治理	《国务院关于进一步加强环境保护工作的决定》

资料来源：笔者根据相关资料整理。

总而言之，1979～1990 年我国农村环境治理随着党和政府对农村环境污染重视程度的提高而进行不断地调整和完善。这一时期农村环境治理的主要特点是：环境立法加快发展，环境保护法律手段进一步完善，颁布并实施了系列环保单行法和行政法规，环境保护法律体系基本形成，涉农环境保护的法律框架初步搭建，环境保护被确立为我国一项基本国策，环境保护的重要性被提到新的历史高度。农村环境治理逐渐被提上日程，乡镇企业污染以及农药、化肥、农膜等面源污染成为农村环境政策关照的重点。从环境保护的手段方面来看，前期主要依赖行政手段的方式方法得到完善，法律手段与经济手段相融合开始真正走上环境保护的历史舞台。限期治理制度得以确立并正式开始实施；排污许可证制度作为一项环保经济手段开始全面实施，但是由于经济手段比较单一，发挥的作用还比较有限。从环境保护政策实施绩效来看，农村环境治理成效虽然较上一时期有了明显改善，但是仍然有待提高，农村环境治理水平仍然比较低。主要原因与农村环境治理战略目标和要求的缺乏以及上一时期赶超战略的历史残留有关，导致没有处理好经济发展与环境保护之间的关系，重发展轻环保。由于机制体制不完善，在农村环境保护方面，也是重事后治理轻事前预防，重短期利益忽视长期效应，以牺牲环境为代价追逐经济利益的短视行为屡见不鲜。

3.2.3 环境污染凸显下的政策完善与提升阶段（1991～2002 年）

20 世纪 80 年代末 90 年代初，在城镇化和工业化的急速推进进程中，乡镇企业污染、城市工业污染下乡以及农业农村自身的污染这三大农村环境污染源呈现愈演愈烈之势，农村环境污染日益加剧，面临严峻挑战。农药、化肥、农膜的使用量大幅增长，畜禽粪便污染持续扩大，生活环境污染问题突出，由此引致的水资源污染问题也相当严重。中国农业科学院土壤肥料研究所自 1991 年起对我国北方地区进行连续三年的水质监测发现，北方 14 个县的饮用水和地下水中硝酸盐的超标率达 50%（刘国光，1999）。发展与环境之间凸显的尖锐矛盾，使得高层开始探索并谋求能够有效调和两者之间矛盾的新的发展战略与理念。于是，1992 年中国开始了强调环境保护与经济发展同步、协调、持续发展的发展战略转型。1992 年，中国在联合国环境与发展大会上提交了《中华人民共和国环境与发展报告》和《关于出席联合国环境与发展大会的情况及有关对策的报告》，明确提出实施持续发展战略。同年，

《中国21世纪议程——中国21世纪人口、环境与发展白皮书》颁布，将农业与农村的可持续发展明确为中国可持续发展的关键。1996年通过的《中华人民共和国国民经济和社会发展"九五"计划和2010年远景目标纲要》将可持续发展作为一项重要的治国方略、指导方针和战略目标。在此背景下，农业农村环境治理被置于新的战略高位。

这一时期，农村环境政策的特点主要体现在对水体与水源、生活污染、乡镇企业污染、工业废弃物污染、农村土地等多维领域的全方位治理，农村环境治理体现了一定的针对性与系统性。1993年制定出台了《村庄和集镇规划建设管理条例》，要求"维护村容镇貌和环境卫生""建立村庄、集镇总体规划""保护和改善生态环境，防治污染和其他公害"。1995年农村环境状况首次被列入中国环境状况公报。同年，颁布实施的《中华人民共和国固体废物污染环境防治法》就"畜禽粪便污染"和"农村生活垃圾污染"提出了具体防治要求，并寻求固体废物污染法律层面的治理对策。1996年发布实施的《关于加强乡镇企业环境保护工作的规定》和《中华人民共和国乡镇企业法》就工业废弃物污染治理和乡镇企业环境保护进行了详细规定，提出积极发展无污染、少污染和低资源消耗的乡镇企业。1997年进一步出台的《国务院关于环境保护若干问题的决定》再次强调了要控制农药、化肥、农膜等对农田和水源的污染。1998年颁布实施《基本农田保护条例》，鼓励施用有机肥料，合理施用化肥和农药，全面加强农村土地治理。为了加强农药质量与农药使用管理，保护农业、林业生产环境，维护人畜安全，1997年连续制定出台了《关于进一步加强对农药生产单位废水排放监督管理的通知》和《中华人民共和国农药管理条例》。1999年制定出台了《国家环境保护总局关于加强农村生态环境保护工作的若干意见》，这是我国第一个直接针对农村环境保护的政策。2001年出台了《畜禽养殖污染防治管理办法》，同年12月，制定出台了《国家环境保护"十五"计划》，将"大力发展生态农业""控制农业面源污染、农村生活污染""改善农村环境质量"作为重要治理任务。

完善与提升阶段主要农村环境治理政策及内容（1991～2002 年），具体如表 3.3 所示。

表 3.3　完善与提升阶段主要农村环境治理政策及内容（1991～2002 年）

年份	政策内容	政策文件
1993	建立村庄、集镇总体规划、维护村容镇貌和环境卫生、保护和改善生态环境，防治污染和其他公害	《村庄和集镇规划建设管理条例》
1995	从事禽畜规模养殖过程中要防止畜禽粪便污染环境，地方性法规应对农村生活垃圾污染环境防治办法进行具体规定	《中华人民共和国固体废物污染环境防治法》
1996	积极发展无污染、少污染和低资源消耗的乡镇企业	《中华人民共和国乡镇企业法》
1997	农药生产企业必须对生产废水进行严格治理，对废水排放加强管理，对污染物严格控制，达标排放；确保废水排入农田后不会对农作物造成危害	《关于进一步加强对农药生产单位废水排放监督管理的通知》
1997	实行农药登记制度，农药生产应当符合国家农药工业产业政策，全面加强对安全、合理使用农药的指导	《农药管理条例》
1997	乡镇企业特别要加强对生活饮用水源等水域的保护，造成生态环境破坏要限期治理和恢复	《关于加强乡镇企业环境保护工作的规定》
1997	控制农药、化肥、农膜等对农田和水源的污染；按照"污染者付费、利用者补偿、开发者保护、破坏者恢复"的原则，对乡镇企业进行管理。大力发展环保产业，明确指出要对环保产业给予税收减免政策优惠	《国务院关于环境保护若干问题的决定》
1998	鼓励施用有机肥料，合理施用化肥和农药	《基本农田保护条例》
1999	控制农药、化肥、农膜等面源污染；防止畜禽粪便污染；降低生活垃圾污染，控制乡镇企业污染	《关于加强农村生态环境保护工作的若干意见》
2001	控制规模化畜禽渔养殖业的污染。对排放污染物或造成周围环境严重污染的畜禽养殖场，县级以上人民政府环境保护行政主管部门可提出限期治理建议	《畜禽养殖污染防治管理办法》

续表

年份	政策内容	政策文件
2001	积极发展生态农业，控制农业面源污染和农村生活污染；保证农产品安全；提出了农田灌溉水质、农村饮用水水质、规模化畜禽养殖场污水排放达标率、全国秸秆综合利用率等农村环保指标	《国家环境保护"十五"计划》
2002	维护、改善和保护农业生态环境，建立健全农产品质量标准体系和质量检验检测监督体系，保障农产品质量安全	《中华人民共和国农业法（修订)》

资料来源：笔者根据相关资料整理。

　　总而言之，伴随着一系列政策的出台，这一阶段农村环境治理加快发展，农村环境治理政策开始得到完善与提升，中央设置农村环保专项资金用于农村环境治理，并且开始推动区域环境影响评价工作和环境标志制度。一个重要的标志就是国家为加强环保功能和环保能力，成立国家环保总局。1992年中国环境与发展国际合作委员会成立，1994年中国环境标志产品认证委员会正式成立，1996年成立国家环保局环境管理体系审核中心，1998年国家环保局升格为国家环保总局。这一时期农村环境治理手段演变的特点是行政手段逐渐退居次要位置，法律手段得到深化和完善，经济手段被置于突出位置。从1993年国家开始将竞争机制引入环境影响评价市场，在我国21个省（自治区、直辖市）试点建立环保投资公司，全面推行排污许可证制度，开征并提高排污收费标准、实施排污交易制度、推行企业环境目标责任制等等。这一时期环境保护政策执行率和总体实施绩效较前期均有明显提高，但是由于公众环境保护意识偏低，一些地方政府官员追逐短期利益的行为现象并没有从根本上得到遏制，环保部门特别是农村环保部门强制性权力缺乏等多方面原因，全国环境质量虽然局部有所改善，但农村环境污染整体呈现加剧态势。

　　进入21世纪，我国步入"以城带乡、以工补农"的新发展阶段。农村环境治理也被提升到农业生态文明建设的新高度。这一阶段公众环保意识逐步增强，党和政府非常重视农村环境保护。但是由于农村环保制度和法律法规不健全，农村地区环保基础设施建设严重滞后，农村环保监管和保障能力有限，农业、农村自身排放的破坏效应没有得到根本遏制，农村环境"脏、乱、差"问题依然突出，土壤污染严重威胁食品安全、城市工业污染向农村转移趋势加剧，农村饮用水安全保障程度不高，农业废弃物综合利用率低，农业面源污染突出。农村环境治理面临生活污染与生产污染共存、点源污染与面源污染叠加，乡镇企业污染和城市污染转移威胁共存的严峻局面（金书秦和韩冬梅，2015）。根据国家环保总局统计，仅 2003 年全国共发生环境污染事件 1843 起。在此背景下，农村环境治理政策走向多元化与融合发展阶段，体现为几乎所有的综合性政策文本特别是中央一号文件都会专门提及农村环境问题，且内容更加具体、更加专业。这一时期农村环境治理政策经历了由推进生态补偿和多元化村镇综合整治为主向推进农业农村绿色发展和农村人居环境综合治理为主的转变。根据农村环境治理政策的阶段性特征与动态演进，这一时期又可以分为如下两个典型的阶段。

3.2.4 环境污染加剧下的政策转型与强化阶段（2003～2012 年）

2003～2012 年，政策实施的侧重点是推进生态保护与补偿，实施多元化村镇综合整治和农业农村污染综合防治。2003 年党的十六届三中全会提出"科学发展观"理念。2004 年国家制定出台《环境保护行政许可听证暂行办法》，以此为标志，我国正式开始进入全民环保新阶段。2005 年党的十六届五中全会明确提出要"加快社会主义新农村建设"，其主要内容之一就是对新农村的生态环境进行全方位治理。新农村建设理念的提出，更加凸显了农业农村环境治理的地位和作用。2005 年中央发布《国务院关于落实科学发展观加强环境保护的决定》，提出要把环境保护摆在更加重要的战略位置，用科学发展观统领环境保护工作，强调经济社会发展必须与环境保护相协调，提出了到 2010 年农村饮用水水质好转、村镇环境治理改善的全农村环境综合整治要求与目标。2006 年发布的《国家农村小康环保行动计划》，提出"优先解决农村地区突出的生活垃圾污染、水环境污染、土壤污染、禽畜养殖污染、工业企业污染等问题"。同年，全面取消农业税，农业的基础地位得到进一步增强。并且，国家环保总局也于当年正式发布《国家农村小康环保行动计划》，提出将在 2010 年初步解决并改善农村环境问题。国家环保总局和监察部联合发布《环境保护违法违纪行为处分暂行规定》，全面强化了国家各级行政机关以及相关企业的环境责任，全面加大了环境执法力度，环境污染违法违纪惩处全面规范和升级。2007 年 5 月，国家环保总局制定出台的《关于加强农村环境保护工作的意见》提出"建立和完善公众参与机制""建立政府、企业、社会多元化投入机制""探索建立农村生态补偿机制"等，引导社会资金参与农村环境治理。同年 6 月，农业部办公厅制定实施《关于进一步加强秸秆综合利用、禁止秸秆焚烧的紧急通知》，提出积极探索秸秆利用途径，大力推广秸秆综合利用技术，减少空气污染。2007 年 9 月制定出台《关于开展生态补偿试点工作的指导意见》，提出推动建立专项资金，全面推进农村生态补偿工作试点。2007 年 10 月党的十七大召开，"生态文明"被首次写进党的行动纲领。2008 年 7 月，国务院组织召开了新中国成立以来全国首届农村环境保护工作会议，时任国务院副总理李克强明确提出，农村环境治理要"正确处理农村经济发展与环境保护、城市环保与农村环保、主动预防与被动治理三种关系"，要"综合运用法律、经济、技术等手段，加大农村污染治理力度，建立健全农村环境保护政策体系和长效机制"。2008年，中央财政首次设立农村环境保护专项资金，安排 5 亿元资金全面推进农村环境保护工作。2009 年进一步下发《关于实行"以奖促治"加快解决突出农村环境问题的实施方案》，提出通过"以奖促治"推动重点地区开展农村环境集中整治，着力解决危害群众健康、威胁食品安全、影响农村地区可持续发展的突出环境问题。在这些政策影响下，农村环境治理资金投入得到大幅增长。数据统计，自 2008 年国家实行农村环境治理"以奖促治""以奖代补"政策以来，2009～2012 年中央财政累计安排和投入农村环保资金达到 200 亿元。2010 年环保部发布《农村生活污染防治技术政策》，全面指导农村地区生活污水污染和空气污染防治的规划与实施，明确提出了农村污染防治新技术、新工艺的开发、示范与推广的路径。2011 年国家出台《"十二五"节能减排综合性工作方案》《全国地下水污染防治规划（2011—2015）》等文件，就农村地区节能减排和地下水污染防治进行了规划和部署。

转型与强化阶段主要农村环境治理政策及内容（2003～2012 年），具体如表 3.4 所示。

表 3.4　　转型与强化阶段主要农村环境治理政策及内容（2003～2012 年）

年份	政策内容	政策文件
2004	就实施环境保护行政许可相关内容做出了具体规定	《环境保护行政许可听证暂行办法》
2005	把环境保护摆在更加重要的战略位置，用科学发展观统领环境保护工作，经济社会发展必须与环境保护相协调，到 2010 年农村饮用水水质好转、村镇环境治理改善	《国务院关于落实科学发展观加强环境保护的决定》
2006	先解决农村地区突出的生活垃圾污染、水环境污染、土壤污染、禽畜养殖污染、工业企业污染等问题	《国家农村小康环保行动计划》
2006	提出将在 2010 年初步解决并改善农村环境问题	《国家农村小康环保行动计划》
2006	就国家各级行政机关以及相关企业的环境责任以及环境污染违法违纪惩处进行了规定	《环境保护违法违纪行为处分暂行规定》
2007	建立和完善公众参与机制、"建立政府、企业、社会多元化投入机制、探索建立农村生态补偿机制"，引导社会资金参与农村环境治理	《关于加强农村环境保护工作的意见》

年份	政策内容	政策文件
2007	积极探索秸秆利用途径，大力推广秸秆综合利用技术，减少空气污染	《关于进一步加强秸秆综合利用、禁止秸秆焚烧的紧急通知》
2007	建立专项资金，全面推进农村生态补偿工作试点	《关于开展生态补偿试点工作的指导意见》
2008	正确处理农村经济发展与环境保护、城市环保与农村环保、主动预防与被动治理三种关系；综合运用法律、经济、技术等手段，加大农村污染治理力度，建立健全农村环境保护政策体系和长效机制	首届农村环境保护工作会议
2009	实行"以奖促治"推动重点地区开展农村环境集中整治，着力解决危害群众健康、威胁食品安全、影响农村地区可持续发展的突出环境问题	《关于实行"以奖促治"加快解决突出农村环境问题的实施方案》
2010	明确了农村地区生活污水污染和空气污染防治的规划与实施，提出了农村污染防治新技术、新工艺的开发、示范与推广的路径	《农村生活污染防治技术政策》
2011	促进农业农村节能减排，治理农业面源污染，加强农村环境综合整治。加快建立资源节约型、环境友好型社会	《"十二五"节能减排综合性工作方案》
2011	提出全面建立地下水环境监管体系，以农村地区受污染地下水饮用水水源为重点，着力解决地下水污染突出问题	《全国地下水污染防治规划（2011—2015）》

2003～2012 年的中央一号文件也都高度关注并且分年度落实推动农村地区生态保护与农业农村污染综合防治工作。具体政策内容如表 3.5 所示。这些政策的颁布和实施，有效遏制了农村环境污染的急剧恶化，对农村环境改善发挥了重要而积极的推动作用。

表 3.5　　　2003～2012 年中央一号文件农村环境治理相关政策及内容

年份	政策内容
2003	加快推进农村生态文明建设、努力建设美丽乡村
2004	加强农村基础设施建设，增加农村"六小工程"（即节水灌溉、人畜饮水、乡村道路、农村沼气、农村水电、草场围栏）等投资规模，充实建设内容，扩大建设范围

续表

年份	政策内容
2005	加强农田水利和生态建设内容，提出坚持不懈搞好生态重点工程建设，推动改水改厕
2006	加强村庄规划和人居环境治理，搞好农村污水治理和垃圾治理
2007	加快发展农村清洁能源、大力推广资源节约型农业技术、建立农产品质量安全标准体系和农产品质量可追溯制度
2008	开展农业标准化体系建设，保障农产品质量安全
2009	实行"以奖促治"，支持农业农村污染治理，实行耕地保护制度和集约用地制度
2010	采取有效措施制止城市和工业污染向农村扩散；加强农业面源污染治理，发展循环农业和生态农业
2011	加强水污染治理，加快中小河流治理和小型水库除险加固、加强农村饮水安全建设、搞好水土保持和水生态保护
2012	把农村地区的环境整治作为环保工作的重点，全面加快农业面源污染治理和农村污水、垃圾处理

3.2.5　环境污染恶化下的政策深化与创新阶段（2013 年至今）

2013 年以来，是我国农村环境污染治理政策的深化与创新阶段。此阶段政策实施的重点是进一步加强农村污染综合防治、推进农业绿色发展和农村人居环境整治。2013 年以来，城市污染和工业污染转嫁得到了大力的遏制，农业农村自身的排放和污染逐渐占据了农村环境污染的主要地位。农业环境问题和生态承载力问题凸显，农村人居环境日益恶化。这一时期，党和政府将农村生态环境治理提到了前所未有的战略高度。每年中央一号文件都就年度绿色农业发展和农村人居环境整治的目标要求和工作任务进行详细部署，高位推动农村环境治理工作。全面推进农村人居环境整治，促进农业绿色发展，成为此时期农村环境政策的重中之重。国家层面重点围绕这两个方面打出了一系列政策"组合拳"，特别是坚决打好农村污染防治攻坚战成为这一时期农业农村发展的一场深刻革命。2013 年农业部制定出台《关于开展"美丽乡村"创建活动的意见》，提出以农村经济发展、农业功能拓展、农业技术推广、农民素质提升、乡村建设布局、生态环境保护、资源开发利用、乡村文化建设等为重点，创建"美丽乡村"典范。同年 12 月，国务院发布《畜禽规模养殖污染防治条例》，就防治畜禽养殖污染、推进畜禽养殖废弃物的综合利用和无害化处理的具体目标要求、激励举措及法律责任进行了详细规定。2014 年国务院办公厅专门出台《关于改善农村人居环境的指导意见》，强调：合理规划、分类指导农村人居环境治理；突出重点、循序渐进改善农村人居环境；建立农村人居环境治理自下而上的民主决策机制以及农村人居环境统计与评价机制。同年，新修订的《中华人民共和国环境保护法》正式发布，在推动农村环境综合整治、加强农业污染源的预警与监测、畜禽养殖和屠宰污染防治、土壤污染与农村工矿污染治理、农村生活污染治理，以及农药、化肥、农膜等面源污染防治等方面作出了比较全面的规定，对各级人民政府在农业农村环境治理方面的职责职能及其范围等作出了明确界定。该法的颁布实施奠定了新时期农业农村环境保护和治理工作的良好法律基础。2015 年出台的《全国农业可持续发展规划（2015—2030 年)》和《生态文明体制改革总体方案》，强调以绿色发展引领农村环境治理新实践，提出实施水土资源保护，促进节约高效用水，防治农田和养殖污染，发展生态循环农业等，全面凸显"生态共同体意识"。同年 10 月，财政部与环保部联合印发《中央农村节能减排资金使用管理办法》，明确了资金使用范围和使用规范，明确指出中央农村节能减排资金主要用于农村生活污水和垃圾处理、畜禽养殖污染治理、历史遗留的农村工矿污染治理、饮用水水源地环境保护以及其他与村庄环境质量改善密切相关的环境综合整治。由此可见，2013～2016 年我国农村环境治理的目标和举措主要集中在农业面源污染防治、畜禽规模养殖污染防治、饮用水水源地环境保护以及其他与村庄环境质量改善密切相关的环境综合整治。

　　自 2017 年党的十九大以来，我国农村环境治理政策举措进一步向人居环境治理聚焦。党的十九大报告提出实施"乡村振兴战略"，将"改善农村人居环境""建立美丽宜居乡村"作为一项重要任务进行推进。同年，相关部委联合印发《全国农村环境综合整治"十三五"规划》，从战略层面对农村环境治理进行了长远规划，画出了推进我国农村环境综合整治的具体"路线图"。2018 年中共中央办公厅、国务院办公厅印发的《农村人居环境整治三年行动方案》持续聚焦农村生活垃圾与生活污水治理、厕所粪污治理和村容村貌提升等重点领域，扎实有效推进农村人居环境整治。同年 11 月，进一步发布实施《农业农村污染治理攻坚战行动计划》，明确了加强农村饮用水水源保护、加快推进农村生活垃圾污水治理、着力解决养殖业污染、有效防控种植业污染、提升农业农村环境监管能力等 5 个方面的工作任务，要求加快补齐农业农村生态环境保护突出短板，力争到 2020 年实现"一保""两治""三减""四提升"目标。2019 年中央 18 个部门联合印发《农村人居环境整治村庄清洁行动方案》，要求从 2019 年起在全国范围内集中组织开展农村人居环境整治村庄清洁行动，带动和推进村容村貌全面提升。同年，中央农办、农业农村部等八部门联合发布《关于推进农村"厕所革命"专项行动的指导意见》，提出要"按照先试点示范、后面上推广、再整体提升的思路，推动农村厕所建设标准化、管理规范化、运维市场化、监督社会化，引导农民群众养成良好如厕和卫生习惯，切实增强农民群众的获得感和幸福感"。同年，农业农村部等九部门联合印发了《关于推进农村生活污水治理的指导意见》，明确了全面摸清现状、科学编制行动方案、合理选择技术模式、促进生产生活用水循环利用、加快标准制修订、完善建设和管护机制、统筹推进农村厕所革命、推进农村黑臭水体治理等八个方面的重点任务。同年，国家发展改革委、财政部等九部门还联合印发了《建立市场化、多元化生态保护补偿机制行动计划》，提出"建立政府主导、企业和社会参与、市场化运作、可持续的生态保护补偿机制，激发全社会参与生态保护的积极性"。2020 年是

《农村人居环境整治三年方案》实施的收官之年，中央农村工作领导小组办公室、农业农村部联合印发了《2020 年农村人居环境整治工作要点》，制定了整治提升村容村貌、加强农村生活垃圾收运处置体系建设、抓好农村黑臭水体治理试点、分类推进农村"厕所革命"等 11 个方面共 50 项举措，涉及 21 个部门，对各地区各部门贯彻落实并确保按时保质完成《农村人居环境整治三年行动方案》确立了目标，提出了要求，明确了任务。同年 12 月，国家市场监管总局、生态环境部、农业农村部等七部委联合印发《关于推动农村人居环境标准体系建设的指导意见》，明确了综合通用、农村厕所、农村生活污水、农村生活垃圾、农村村容村貌等 5 个方面 3 个层级的标准体系框架，明确了建立健全标准体系、系统推进标准制修订、推动标准实施推广等多项重点任务，以期在农村人居环境治理中能够充分发挥标准体系的引领、指导、规范、保障等作用，持续推动农村人居环境改善。2021 年底，基于 2018 年制定的《农村人居环境整治三年行动方案》目标任务基本完成，中共中央办公厅、国务院办公厅进一步发布《农村人居环境整治提升五年行动方案（2021—2025 年）》，持续推进农村人居环境整治提升。2022 年 7 月，财政部、生态环境部等发布《关于开展 2022 年农村黑臭水体治理试点工作的通知》，进一步推动落实农村黑臭水体治理工作。2022 年 11 月中共中央办公厅、国务院办公厅印发的《乡村振兴责任制实施办法》要求加强乡村生态保护和环境治理修复，促进农业农村绿色发展。2023 年初，《中共中央 国务院发布的关于做好二〇二三年全面推进乡村振兴重点工作的意见》再次强调了扎实推进宜居宜业和美丽乡村建设，加强村庄规划建设、扎实推进农村人居环境整治提升。2024 年 1 月，生态环境部与相关部门联合发布了《关于进一步推进农村生活污水治理的指导意见》，从 9 个方面进一步提出了农村生活污水治理的措施。

深化与创新阶段主要农村环境治理政策及内容（2013 年至今），具体如表 3.6 所示。

表 3.6　　深化与创新阶段主要农村环境治理政策及内容（2013 年至今）

年份	政策内容	政策文件
2013	以农村经济发展、农业功能拓展、农业技术推广、农民素质提升、乡村建设布局、生态环境保护、资源开发利用、乡村文化建设等为重点，创建"美丽乡村"典范	《关于开展"美丽乡村"创建活动的意见》
2013	防治畜禽养殖污染、推进畜禽养殖废弃物的综合利用和无害化处理	《畜禽规模养殖污染防治条例》
2014	强调合理规划、分类指导农村人居环境治理；突出重点、循序渐进改善农村人居环境；建立农村人居环境治理自下而上的民主决策机制以及农村人居环境统计与评价机制	《关于改善农村人居环境的指导意见》
2014	推动农村环境综合整治、加强农业污染源的预警与监测、畜禽养殖和屠宰污染防治、土壤污染与农村工矿污染治理、农村生活污染治理，以及农药、化肥、农膜等面源污染防治	《中华人民共和国环境保护法》
2015	以绿色发展引领农村环境治理新实践，实施水土资源保护，促进节约高效用水，防治农田和养殖污染，发展生态循环农业	《全国农业可持续发展规划》
2015	健全资源有偿使用和生态补偿制度，建立健全环境治理体系。建立农村环境治理体制机制，健全环境治理和生态保护市场体系	《生态文明体制改革总体方案》
2015	中央农村节能减排资金主要用于农村生活污水和垃圾处理、畜禽养殖污染治理、历史遗留的农村工矿污染治理、饮用水水源地环境保护以及其他与村庄环境质量改善密切相关的环境综合整治	《中央农村节能减排资金使用管理办法》
2017	实施乡村振兴战略，改善农村人居环境、建立美丽宜居乡村	党的十九大报告
2017	战略层面对农村环境治理进行了长远规划	《全国农村环境综合整治"十三五"规划》
2018	聚焦农村生活垃圾与生活污水治理、厕所粪污治理和村容村貌提升等重点领域，扎实有效推进农村人居环境整治	《农村人居环境整治三年行动方案》
2018	加强农村饮用水水源保护、加快推进农村生活垃圾污水治理、着力解决养殖业污染、有效防控种植业污染、提升农业农村环境监管能力	《农业农村污染治理攻坚战行动计划》

续表

年份	政策内容	政策文件
2019	从2019年起在全国范围内集中组织开展农村人居环境整治村庄清洁行动，带动和推进村容村貌全面提升	《农村人居环境整治村庄清洁行动方案》
2019	按照先试点示范、后面上推广、再整体提升的路径，推动农村厕所建设标准化、管理规范化、运维市场化、监督社会化，引导农民群众养成良好如厕和卫生习惯，切实增强农民群众的获得感和幸福感	《关于推进农村"厕所革命"专项行动的指导意见》
2019	推动农村生活污水治理设施建设，采取地方财政补助、村集体负担、村民适当缴费或出工出力等方式建立长效管护机制	《关于推进农村生活污水治理的指导意见》
2020	制定了11个方面共50项举措，涉及21个部门，要求各地区各部门贯彻落实并确保按时保质完成农村人居环境整治	《2020年农村人居环境整治工作要点》
2020	明确了5个方面3个层级的农村人居环境标准体系框架，确定了标准体系建设、标准实施推广等重点任务，提出了运行机制、工作保障、技术支撑、标准化服务等四个方面的保障措施	《关于推动农村人居环境标准体系建设的指导意见》
2021	扎实推进农村厕所革命，加快推进农村生活污水治理，全面提升农村生活垃圾治理水平，推动村容村貌整体提升，建立健全长效管护机制，充分发挥农民主体作用	《农村人居环境整治提升五年行动方案（2021—2025年)》
2022	开展乡村黑臭水体整治，组织编制乡村黑臭水体管理试点施行方案，明确黑臭水体整治资金使用规范	《关于开展2022年农村黑臭水体治理试点工作的通知》
2022	加强乡村生态保护和环境治理修复，促进农业农村绿色发展	《乡村振兴责任制实施办法》
2023	扎实推进宜居宜业和美丽乡村建设，加强村庄规划建设、扎实推进农村人居环境整治提升	《关于做好2023年全面推进乡村振兴重点工作的意见》
2024	坚持因地制宜，分类施策，经济适用，梯次推进，典型引路，建管并重的基本原则；从9个方面提出了农村生活污水治理的措施	《关于进一步推进农村生活污水治理的指导意见》

同时，从这一时期的中央一号文件来看，内容上也进一步向农业农村绿

色发展和农村人居环境治理聚焦，具体政策内容如表 3.7 所示。

表 3.7　　　　中央一号文件农村环境治理政策及内容（2013 年至今）

年份	治理内容
2013	深入推进社会主义新农村建设，加强农村生态建设、环境保护和综合整治，全面推进农村生态文明建设
2014	加快发展现代农业，努力建设美丽乡村；加大重要修复工程实施力度，加快农村河道、水环境综合整治
2015	加强农村生态治理
2016	加强农业资源保护和高效利用，加快农业环境突出问题治理，推动农业绿色发展
2017	开展生活垃圾治理、生活污水治理，深入开展农村人居环境治理和美丽宜居乡村建设
2018	全面实施乡村振兴战略，以农村垃圾治理、污水治理和村容村貌提升为主攻方向，持续改善农村人居环境，实施《农村人居环境三年行动方案》，推进乡村绿色发展，打造人与自然和谐共生发展新格局
2019	加快补齐农村人居环境和公共服务短板
2020	搞好农村人居环境整治，分类推进厕所革命；开展农村黑臭水体治理，推进"美丽家园"建设
2021	实施农村人居环境整治提升五年行动；提出了农村生产生活方式绿色转型取得积极进展，化肥农药使用量持续减少，农村生态环境得到明显改善等环境治理目标要求
2022	推进农村改厕，分区分类推进农村生活污水治理，加快推进农村黑臭水体治理。推进生活垃圾源头分类减量，加强村庄有机废弃物综合处置利用设施建设，深入实施村庄清洁行动和绿化美化行动
2023	加大村庄公共空间整治力度，巩固农村户厕问题摸排整改成果；分类梯次推进农村生活污水治理，推动农村生活垃圾源头分类减量，及时清运处置；持续开展爱国卫生运动
2024	因地制宜推进生活污水垃圾治理和农村改厕，健全农村生活垃圾分类收运处置体系，分类梯次推进生活污水治理，稳步推进中西部地区户厕改造，协同推进农村有机生活垃圾、粪污、农业生产有机废弃物资源化处理利用

基于上述梳理，可以发现，2013~2016 年我国农村环境治理的目标和举措主要集中在农业面源污染、畜禽规模养殖污染防治、饮用水水源地环境保

护以及其他与村庄环境质量改善密切相关的环境综合整治。2017 年以来我国农村环境治理的目标和重点已经向农村人居环境治理聚焦。这一时期，党和政府从经济社会发展全局和国家战略层面将农村环境治理提升到全新的治理高位。生态文明、绿色发展，特别是"绿水青山就是金山银山"等成为引领我国农村环境治理的全新理念，国家关于农村环境治理相关政策更具针对性、系统性和精准性，农村环境治理举措更加具体和多样化，农村环境治理内容从关注末端治理到强调源头管控与末端治理并重，农村环境治理机制更加完善，农村环境治理手段更加强调行政手段、法律手段、经济手段等多种手段的综合运用，农村环境治理实践由表及里，由点到面，由浅入深。特别是从农村人居环境治理来看，举措上已经开始稳步推进人居环境治理质量提升。例如：治理理念上更加强调多元主体的参与，如公众、企业和社会组织等市场、社会主体参与，并更加突出强调农民主体地位及其内生动力的激发；治理目标上已经从村庄环境干净整洁向美丽宜居和美升级；保障措施上已开始从探索建立健全机制向促进以质量实效提升为导向的长治长效深化。

这一时期，我国农业农村环境污染综合防治和农村人居环境治理取得显著成效。农业面源污染很大程度得到遏制，村民环保和健康意识普遍增强，村庄环境基本实现干净整洁有序，农村环境治理参与主体日益多元，人居环境得到明显改善，农村人居环境长期"脏、乱、差"的局面得到根本性扭转。据初步统计，截至 2023 年底，全国 95% 以上行政村开展了清洁行动，全国农村卫生厕所普及率超过 73%，农村生活垃圾收运处置体系已覆盖全国 90% 以上行政村，14 万个以上村庄的村容村貌得到美化绿化和显著改善。乡村环境从干净整洁有序向美丽宜居迈进。此外，人居环境治理撬动了乡村治理全面升级，治理效能不断提升，293 个乡镇和 2968 个村庄分别进入全国乡村治理示范乡镇和全国乡村治理示范村庄行列。并且，截至 2022 年底，

490041 个行政村已全面建立健全党组织，覆盖率超过了 99.9%。① 这为全面推进乡村振兴和农业农村现代化建设提供了有力支撑。

3.3 我国农村环境治理的范式转换与基本经验

回顾新中国成立以来我国农村环境治理的历史进程与政策实践可以发现，我国农村环境治理总体上呈现良好发展态势，农村环境治理取得了积极而显著的成效。党中央、国务院和社会各界对农村环境治理政策实施的重视程度不断提升，已经出台的诸多政策在现实中发挥了重要而积极的作用与效能。特别是建设"美丽中国"、实现"乡村振兴"、"生态文明建设"等目标和要求的提出，给新时期农村环境治理与发展注入了新的理念与动能。当前，我国农村环境治理架构上的"四梁八柱"已经基本成形，农村环境治理多元共治在理念上已经形成共识，农村环境治理制度建设从无到有并且逐步丰富和完善，农村环境治理方略不断优化，农村环境治理能力与治理效能不断提升。然而，我们必须深刻认识到，在新的更具开放性与包容性的时代背景以及乡村社会转型的现实情境下，我国农村环境治理成效与国家、社会和民众的期盼和诉求还存在一定的差距。由于各方面因素的影响和制约，我国农村环境治理依然存在很多亟待破解的问题，现实中推进农村环境治理深化和创新依然存在诸多局限与不足。故而，进一步总结和分析我国农村环境治理历史演进的主要特点，分析和研究我国农村环境治理历史进程中的经验启示，对于明确我国农村环境治理的未来走向，破解我国农村环境治理根源性症结，挖掘我国农村环境治理向纵深转型的内在动力机制，探索农村环境治理质量提升的可行路径，具有重要的指导意义与实践价值。

---

① 有力有效推进乡村全面振兴 [EB/OL]. http://jx.people.com.cn/n2/2023/1220/c190262 - 40684743.html, 2023 - 12 - 20.

纵观新中国成立以来我国农村环境治理的历史进程，可以发现，我国农村环境治理的历史进程具有明显的演进特征，贯穿其中的逻辑主要体现在如下几个方面。

3.3.1 治理理念上"绿水青山"与"金山银山"从矛盾对立转向和谐统一

"绿水青山"与"金山银山"在理论本质上体现的是生态环境保护与经济发展两者之间的辩证关系。"绿水青山"代表了生态文明和可持续的环境资源，而"金山银山"则代表了经济发展的成果。在我国农村环境治理的历史进程中，"绿水青山"与"金山银山"从早期的矛盾与对立走向今天的和谐与统一。这既是一场深刻的社会转型，也标志着我国生态文明建设的系统推进与持续深化。这一转型不仅仅是环境治理技术和政策的变迁，更是环境治理顶层设计与治理理念以及经济发展模式的根本变革。

从"绿水青山"与"金山银山"的辩证理念上看，早期以牺牲生态环境为代价来换取经济发展的短视行为即以"绿水青山"换取"金山银山"的方式使得农村环境问题逐步凸显并且不断恶化。农村环境治理普遍呈现出"先污染后治理"的状态。随着对可持续发展理念理解的深入和生态文明建设的稳步推进，人们开始认识到"绿水青山"与"金山银山"并不是矛盾与对立的二元选择，而是可以实现互补和谐共存的统一体。于是，农村环境治理不论是顶层设计还是基层实践中都越来越多地强调"既要金山银山，也要绿水青山""绿水青山就是金山银山"。中国农村环境治理实践，正是在这一理念指引下，由被动应付转向主动作为，进而逐渐寻找到了两者之间的平衡点，使生态与经济互为支撑，共同推进。例如，农村环境治理中循环经济的理念，将传统的线性生产模式转变为闭环式的生产过程。通过资源的再利用和循环使用，农村地区实现了废弃物的减量化与资源的综合利用，这不仅保护了

"绿水青山"，还促进了"金山银山"的再生产。未来的农村环境治理需要继续在这样的理念指导下，深化系统性、长期性和可持续性的治理措施，确保农村地区生态环境与经济发展相得益彰，推动农村地区"绿色"和"金色"双赢局面和人与自然和谐共生美好愿景的顺利实现。

基于此，"绿水青山"与"金山银山"从矛盾对立走向和谐统一，是深植于以人民为中心的发展思想的转变，是推动我国农村环境治理从被动应对向主动作为的根本思想动力。这为从根本上解决农村生态环境问题，构建人与自然和谐共生的生命共同体提供了指引与遵循。这种转变不仅仅是一种治理理念的转变，而是对经济发展与生态文明建设两者关系的深刻诠释和战略性重构，为其他发展中国家在面临经济增长与环境保护的双重挑战中提供了理论参考和实践模式，无疑是中国智慧和中国方案的重要贡献。

3.3.2　治理主体上由政府单一主导转向多元主体共同参与

环境治理主体在顺利推进农村环境治理工作、落实农村环境治理决策、实现农村环境治理目标等方面具有不可或缺的作用。纵观我国农村环境治理的历史进程可以发现，我国农村环境治理主体经历了从政府单一行政主导向市场、社会等多元主体共同参与的转变。其具体过程主要经历了"政府单一主导—市场主体引入—社会主体加入—多元主体参与"这一进路。

在我国农村环境治理的早期和中期，农村环境治理一直是政府主导下的行政命令型管控模式，治理主体是以政府为核心的单一行政体系。这个阶段的特征是政府通过制定和实施环保法规、政策、标准来推动环境治理。政府的监管和执法行为是治理活动的主要手段，目标是为了控制和减少农业生产过程对环境的损害。随着社会主义市场经济体制的逐步确立和完善，农村环境治理开始引入市场主体和市场机制，以期提高农村环境治理的效率。这一时期，治理政策上表现为通过经济激励政策，如补贴、税收优惠等手段，引导企业、农民等采用绿色环保生产方式。同时，推进环境污染权交易政策，通过市场机制来调节企业和农户的污染排放。此外，稳步推进生态补偿机制建设，通过对环境服务的支付激励农民和企业进行生态保护和建设，实现了环境资源的有偿使用和服务。市场主体的引入一方面激励企业和农户减少污染排放，另一方面通过市场手段寻求农村环境污染治理的有效经济途径。市场主体在农村环境治理中的作用随之得到增强，并逐渐扮演起更加积极的角色。随着农村环境治理的推进和公民环保意识的觉醒，村民参与不足的现象逐步凸显并引发了环境治理难以持续、治理资源浪费和治理成效有限等系列问题。在此背景下，《农业农村污染治理攻坚战行动计划》《农村人居环境整治三年行动方案》等系列文件都提出了动员村民积极投身美丽家园建设，保障村民环境治理决策权、参与权、监督权等要求。村民逐步成为农村环境治理新的参与主体和推动环境治理的重要力量，志愿者和非政府组织等也在环境保护的宣传、监督和实践活动中扮演着日益重要的角色。党的十九大报告进一步提出，要构建政府、市场、社会与公众共同参与的现代环境治理体系，大力推动了农村环境治理多元共治格局的形成。

经过这样一系列的转变，我国农村环境治理的主体逻辑也在不断走向成熟。政府主体仍然发挥着制度建设、政策引导和监管执法的基础性作用；市场主体通过调节产品和服务的价格来反映环境资源的稀缺性，引导资源的有效配置；社会组织和公众参与则通过监督和建言献策，提高治理的透明度和公众满意度，促进环境治理的社会化和民主化，增强治理的活力和创造性。

综上所述，我国农村环境治理的主体转变逻辑体现了从简单的行政命令到市场调节再到复杂的社会协调，最后实现向多元主体协同合作的治理格局转变。这一过程既符合我国农业和农村经济社会发展的实际，也体现了现代治理理论中的多元参与和综合治理的要求。未来，随着国家治理体系和治理能力现代化的不断推进，我国农村环境治理将更加注重系统性、参与性和持续性。政府、企业、非政府组织以及公众等多方主体协同合作与互动的程度、大小、质量等将成为提升农村环境治理效果的关键。

3.3.3 政策实施上由零散性与碎片化走向整合与协同

纵观我国农村环境治理的历史进程，其政策实施的演进逻辑总体上经历了从"零散性与碎片化"逐步走向"整合与协同"的转变过程。这一转型主要体现在政策规划、政策目标、政策内容、政策措施与政策执行层面，是在国家逐渐加大环境保护力度，不断深化认识和完善农村环境治理的背景下实现的。

早期我国农村环境治理效果存在局限，很大程度上是由于农村环境治理政策实施的分散化和碎片化导致农村环境治理政策、治理内容、治理过程等缺乏协调、衔接与整合。改革开放初期，中国农村面临着经济建设的巨大压力，农村环境问题并没有得到足够的重视。很长一段时间内，我国环境治理政策普遍是零散和反应式的，缺乏系统性规划。环境治理政策对象大多是对某些污染事件的应急处理和某一环节问题的局部治理，政策对象也主要是针对城市和重工业区。相关政策对农村环境治理的关注有限，在农村地区的适应性也并不强。加之农村基层自治的典型特性，相关的法律法规在面临农村环境治理问题时也普遍缺乏可操作性。同时，由于环境治理机构及其职能分散，中央、各级地方政府之间环境治理财权、事权与责权不匹配，不同机构、部门之间的环境治理政策缺乏协调性，甚至相互制约的情况也时有出现。机构或者部门利益基础上的农村环境治理政策也很大程度上呈现出分散化和碎片化的特征，导致农村环境治理呈现出"零散"和"无序"状态。

20 世纪末至 21 世纪初，伴随着我国经济社会的快速发展，农村地区农业面源污染、农村生活垃圾污染、水污染等问题也日益严重。国家层面提出可持续发展战略，国家环境保护法律法规也开始陆续建立，我国开始重视并逐步推进农村环境治理。环境治理机构、部门及其职能也经过了多轮调整与整合，机构格局不断提升，农村环境治理的组织结构及其运作机制都得到进一步优化。在此背景下，农村环境治理逐步作为一个独立而重要的领域受到重视，农村环境治理政策也逐步走向整合和协同。1999 年 11 月，国家环保总局发布《关于加强农村环境保护工作的若干意见》，标志着农村环境保护开始走向系统化管理，也是农村环境治理政策从零散走向整合的重要起点。这一阶段，农村环境治理的重点是面源污染防治、污水治理和固体废物处理，但政策实施仍较为分散，各地在实践上存在较大差异。2011 年国务院发布《国家环境保护"十二五"规划》，明确了农村环境保护和建设的目标。2013 年发布的中央一号文件首次将生态文明建设纳入农业农村发展的总体布局中，提出了加强农村环境保护的具体措施，这标志着农村环境治理开始从分散走向系统化和整体性管理。"十三五"规划期间，农村环境治理政策进一步走向整合。2017 年提出的乡村振兴战略，将农村环境治理提升到了国家战略层面，强调了生态环境保护与农村经济发展的协同。此外，国家还相继出台了污染防治行动计划、"洁净土壤"行动计划等一系列专项行动计划，都将农村环境治理工作纳入到全国统一的环境保护体系中，实现了跨区域、跨部门的协同。伴随着政策的整合，相关法律法规和环境标准也在不断完善之中，例如，《中华人民共和国水污染防治法》的修订、农药残留标准的制定等，为农村环境治理提供了法治保障。"十四五"规划和 2035 年远景目标的制定，继续推进农村环境治理政策的整合与协同。

由此可见，在整个演变过程中，中国农村环境治理政策从零散和碎片化走向整合与协同，主要体现在政策规划逐步走向统一、政策目标进一步明确、政策措施进一步具体化、政策法规逐步完善、政策实施逐步走向协同合作。这些转化的背后体现了我国农村环境治理的一条重要路向，那就是尊重与重视传统乡村的地位。从早期农村环境治理中传统乡村的地位和价值被忽视到逐步获得尊重与重视，农村环境治理也被不断置于新的战略高位，农村生态环境治理政策不断优化，治理成效大幅提升。农村地区逐步由早期的污染

"避难所"向新时期的绿色"主战场"转变。

3.3.4 治理进程上呈现出螺旋式上升的渐进梯级进阶过程

我国农村环境治理的历史演进及其逻辑特征在一定程度上表明我国农村环境治理进程是特定历史阶段政策目标指向下一系列特定制度安排的必然结果。我国农村地域广阔，不同农村地区的自然条件、文化背景、经济发展阶段和资源配置存在显著差异，其环境问题的表现形式、影响因素和地方治理能力也不尽相同。此外，环境治理是一个涉及公众参与、意识提升的渐进式的过程，这就决定了我国农村环境治理是一项长期的循序渐进的系统工程，需要分阶段、有步骤、分重点地推动农村环境差异化治理。纵观我国农村环境治理历史进程，可以发现，我国农村环境治理从新中国成立初期的被动起步与尝试，到改革开放初期的主动调整与适用，再到 20 世纪 90 年代的完善、提升与整合，再到新时期的全面深入、强化与创新，是一个螺旋式上升的渐进梯级进阶过程。我国农村环境治理的每一个进程和每一步进展都是在原有基础上的提升和超越。这一进程与我国经济社会发展的脉络密切相关，也反映了在不同历史阶段我国农村环境治理能力的积累与提升。

从演进的各环节来看，我国农村环境治理在每个阶段抑或每个进程内又都有对应的治理重点及其特征。这一渐进式治理进程及其对应的治理重点与我国农村经济社会发展进程及其环境治理整体特征保持同步，并随着党和政府对农村环境污染问题认识的深入而发生相应调整。新中国成立初期至改革开放前，农村环境治理的重点在于解决基本公共卫生与疾病防控问题。改革开放初至 21 世纪初这一阶段，农村环境治理的重心逐步转向工业污染与农业面源污染管控以及生态修复。21 世纪初至"十三五"规划前中期，随着工业化和现代化的推进，农村环境治理开始关注环境治理法治建设和制度建设层面，并且大力推进农村地区水污染、土壤污染、空气污染的综合治理。"十三五"规划后期和"十四五"规划以来，重点推进农村人居环境整治、农业面源污染和污水治理，推动实现农业农村污染源头减量和系统治理。这种渐进螺旋式治理进阶是推动我国农村环境治理不断深入的坚实力量，也是农村环境治理行稳致远的坚实根基与重要保障。

3.4　我国农村环境治理面临的问题与挑战

新中国成立以来，我国农村环境治理取得了显著成效并且积累了宝贵经验，但是，在我国城乡发展不平衡不充分的矛盾尚未从根本上发生转变以及农村治理能力与治理体系现代化水平还有待持续提升的背景下，未来持续推进农村环境治理依然面临诸多问题与挑战。未来持续深入推进农村环境治理，需要重点关注和解决好如下几个问题与挑战。

3.4.1　双层变迁诱发农村环境治理结构与治理利益的多元化转向

当前，我国农村社会在经济、政治、文化、社会结构、生活方式以及价值观念等多个层面，正在经历从封闭与半封闭的、农业的、乡土的传统型社会向开放的、工业的、城镇的现代型社会的深刻转型。这种转型是多种社会力量作用下的结果。在城镇化和现代化发展浪潮的冲击下，农村经济从传统农业向现代农业转型，农村地区传统价值观加快演变并对现代价值观逐步接纳，人口的城镇化与社会流动性进一步增强，村民自治和基层治理结构逐步完善，平衡农业生产与环境保护的诉求越来越强烈，农村居民居住条件、消费模式、休闲方式向现代化和多样化转变。由外部力量强制主导的规划性变迁与农村社会转型诱发的自主型环境变迁，共同引致了农村环境治理结构与治理利益的多元化转向。

首先，从规划性变迁来看，作为国家意志的体现，中央多项战略规划与政策文件不同程度蕴含了农村环境治理结构多元化转向的要求。例如，《国家乡村振兴战略规划（2018—2022 年）》提出要"建立健全党委领导、政府负责、社会协同、公众参与、法治保障的现代乡村社会治理体制"，以及党的十九大报告提出构建"政府、企业、社会组织和公众共同参与的现代环境治理体系"，都蕴含了调动市场主体与社会主体参与农村环境治理的要求。《农村人居环境整治提升五年行动方案（2021–2025 年）》明确提出要"充分发挥村民主体作用"，突出强调了村民主体参与农村环境治理的重要意义。这些由政府强制力量主导的规划性变迁为农村环境治理结构转向提供了良好的制度供给和条件保障。与此同时，随着对社会主体、市场主体的进场与村民主体参与的强调，他们的参与意识与权力意识日趋增强，并且其实现治理资源、治理权力、治理利益与政府共享的诉求也日益强烈。在此背景下，促使多元主体在不断地博弈中保持动态平衡并且形塑出相互合作、相互监督以及相互制衡的利益与权力结构网络，进一步加速了农村环境治理结构与治理利益的多元化转向。

其次，在封闭同质的传统乡村社会中，乡镇基层政府、村"两委"与村民等农村环境治理主体"在正式的行政权力与非正式的血缘地缘情感依赖的动态平衡"中，逐步塑造了"乡镇政府主导、村'两委'协同、村民自主参与"的凸显基层自治特质的内生型环境治理模式。然而，城镇化与现代化进程进一步加剧了农村地区老龄化与空心化程度，进一步分化了基层政府权力结构，也进一步制约了农村集体经济发展，这使得农村地区环境治理能力面临严峻考验。在此背景下，农村环境治理的复杂性被进一步强化。农村基层环境治理能力的有限性与居民环境公共服务需求不断提升之间的矛盾进一步凸显。在农村传统的内生型环境治理模式应对失灵的情况下，用协同合作方式吸纳社会组织、企业等多方力量参与环境治理，以增强环境治理能力就成为必然选择。然而，随着农村环境治理多元利益主体共同参与的格局日趋塑造成形，如何整合和平衡农村环境治理各主体力量，优化多元主体协同共治格局，化解环境治理主体利益分化与矛盾冲突也就成为不得不正视的现实问题。

3.4.2　制度体系不完善削弱了农村环境治理制度效能

制度建设是纵深推进农村环境治理的重中之重。纵观我国农村环境治理历史演进历程，农村环境污染问题的凸显必然有环境治理制度体系层面的归因。农村环境治理制度不健全将导致其难以有效应对外部环境的复杂性变化，削弱环境治理制度效能。

从制度层面来看，我国农村环境治理制度与政策缺乏连贯性，还未能实现政策制定、政策执行、政策监督、政策评估与政策改进的有机统一。农村基层环境治理制度执行力不足的问题普遍存在；地方保护主义的存在不同程度地削弱了农村环境治理的严肃性和连续性；农民环保意识的提升虽有进步，但相较于环境治理的紧迫性，仍有较大差距；资源配置方面，农村环境治理的需求与实际资源的分配还存在诸多的不匹配现象。从政策内容来看，农村环境治理政策系统涉及农村人居环境治理、农村生活污水和垃圾治理、畜禽养殖污染和饮用水水源地保护、农村工矿污染治理和土壤污染防治、农业面源污染和厕所粪污治理以及村容村貌提升等各类政策，它们相互联系、相互影响、相互补充，形成一个相互关联而又良性互动的有机整体。但由于我国农村环境治理政策在治理理念和制定原则方面不同程度地存在一些矛盾和缺陷，使得农村环境治理政策在某种程度上还存在"头痛医头，脚痛医脚"的问题。各子政策之间相互割裂甚至相互冲突的现象也还不能完全杜绝，使得农村环境治理政策系统内部结构及其协调性和完整性还不够。另外，农村环境治理政策的连续性、联动性还不够，政策配套措施还存在短板，某些政策的弹性空间比较大。同时，我国农村环境治理政策还不同程度地存在"重末期治理、轻前期预防"和"重治理结果、轻治理过程"的问题，对未来农村环境治理面临的风险和不确定性缺乏前瞻性的认知，导致实践中政策的现实指导性存在欠缺。这些都在一定程度上制约了我国农村环境治理进程，影响了农村环境治理成效。因此，如何在继续完善和加固农村环境治理的"顶层设计"与"四梁八柱"、持续保持农村环境治理战略定力的基础上，全面加强农村环境治理政策系统内部各子政策之间的协调与互动，在政策内容上实现防治并举，前期防范与中后期治理同时发力，构建起更加有效的农村环境治理制度体系，以全面提升农村环境治理制度效能将是当前需要加速推进的重点议题。

3.4.3　治理机制不健全不同程度导致农村环境治理执行异化

机制建设是纵深推进农村环境治理和全面提升环境治理执行力的关键所在。首先，农村环境治理运行机制不畅是导致环境治理执行异化的重要因素之一。在农村地区现行环境治理框架内，政府作为农村环境治理的关键主体，在治理目标、政策制定、规则运行、组织动员等方面依然发挥着不可替代的"掌舵人"的作用。但政府内部自身条块分割及其责任边界不清晰时常引发农村环境治理出现"政出多门"或相互推诿的问题。并且，现行农村环境治理中市、县等上级政府对下级政府的有效支撑不足，导致乡镇基层政府过度承责与超负荷运转。市场主体重经济利润、轻环境治理社会责任的本质容易引发环境治理"市场失灵"。大部分农村地区社会力量孱弱甚至虚化显然也难以承受起环境治理之重。村委会作为基层自治组织，由于长期以来对乡镇政府的行政依附，导致自身行政化趋势愈来愈浓厚，而自治成色明显不足。此外，我国农村环境治理中主体参与机制、监督机制、利益协调机制、评价机制、约束机制等都还有待进一步建立健全，这些都不同程度地导致农村环境"运动式"治理、"运动式"整改、治理过程碎片化,以及片面化执行、选择性执行、变通执行等"上有政策、下有对策"环境治理执行异化的问题,则必然致使政策执行偏离政策目标。事实上,制度建设的目的在于通过督促主体有效执行政策而顺利实现政策目标。结合新中国成立以来我国农村环境治理历史进程,不难发现,大部分农村环境治理政策的政策目标与政策最终取得的实际效果都还存在一定的差距。而基层环境治理主体执行失范就是一个重要因素。在此背景下,如何构建起更加有效的农村环境治理运行机制,以全面提升农村环境治理执行效率与执行质量将是纵深推进农村环境治理过程中亟须破解的重点与难点问题。

3.4.4 关键主体参与缺位导致农村环境治理内生动力不足

从村民等关键主体参与来看,当前村民与社会组织参与农村环境治理的广度、深度和强度依然有限。首先,村民参与农村环境治理的广度、深度与强度直接影响到农村环境治理水平。现阶段,尽管村民的环保意识和健康意识逐步增强,环保参与的积极性和热情也不断上涨,但是村民参与的广度、深度和强度还亟待提升。现实中,政府作为强制性权力的代表,拥有着绝对的资源优势,在农村环境治理过程中长期处于主导地位。这一定程度上弱化了村民、企业等其他主体的环境治理责任,村民群众参与农村环境治理曾一度被边缘化。从村民来看,很多情况下,村民群众既不享有决策参与权,也不享有对农村环境治理的全过程参与权,有时候即便是环境知情权、监督权也难以得到保障。村民参与更多地体现在被动接受政府指令和信息,属于末端参与,只是一种象征性参与。从社会组织来看,现阶段我国农村环境治理过程中社会组织的作用还未能得到充分体现。事实上,农村社会组织作为萌发成长于农村社会、以维护农村社会公益为目的的具备组织性、非营利性、自治性、公益性、志愿性等特征的团体,往往与所在农村地区特殊的风俗习惯、地理环境及社会经济发展水平和程度相适应，其特有的组织架构、人员构成、运作方式在一定程度上弥补了农村环境治理制度设计的缺陷。一般来说，农村社会组织不仅能够深切地体会到农村环境污染的危害，也往往很清楚造成污染的背后原因，对此还能够提出并实施一些具有针对性的有效措施，同时还可以通过募集捐赠等方式增加农村环境治理资金投入。然而，我国农村环境治理实践中对农村社会组织的培育和建设重视不足，导致农村环保类社会组织参差不齐、发育不全。从企业来看，企业作为环境污染的主要制造者，理应成为农村环境治理的主体。但现实情况是，企业出于自身经济利益追求，大多以侥幸态度来逃避环境责任。近年来，一些企业违法生产排污抑或对排污监测数据弄虚作假以逃避环境监管而被严肃查处，受到社会各界的广泛关注。种种现象表明，打好农村环境污染防治攻坚战，企业尤其要主动承担起环境治理的责任和义务。更为重要的是，各环境治理主体之间缺乏协调联动，主体之间互动性不足。治理主体之间良性互动机制的缺失也影响了多元主体参与环境治理的广度、深度与强度，导致农村环境治理内生动力不足。在此背景下，如何构建起有效的参与机制与互动协同机制，通过治理主体之间的制度化和常规化的平等协商互动，推动政府、企业、社会组织、村民等多元主体协同共治局面的形成，也是未来农村环境治理需要正视的一个重要问题。

第 4 章

我国农村环境治理的总体形势与执行进展

本章主要基于 2022 年我国中部地区农村环境治理的问卷调查数据，分析我国农村环境治理的执行进展与主要问题，为全面把握我国农村环境治理总体情况以及改进的方向提供实践指导。

4.1 农村人居环境治理的总体形势

2018 年 2 月，中共中央办公厅、国务院办公厅印发《农村人居环境整治三年行动方案》，提出利用三年时间，以建设美丽宜居村庄为导向，以农村垃圾、污水治理和村容村貌提升为主攻方向，加快补齐农村人居环境突出短板。并且提出了到 2020 年实现农村人居环境明显改善，村庄环境基本干净整洁有序，村民环境与健康意识普遍增强的行动目标。2018 年 12 月，中央农办、农业农村部、国家发展改革委等 18 部委印发《农村人居环境整治村庄清洁行动方案》，提出将于 2019 年起在全国范围内集中组织开展农村人居环境整治村庄清洁行动，以影响农村人居环境的突出问题为重点，动员广大农民群众，广泛参与、集中整治，着力解决村庄环境"脏乱差"问题，带动和推进村容村貌提升。随着中央的高位推动，各地积极响应大力推进农村人居环境整治。农村人居环境治理已然成为今后一段时期内我国农村工作的重点。为了全面考察和了解以上两个"行动方案"的推进落实情况和各地区农村人居环境治理现状，本书课题组于 2021 年 7～12 月在中部地区 6 省份进行了广泛的问卷调查和实地走访。按照每个村庄发放 1 份村庄问卷和不超过 12 份农户问卷的原则，调查共发放了 463 份村庄问卷和 4100 份农户问卷，经过回收、筛选和甄别，最终确定有效村庄问卷为 461 份，有效农户问卷 3981 份，回收率分别为 99.57% 和 97.10%，具有较好的代表性。

4.1.1　农村人居环境治理工作稳步推进

自中央提出以上两个"行动方案"以来，各地农村人居环境整治工作已经基本铺开，正在稳步推进。调查显示，在 3981 位受访户中，占比 79.66% 的受访农户表示本村已经大力开展了人居环境整治工作，并且有 73.13% 的农户表示近两年接受过村庄或当地政府的人居环境治理宣传教育。超过三成（32.56%）的农户表示听说过或者不同程度了解《农村人居环境整治三年行动方案》《农村人居环境整治村庄清洁行动方案》内容。其中，听说过或者不同程度了解上述"两个方案"的村民中，非贫困户占比最高（40.83%）；脱贫户、返贫户、贫困户占比分别为 39.11%、36.21%、35.40%，这意味着经济状态较好的农户对上述两个"行动方案"的了解情况较好。进一步考察拥有不同社会资本的农户对以上两个"行动方案"知晓度的关系发现，不同程度知晓以上两个"行动方案"的拥有高、中、低社会资本的农户占比分别为43.51%、31.51%、30.25%。故而拥有较高社会资本的农户对以上两个"行动方案"的知晓度更高。

垃圾投放点、垃圾箱设置以及委派专人清理垃圾是农村垃圾治理的基础性内容（黄振华，2020）。如表4.1数据显示，所调查的461个村庄中，占比93.49%的村庄设置了固定的垃圾投放点，占比87.42%的村庄设置了公共垃圾箱，占比90.02%的村庄安排了专人负责清理垃圾。表明村庄垃圾治理基础性设施建设总体进展较好，但仍有一定比例的村庄不理想。基于村民对村庄人居环境整治工作进展情况的调查发现，63.19%的农户表示其所在村庄人居环境整治工作"取得较大进展"，18.26%的农户表示其所在村庄人居环境整治工作"取得一定进展"，仍然有18.55%的农户表示其所在村庄人居环境整治工作"基本没有进展"或者"进展不理想"。表明当前各地区村庄人居环境整治推进工作参差不齐，仍有部分行动缓慢的村庄的人居环境整治工作需要全面提速。

表4.1 农村垃圾治理基础性项目建设情况

选项	设置固定垃圾投放点		设置公共垃圾箱		安排专人清理垃圾	
	样本（个）	占比（%）	样本（个）	占比（%）	样本（个）	占比（%）
是	431	93.49	403	87.42	415	90.02
否	30	6.51	58	12.58	46	9.98
合计	461	100	461	100	461	100

资料来源：根据调查数据整理得到。

4.1.2 农村人居环境治理取得积极进展

基于村民对村庄人居环境整治工作满意度的调查发现（如表4.2所示），

72.44%的农户对村庄人居环境整治工作"比较满意"或者"非常满意",其中,对村庄人居环境整治工作"非常满意"的农户占比达到22.43%,超过1/5,对村庄人居环境整治工作"不太满意"或"很不满意"的农户合计占比为4.15%。这说明,当前村民对村庄人居环境治理效果的整体评价较高,超过八成的农户对人居环境整治工作表示满意。进一步考察人居环境整治过程中村民环境保护意识提升情况发现,占比95.66%受访户认为村民环保意识有不同程度提升,其中占比16.65%的受访户认为"本村村民的环保意识有大幅提升",仅有占比4.35%的受访户认为本村村民环保意识"基本没有提升"甚至"不仅没有提升还有下降"。表明农村人居环境整治行动取得了积极成效。从具体行动表现来看,超过40%的受访村庄或者当地政府就垃圾分类进行了集中动员与部署;超过60%的受访村庄开展了统一组织的"改厕"行动;超过90%的受访农户表示不会随意丢弃垃圾并且会自觉进行房前屋后及自家庭院环境卫生清洁。

表 4.2　　　农村人居环境治理满意度与环保意识提升情况评价

类别	选项	样本数(个)	占比(%)
人居环境治理满意度评价	非常满意	893	22.43
	比较满意	1991	50.01
	一般	932	23.41
	不太满意	156	3.92
	很不满意	9	0.23
	合计	3981	100
环保意识提升情况评价	有大幅提升	659	16.55
	有一定程度提升	2263	56.85
	一般	886	22.26
	基本没有提升	171	4.30
	不仅没有提升还有下降	2	0.05
	合计	3981	100

资料来源:根据调查数据整理得到。

4.1.3　农村人居环境污染依然较为普遍

虽然我国农村人居环境治理取得积极进展和成效，但是调查也发现，当前我国农村人居环境治理存在"边整治边污染"现象。如表 4.3 数据显示，在 3981 个有效样本中，虽然占比 98% 以上的受访村民表示农村地区"垃圾围村"的现象已经得到大力遏制，但仍有占比 25.82% 的农户认为其所在村庄存在严重或者比较严重的人居环境污染问题。其中，仅有占比 19.72% 和 5.93% 的农户表示其所在村庄人居环境污染比较轻微或者基本没有，这表明农村人居环境污染依然较为普遍。考察村民对人居环境污染"预防与治理"协同联动情况的评价发现，在 3981 个有效样本中，认为人居环境污染"预防与治理"协同联动落实"非常好"或"比较好"的受访村民占比总计为 45.06%，认为协同联动落实"一般"的占比为 37.33%，而认为协同联动落实"比较差"或"非常差"的占比总计为 17.61%，后三者累计占比达 54.94%。由此可见，农村人居环境污染"事前预防与事后治理"协同联动还有较大的提升空间，后续持续深入推进农村人居环境整治契合农村地区现实需求。

表 4.3　农村人居环境污染总体情况与"预防与治理"联动情况评价

类别	选项	样本数（个）	占比（%）
人居环境污染情况评价	严重污染	152	3.82
	较严重污染	876	22.00
	一般	1932	48.53
	轻微污染	785	19.72
	基本无污染	236	5.93
	合计	3981	100

类别	选项	样本数（个）	占比（%）
"预防与治理"协同联动落实情况评价	非常好	459	11.53
	比较好	1335	33.53
	一般	1486	37.33
	比较差	473	11.88
	非常差	228	5.73
	合计	3981	100

资料来源：根据调查数据整理得到。

村庄环境治理是村民自我管理、自我服务的重要内容。进一步考察村庄自治开展效果与村庄人居环境污染状况的关系发现：在自治开展效果"非常好"的村庄，14.60%的村民认为村庄环境污染严重，在自治开展效果"非常差"的村庄，这一比重达到39.13%，两者之间相差24.53%。而在自治开展效果"非常好"的村庄，66.52%的村民认为村庄环境污染"比较轻微""非常轻微""没有"；在自治开展效果"比较差""非常差"的村庄，这一比重则合计为39.13%，两者之间相差27.39%。由此可见，村民自治开展良好的村庄，其人居环境污染情况和整治情况均明显好于村民自治比较落后的村庄。

此外，调查进一步发现，开展了家风家训教育活动的村庄、注重发挥乡贤能人等社会力量的村庄以及积极开展普法教育的村庄，其村庄人居环境污染情况均要好于没有开展上述活动的村庄。事实上，开展优良家风家训教育有助于提升村民对人居环境治理的认知度和配合度，树立村庄人居环境治理先进榜样，营造争先创优氛围。乡贤能人是村庄开展环境治理不可忽视的社会力量，他们不仅拥有丰富的经验和智慧，还具备深厚的乡土情怀和社会责任感。这些乡贤能人通常在当地享有较高的声望和影响力，能够有效动员村民参与环境保护工作，推动环保理念的普及和落实，在村庄环境治理中发挥了积极而重要的作用。最后，普法教育使得村民能够在法律框架内表达诉求，推动村庄环境治理工作在法治轨道上有序进行，促进村民在处理环境问题时能够通过法律途径解决争端，减少不必要的矛盾和冲突，提升村庄的整体环境治理水平。

4.2 农村人居环境治理中的村民行动

为了全面评估农村人居环境治理状况，本书课题组从农村人居环境治理中的村民行动入手，重点围绕参与意愿与积极性以及生活垃圾处置、污水处置、"改厕"情况、农业生产废弃物处置等进行分析。其中，参与意愿与积极性属于农村人居环境治理的内在提升要求，生活垃圾处置、污水处置、农业生产与畜禽养殖废弃物处置、"改厕"情况等属于人居环境治理的基础性项目内容。调查发现，村民参与人居环境治理的整体意愿较高，但是在人居环境基础性工程分项治理中的行动存在较大差异。

4.2.1 村民参与人居环境治理的整体意愿较高

村民积极参与是人居环境治理成功的关键因素。只有唤醒村民参与的内驱力，让村民积极参与到环境治理中、主动承担责任并积极行动，才能确保治理政策的有效实施与持久效果。村民参与不仅能提升人居环境治理工作的广泛性和针对性，还能增强治理措施的可持续性和村庄社会的凝聚力。调查过程中对村民无偿参与村庄垃圾清理的意愿进行考察发现（如表4.4所示），占比为72.69%的农户表示愿意无偿参加村庄垃圾的清理工作，但仍有占比27.31%农户的积极性需要调动。针对"如果村里要建设垃圾处置设施，您是否愿意出钱或出力"这一问题，在3655个有效样本中，占比为80.90%的受访者表示愿意出钱或出力。表明村民参与环境治理的意愿与付诸行动的热情都比较高。进一步调查发现，有 21.75% 的农户表示在本村开展人居环境整治过程中"既出资又投劳"，16.42%、34.61% 的农户表示在本村开展人居环境整治过程中"有出资""有投劳"，三者合计占比为 72.78%，这一比例与村民参与意愿的调查数据是一致的。对人居环境整治工作中农户积极性的调查发现，表示村民"非常积极""比较积极""一般积极"的农户所占比重分别为 14.83%、29.21%、40.21%，三者合计占比为 84.25%；表示村民"不太积极""不积极"的农户所占比例共计 15.75%。

表 4.4　　　　　　　　　农户参与人居环境整治情况

选项	样本数（个）	占比（%）
既出资又投劳	795	21.75
有出资	600	16.42
有投劳	1265	34.61
没有参与	995	27.22
合计	3655	100

注：由于主要测量对象的不同，此处进一步剔除了部分样本，有效样本缩减为 3655 个。
资料来源：根据调查数据整理得到。

4.2.2　生活固体垃圾处置中村民行动整体向好

生活固体垃圾治理是农村人居环境治理的基础性环节，也是美丽乡村建设的内在要求。考察村民对生活固体垃圾的处理方式，发现中央高位推动农村人居环境治理以来（如表 4.5 所示），在 3655 个有效样本中，有 2771 位受访户表示会将生活固体垃圾投放到村庄垃圾收集点或公共垃圾箱，占比 75.81%；有 448 位村民表示对垃圾进行焚烧处理，占比 12.26%；还分别有 140 位村民选择对垃圾进行掩埋处理，125 位村民选择随意丢弃生活固体垃圾，两者分别占比3.83%、3.42%。由此可见，虽然有超七成的农户选择将生活固体垃圾放到村庄垃圾收集点或公共垃圾箱，但是仍然有超过两成的农户没有采取环保的方式处理生活固体垃圾。进一步考察村民受教育水平对其生活固体垃圾处理方式的影响，发现文盲与半文盲、小学、初中、高中、大专及以上学历的农户选择将生活固体垃圾投放到村庄垃圾收集点或公共垃圾箱的占比分别为68.43%、70.29%、73.80%、78.27%和95.65%，整体上呈现递增趋势，其中文盲与半文盲、小学层次占比分别比大专及以上教育水平的村民低了27.22个、25.36个百分点。表明受教育水平越高的村民正确处理生活固体垃圾的概率越大。此外，调查发现，有占比50.87%的村民会对家中的生活垃圾进行分类处理，此类群体以对垃圾分类有统一要求的村庄群体以及有较高受教育水平的群体、接受过环保教育或培训的群体等为主。

表4.5 　　　　　　　农户生活固体垃圾处置方式情况统计

采取的处置方式	样本数（个）	占比（%）
收集点或公共垃圾箱	2771	75.81
焚烧处理	448	12.26
掩埋处理	140	3.83
随意丢弃	125	3.42
其他	171	4.68
合计	3655	100

注：由于主要测量对象的不同，此处进一步剔除了部分样本，有效样本缩减为3655个。
资料来源：根据调查数据整理得到。

4.2.3　生活污水处置中村民行动存在显著差异

生活污水治理是农村人居环境治理的重要内容，是实施乡村振兴战略的重要举措，切实关系到农村居民健康福祉。分析村民处理家庭生活污水的情况，调查显示，在 3655 个有效农户样本中①，有 1566 位受访者表示平时将生活污水流入下水道，占比 42.85%；有 1145 位受访者表示平时将生活污水倒入村庄废水沟渠，占比为 31.33%；有 752 位受访者表示平时会随意倾倒生活污水，占比 20.57%；还有占比 5.25% 的农户表示平时会将生活污水收集起来再次利用。由此可知，村民对生活污水的处置方式还有待进一步改进，仍有不少村民存在随意倾倒生活污水的情况。调查也发现，不同教育水平的村民在选择处理生活污水的方式上也存在差异。选择随意倾倒生活污水的村民群体中文盲和半文盲占比为 45.71%，在小学、初中、高中、大专及以上教育水平的农户中占比分别为 39.50%、32.75%、27.36%、18.99%。表明村民受教育水平越高，随意倾倒生活污水的可能性越低。进一步调查了部分村民随意倾倒生活污水的原因。在 639 个有效农户样本中，表示是因为"地理条件或基础设施条件限制，没有地方倾倒""自身经济、住房条件限制，无法承担修建下水道等相关费用"而随意倾倒生活污水的受访者占比分别为 13.93%、27.23%；表示是因为"政府或者村委没有要求""不了解相关生活污水处理政策"而随意倾倒生活污水的受访者占比 24.26%；表示是因为"自身习惯问题"而随意倾倒生活污水的受访者占比 13.62%。表明农村地区生活污水处置情况还不够理想，不论是基础设施条件还是主观意识都还有比较大的改进与提升空间。

4.2.4 农业生产废弃物处置中村民参与尚需改进

农业废弃物治理是农村人居环境整治的重要内容，关系农业农村的绿色可持续发展。基于农户对使用过的农药瓶/袋的处理方式的调查发现，3981 位受访户中，有 1579 位表示没有进行农业生产或者没有使用农药，

---

① 由于主要测量对象的不同，此处进一步剔除了部分样本，有效样本缩减为 3655 个。

在 2402 位从事农业生产的受访户中，表示会对使用过的农药瓶/袋统一回收处理的有 1693 位，占比 42.53%；表示随意丢弃的农户也有 788 位，占比达到了 19.79%。由此可知，仍有接近 1/5 的农户没有对农业生产中的有害垃圾进行安全处置。考察从事畜禽养殖的农户对畜禽养殖废弃物的处理方式发现，选择"无害化处理""农田施肥""资源化再利用"的农户累计占比 50.07%；选择"排放到水管道或渠沟""排放到河流/湖泊中""随意堆积"的农户累计占比为 27.42%。表明仍有接近 1/3 的农户没有采取环保方式处置畜禽养殖废弃物。考察农户对农业秸秆的处置方式发现，选择粉碎还田的农户占比为 22.38%；选择焚烧处理的农户占比为 21.34%；选择作为生活燃料的农户占比为 16.16%；还有 6.53% 的农户选择作为养殖饲料。由此可见，仍然有超过 1/5 的农户采用焚烧秸秆这种不环保的方式处理秸秆（如表 4.6 所示）。

表 4.6 　　　　　　　　　　**农户对畜禽养殖废弃物和秸秆处理方式**

类别	选项	占比（%）	样本数（个）
畜禽养殖废弃物处理方式	排放到下水管道或沟渠	11.94	581
	排放到河流/湖泊	8.10	394
	随意堆积	7.38	359
	农田施肥	33.73	1640
	无害化处理	7.73	376
	资源化再利用	8.61	419
	没有畜禽养殖或者其他	22.51	1095
	合计	100	4864
农业秸秆处置方式	粉碎还田	22.38	943
	焚烧处理	21.34	899
	作为生活燃料	16.16	681
	作为养殖饲料	6.53	275

类别	选项	占比（%）	样本数（个）
农业秸秆处置方式	没有产生秸秆	7.05	297
	没有农业生产	25.85	1089
	其他	0.69	29
	合计	100	4213

注：此表为多选项，故合计样本数超过了调查样本数。
资料来源：根据调查数据整理得到。

4.2.5 "改厕"项目中村民参与不够理想

农村"改厕"工作是改善人居环境的重要一环，不仅有助于提升村民生活质量，还能有效减少疾病传播。考察农户参与"改厕"的情况（如表 4.7 所示），在当地政府或者村"两委"集中动员和部署进行"改厕"行动的村庄中的 534 位受访户中，有 53.56% 的受访者表示积极参与了"改厕"，有 20.16% 的受访者勉强或者象征性参与了"改厕"，有 26.28% 的受访者表示没有参与"改厕"。进一步调查了 463 个农户不积极参与"改厕"的原因，因为"家里的厕所卫生好，没有必要改"的农户占比最高，为 39.17%，因为"经济条件负担不起"的农户占比次之，为 21.31%，因为"腾不出空间修建"的农户占比为 12.98%，因为"没有时间和精力"的农户占比为 10.70%，因为"习惯了不想改"的农户和"缺自来水难清理"的农户分别占比 7.74% 和 2.98%。由此可见，农户参与"改厕"的积极性整体不高，行动参与有待提升。农户不积极参与"改厕"的原因呈现多样化特征，无现实改厕需要与经济负担问题是其最主要原因。

表 4.7　　　　　　　　　　农户没有参与"改厕"的原因

选项	占比（%）	样本数（个）
经济条件负担不起	21.31	179
腾不出空间修建	12.98	109
习惯了不想改	7.74	65
没有时间和精力	10.70	90
缺自来水难清理	2.98	25
家里的厕所卫生好，没有必要改	39.17	329
其他	5.12	43
合计	100	840

注：此表为多选项，故合计样本数超过了调查样本数。
资料来源：根据调查数据整理得到。

4.3　农村人居环境治理中的制约因素

在人居环境治理进程中，还存在普通村民层面、村干部层面、政府层面以及其他层面等多方面的制约因素，这些因素不仅影响环境治理效果，也在一定程度上阻碍了人居环境治理的可持续发展。

4.3.1　普通村民参与层面的主要制约因素

村民积极参与是人居环境治理内生动力的主要来源，决定了村庄人居环境治理成效的可持续性与长久性。就"您认为部分村民不积极参与人居环境治理主要是受到哪些因素的影响？"这一问题进行调查，发现在 675 位受访者当中，回答因"不了解相关政策""长期在外务工，没有时间参与""村上环境还可以，没有必要专门搞人居环境整治""自己需要掏钱还要出力，不想参与""身体状况不好，心有余而力不足"等原因而未能积极参与的村民占比 40% 以上；回答因"当地政府或村委班子公信力不足，不愿意配合""政府或村委在人居环境整治中处理事情欠妥，损害了部分群众利益""加入整治行动后参与感、获得感不强""环境整治喊口号多，实质性举措落地少"等原因而不愿意积极参与的村民占比 19.11%。由此可见，在村庄人居环境整治过程中，仍存在因思想认知存在偏差、政策宣传不够到位、政民关系处理不当、整治行动没有真正落地等因素而一定程度上牵制了村民参与人居环境治理的积极性，需要在以后的工作中着力破解。

4.3.2　村干部层面的主要制约因素

村干部群体是人居环境治理的主要组织者和推动者，他们在规划、协调和实施各项治理措施中发挥着关键作用。基于对受访群体中 433 位村干部的调查发现，有 389 位村干部表示每天工作 8 小时及以上，占比 89.83%，有 294 位村干部表示因双休日经常需要加班而不能正常休息，占比 67.89%。表明乡村干部整体工作时间比较长。群众的支持与配合是激发乡村干部担当作为、不懈前行的重要动力。考察村干部人居环境治理工作中面临的困难，调查数据显示，有 99 位村干部认为工作中面临的最大困难是"群众不理解、不配合"，占比 22.86%，有 82 位村干部认为"工作时间长，工资待遇偏低"，占比 18.94%，有 150 位村干部认为"上级检查频繁，疲于应付"，占比 64.64%。调查数据显示，村庄平均每月接受各类督查/检查/巡视活动 3.24 次，最多的时候一个月达到 23 次；村庄平均每月接受各类参观/考察/调研活动 2.81 次，最多的时候一个月达到 19 次。从乡村干部对于工作压力的感知情况的调查来看，在 433 个有效村干部样本中，认为工作压力很大和较大的分别有 129 位、202 位，占比分别为 29.79%、46.88%，两者累计达到 76.67%。此外，认为村庄环境治理中"工作留痕"任务严重、"文山会海"任务严重的村干部占比均超过50%。表明人居环境治理过程中各类督查考评、参观调研、文件会议为乡村干部带来的工作压力居高不下,为乡村干部减负松绑迫在眉睫。由此可见,乡村干部上连组织、下接群众,在其面临纷繁复杂、种类繁多的工作任务的情况下,干群协同不力、聚合度低,工时多、薪资薄,上级检查频繁、工作压力大,均将不同程度影响其工作投入与干劲。

4.3.3　政府层面的主要制约因素

政府作为乡村人居环境治理的引导者和监督者,承担了人居环境治理政策制定、资源配置、动员协调、监督评价等重要职责,但是政府在农村人居环境治理过程中也存在一些问题。从村干部的反映来看,在433个有效村干部样本中,有258位村干部认为人居环境治理中上级政府设定的"一票否决"项目比较多,占比59.58%;有267位村干部表示上级政府在安排工作时存在"层层加码"的情况,占比61.66%;有181位村干部表示上级政府存在动不动就"立军令状"的现象,占比41.80%;有276位村干部表示"上级政府对人居环境治理的投入不足",占比63.74%;有149位村干部表示"上级政府环境治理政策、目标、举措等存在与现实状况不匹配的现象,占比34.41%。表明环境治理责任逐级下沉、任务逐级加码、"立军令状"、投入不足、治理政策与现实不匹配等现象亟待改善。从村民的反映来看,在1982个有效村民样本中,有1137位村民表示对人居环境治理中的政府表现"比较满意"或者"非常满意",占比57.37%,但是仍然有515位村民表示对人居环境治理中的政府表现"不太满意"或者"很不满意",占比25.98%。进一步调查对政府表现不满意的原因,发现"干部不作为""基层诉求难以得到回应""资源、利益分配不均或不公""存在官僚主义作风,缺乏服务意识和责任感""信息沟通不畅""政策落实不到位,效果欠佳""资金使用不透明"等都是其排名靠前的影响因素。

4.3.4 其他层面的主要制约因素

建设生态宜居美丽村庄是农村人居环境治理的最终目标。调查过程中进一步就"您认为本村建设生态宜居村庄存在哪些制约因素"这一问题向村民提问。如表4.8数据显示，2042个受访者表示"村民意识不强，参与不深"是重要制约因素，占比最高，且为32.37%；其次，1761个受访者表示"环保技术落后，设施匮乏"是重要制约因素，占比为27.92%；再次，1414个受访者表示"资金来源有限，投入不足"为重要制约因素，占比为22.42%；最后，占比为10.05%的受访者表示"村干部积极性不高，管理不到位"制约着生态宜居美丽村庄建设。不难看出，"村民意识不强，参与不深""环保技术落后，设施匮乏""资金来源有限、投入不足"是建设生态宜居美丽村庄最主要的制约因素。

表4.8 建设生态宜居村庄的制约因素情况

选项	占比（%）	样本数（个）
村民意识不强，参与不深	32.37	2042
资金来源有限，投入不足	22.42	1414
环保技术落后，设施匮乏	27.92	1761
村干部积极性不高，管理不到位	10.05	634
都很好，不存在制约因素	7.24	457
合计	100	6308

注：此处为多选项，故总计样本数超出了调查样本数。
资料来源：根据调查数据整理得到。

4.4 结论与启示

4.4.1 主要结论

本章主要基于中部地区农村人居环境治理的问卷调查数据，分析了农村人居环境治理的总体形势、执行进展以及存在的主要问题与挑战，主要得出了以下几个方面的主要结论：

第一，随着农村人居环境治理的稳步推进，中部农村地区"垃圾围村"的现象已经得到大力遏制，但是依然不同程度存在"边整治边污染"现象，持续深入推进农村人居环境治理十分契合农村地区现实需求。

第二，村民参与人居环境治理的整体意愿比较高、付诸行动比较好。占比72%以上的农户表示愿意无偿参加村庄垃圾的清理工作，占比72%以上的农户在本村开展的人居环境整治过程中有"出资""投劳""既出资又投劳"。

第三，村民参与在生活垃圾处置、污水处置、农业生产与畜禽养殖废弃物处置、"改厕"情况等人居环境基础性工程分项治理中存在较大差异。从生活垃圾处置行动来看，占比75.81%的农户会将生活固体垃圾投放到村庄垃圾收集点或公共垃圾箱；占比50.87%的农户会对家中的生活垃圾进行分类处理，其中以较高教育水平群体、接受过环保教育或培训的群体和对垃圾分类有统一要求的村庄群体等为主。从生活污水处置行动来看，村民对生活污水的处置方式还有待进一步改进，占比42.85%村民选择将生活污水流入下水道，而随意倾倒生活污水的农户占比也达20.57%。从农业生产与畜禽养殖废弃物处置行动来看，总体情况不太理想，仍有接近1/5的农户没有对农业生产中的有害垃圾进行安全处置，仍有接近1/3的农户没有采取环保方式处置畜禽养殖废弃物，仍有超过 1/5 的农户没有采用环保的方式处理农业秸秆。从"改厕"行动来看，仅 53.56% 的农户积极参与了"改厕"，而农户不积极参与"改厕"的原因呈现多样化特征，无现实改厕需要与经济负担问题是其最主要原因。

第四，在人居环境治理进程中，还存在多方面的制约因素。从村民层面来看，仍存在因思想认知偏差、政策宣传不够到位、干群关系处理不当、整治行动没有真正落地等因素而不同程度的影响、制约村民参与意愿与行动的情况。从村干部情况来看，也存在因干群协同不力、聚合度低，工时多、薪资薄，上级检查频繁、工作压力大等而不同程度地影响村干部工作干劲的情况。从政府层面来看，环境治理责任逐级下沉、任务逐级加码、"立军令状"、资金投入不足、治理政策与现实不匹配等现象也亟待改善。从建设生态宜居村庄整体层面来看，"村民意识不强，参与不深""资金来源有限，投入不足""环保技术落后，设施匮乏"等也不同程度地制约了生态宜居美丽村庄建设行动的深入推进。

4.4.2　政策启示

基于以上结论，持续深入推进农村人居环境治理依然将是未来一段时间内农村工作的重要内容。为了更好地推进农村人居环境治理，提出以下政策建议：

其一，要规划先行，尽快补齐农村人居环境治理短板。要重视并做好农村人居环境基础设施建设的顶层设计与规划，加快补齐农村地区迫切需要的垃圾、污水、厕所粪污处理等基础设施短板，特别是要尽快补齐污水处理、"改厕"工作等基层设施短板。要整合条块工作，推动环境治理基本基础设施建设普及与协同，避免农村环境基础设施项目重复建设、过度建设或者无序建设。

其二，要提升村民参与的广度与深度，培育农村人居环境治理内生动力。

一方面，立足于日常生产生活，充分挖掘村庄乡贤能人、家风家训、村规民约等本土化治理资源，"春风化雨"般地着力培育、形塑村民环保意识与绿色生活习惯。稳步推进村民之间"人人为我，我为人人"环境保护观念的形成。同时，划出环境污染"红线""底线"，形成对农村环境保护的硬约束。另一方面，要加强村干部队伍建设，建立沟通交流机制，及时了解和掌握村干部思想动态，及时回应村干部的合理诉求，纾解村干部工作压力，为村干部减负松绑。同时，通过培训、进修、异地实践历练等方法提升村干部履职能力。建立起党委、政府、村委、村民之间的互动机制，确保"自上而下"的政令畅通与"自下而上"的诉求得到有效回应，巩固环境治理群众基础，优化环境治理干群关系，形成协同共治的良好局面。更为重要的是，要加强村庄自治组织建设，激活村民自治组织的平台功能，视具体情况组建村民理事会、监事会、人居环境治理志愿服务队、村民互助会、矛盾纠纷协调会等自治团体，充分调动村民的积极性与参与意识，增强村民的主人翁意识和村庄内部的凝聚力，及时化解内部各类矛盾纠纷，推动村庄人居环境治理事务更加规范、民主、透明，稳步提升村庄自主治理能力。

其三，要逐步完善农村人居环境治理长效机制。首先，加强制度建设是建立健全长效治理机制的基础，要建立健全农村环境治理的法律法规、政策体系与监督管理体系，完善村规民约等自治规则，建立起有效的农村环境治理激励机制、约束机制与运行机制。其次持续的资金保障是关键，要拓展多元融资渠道，丰富和夯实村庄环境治理自有资金来源，发掘社会力量为村庄环境治理捐款捐物，同时明确各类公共空间、设施的权属，盘活资源反哺环境治理工作。再其次，要积极寻求环境治理技术支持，提升农村地区污水处理、垃圾分类和资源化利用的技术水平并确保能够得到有效实施。最后社会参与是长效机制建立的动力源泉，要广泛动员村民、相关企业、社会组织等主体协同参与环境治理工作，完善企业、社会组织、村民等主体参与环境治理的机制，形成共建共治共享的环境治理格局。

第 5 章

污染感知与村庄认同如何影响农户
生活垃圾处理行为*

农户生活垃圾污染治理直接关系到农村环境
治理整体成效，探讨影响农户生活垃圾处理行为
的影响因素及其影响途径具有重要的理论价值与
现实意义。本章采用湖南省农户调查数据和有序
Logit 模型研究污染感知、村庄认同对农户生活垃
圾处理行为的影响效应与影响机制。研究发现：
污染感知对农户生活垃圾处理行为具有显著的正
向影响；村庄认同对农户生活垃圾处理行为的直
接影响不显著，但其通过制度信任这一中介机制
间接促进村民生活垃圾处理行为；村庄认同在污

---

　　* 本章主要内容发表在肖攀，苏静. 污染感知、村庄认同与农户生活垃圾处理行为：基于湖南省
2508 份农户调查数据的实证分析［J］. 华南师范大学学报（社会科学版），2024（2）：100 – 116。

染感知影响农户生活垃圾处理行为中发挥了显著的正向调节作用。增强农户对生活垃圾污染及其危害的感知和认识，培育与强化农户村庄认同感，增强村干部的公信力和依法工作能力是切实推进农户生活垃圾处理行为规范化和环保化，实现生态宜居目标可行的优化路径。

5.1　问题的提出

近年来，随着农村居民生活水平的提高和消费需求的增加，农村生活垃圾污染与日俱增，成为中国农村环境的主要污染源之一。据统计，2021 年我国农村居民平均每人每天产生的垃圾量约为 0.86 千克，并且每年约以 9% 的速度增长。[①] 按照 2022 年底全国农村人口 4.91 亿计算，全国农村年生活垃圾排放量将近 1.54 亿吨。量大、面广、成分复杂的生活垃圾污染一度成为困扰我国农村环境治理的顽疾。党的十八大以来，以习近平同志为核心的党中央高度重视农村人居环境整治工作。将改善农村人居环境作为推进"三农"可持续发展、落实乡村振兴战略和提升农村居民幸福感的一项重要任务。继 2014 年住房和城乡建设部牵头启动农村生活垃圾 5 年专项治理行动以来，中央一号文件连续每一年都聚焦农村人居环境整治问题。2018 年 2 月，中共中央办公厅、国务院办公厅印发《农村人居环境整治三年行动方案》，把推进农村生活垃圾治理列为六大重点任务之首，提出对垃圾山、垃圾围村、垃圾围坝、工业污染"上山下乡"开展重点整治。2021 年 12 月，进一步印发了《农村人居环境整治提升五年行动方案（2021—2025 年）》，再次将全面提升农村生活垃圾治理水平作为三大重点任务之一。然而，据国家七部委《关于印发"十四五"土壤、地下水和农村生态环境保护规划的通知》统计，截至

[①] 《中国城乡建设统计年鉴（2022）》。

2021 年底，仍有 2/3 的行政村未达到人居环境整治要求，约 3/4 的行政村人居环境治理成效不明显，我国农村生活垃圾污染治理依然任重而道远。在此背景下，基于参与者行为视角系统探究农村居民生活垃圾处理行为及其影响因素与影响机制，一方面，对于推动从根本上破解农村生活垃圾污染难题，构建农村生活垃圾治理长效机制具有重要的现实意义，另一方面，也能为全面贯彻落实乡村振兴战略提供重要的参考依据。

农民参与是实现农村生活垃圾有效治理的重要基础和前提（赵新民等，2021）。学者们从不同层面探讨了农户生活垃圾治理背后的行为动因。基于外部视角的研究认为，优化环境政策干预和加强环保宣传动员（唐林等，2021；王学婷等，2019）、强化农户环境治理参与行为的监督和惩戒（唐林等，2019）、实现正式制度与非正式制度的互补与替代（李芬妮等，2019）、制定和完善环境治理村规民约和相关的制度规范（聂峥嵘等，2021）等都将有利于促进农户生活垃圾处理行为规范化和环保化。基于内部视角的研究主要基于计划行为理论和认知理论探讨了社会资本中的关系网络（李全鹏和温轩，2020）、社会互动（左孝凡等，2022）、人际信任与制度信任（何可等，2015）、社会规范（郭清卉等，2022）等因素以及污染感知（贾亚娟和赵敏娟，2020）、环保认知和榜样效应（黄蕊等，2018）、村庄认同和归属感（李芬妮等，2020）等因素对农户生活垃圾治理行为的影响。

已有研究为本书提供了重要的参考和支撑。但是，通过梳理也不难发现，已有研究虽然关注了污染感知、村庄认同等因素对农户生活垃圾处理行为的影响，但是涉及各因素之间内在作用机制及其逻辑机理的研究还有待完善。特别是系统探讨污染感知、村庄认同与制度信任三者对农户生活垃圾处理行为的交互影响效应及其影响机理与作用路径的研究还鲜有出现。鉴于此，本章将污染感知、村庄认同、制度信任纳入到统一的分析框架，探讨三者对农户生活垃圾处理行为的影响效应及其影响机制与内在作用逻辑。在此基础上，利用湖南省 2508 个农户的调查数据进行实证检验，以期为破解农村生活垃圾污染问题提供针对性参考。

5.2　理论分析与研究假说

5.2.1　污染感知对农户生活垃圾处理行为的影响

环境心理学理论认为，人的行为活动既受到环境的影响，同时又会根据自身的需要和状态对环境做出回应（王建明，2013；葛万达和盛光华，2020）。环境污染心理感知是个体实施环境行为的心理基础，可以通过个体对外在环境污染感知后的判断与评价进而作用于个体环境行为（贾亚娟和赵敏娟，2020）。当个体身处农村垃圾污染不同现实情境时会产生不同的心理感知和评价，进而对其垃圾治理行为产生影响（Toma & Mathijs，2007；Khanal & Devkota，2020）。同时，环境污染驱动假说认为，公众感知和体验到环境污染越严重，其环境意识觉醒和环境改善意愿就越强烈，进而采取各种环保行为来减少环境污染的可能性就越大（Chen，2017），即公众环境污染感知与其环境治理行为之间存在相关关系。上述理论也得到了相关实证研究的支持。例如：王玉君和韩冬临（2016）基于国内的研究发现公众环境污染感知对其环保行为具有显著的正向影响；王学婷等（2019）基于湖北省的调查数据研究发现，对环境容忍程度越低的农村居民参与生活垃圾合作治理的可能性越大；贾亚娟和赵敏娟（2020）基于陕西省的调查数据研究表明，农户生活垃圾污染感知将显著促进农户垃圾分类水平提升。周等（Zhou et al.，2020）基于中国的样本研究发现，污染风险的事实感知、损失感知、原因感知和反应行为能力感知都能够显著促进公众的亲环境行为。此外，马荃特－派特和桑德拉（Marquart-Pyatt，2007）基于跨国数据的研究也发现，污染相对严重的国家里，民众对环境保护的意愿和行为支持都表现得更为强烈。基于此，提出如下假说：

H5 - 1：污染感知对农户生活垃圾处理行为具有显著的正向影响。

5.2.2 村庄认同对农户生活垃圾处理行为的影响

5.2.2.1 直接影响与调节机制

村庄认同是指个体在心理上对于村庄的一种积极的情感集合体，包括态度、价值观、思想、信仰、意义和行为倾向等（Bricker，2000）。它表现为个体对村庄的归属、依恋和作为"局内人"的感知以及个人因村庄而产生的情感满足与偏好等（Droseltis et al.，2010），本质上表现为个体在与地方互动过程中形成的一种主观肯定态度和身份归属。受儒家思想和农耕文明影响，中国农民历来就有着浓厚的乡土情结，"安土重迁""叶落归根"等传统观念反映出农民的村庄认同结构中包含了"居住环境"及其相联系的行为决策。村庄认同是影响农民环境污染治理评价以及自身环境治理决策和行为的重要因素之一（王雪婷等，2020）。积极的村庄认同感能够预测农民对所在村庄环境治理的支持态度，形成推动农民爱护环境、保护环境的内生动力，进而激发农民的亲环境行为（Hernández et al.，2007；Carrus et al.，2005）。研究表明，村庄认同有利于农户对村庄环境治理形成稳定的未来预期，进而从长远利益出发主动承担起村庄环境治理的义务和责任（Moulay et al.，2018）。对村庄的认同感越高的农户，其与村庄的情感联结也越密切，对村庄环境治理动态也格外关注，不仅会积极响应村庄环境整治行动，而且会主动学习和积累有利于村庄环境改善的技术与方法，进而使得农户对村庄的认同感外化为参与人居环境治理的行为机制（Chen & Larry，2018）。李芬妮等（2020）研究表明，村庄认同不仅对农户参与人居环境整治具有显著的正向作用，而且会增强外出务工农户在参与人居环境整治上的正向作用。王雪婷等（2020）研究发现，农户对地方的依恋会显著提高其参与环境治理的概率。基于此，提出如下假说：

H5-2：村庄认同对农户生活垃圾处理行为具有显著的正向影响。

生活垃圾污染感知会使农村垃圾治理行为主体做出"优势反应"，进而表现为一种内驱力（Zajonc，1965），而村庄认同能够增强这种内驱力，有效驱动村民环境道德素养提升、环境保护意识增强与亲环境行为发生。就农村生活垃圾治理而言，对村庄认同感越高的农户，面临生活垃圾污染的事实感知，其改善垃圾污染的意愿将更为强烈，进而参与垃圾治理的意愿和行动也将更为迫切（徐越倩等，2021），即村庄认同在污染感知促进农户生活垃圾处理行为中发挥了正向调节效应。基于此，提出如下假说：

H5-3：村庄认同能够增强污染感知对农户生活垃圾处理行为的正向作用。

5.2.2.2 制度信任的中介机制

制度信任是指社会生活中个人、组织或群体对现有社会制度（包括正式制度与非正式制度）的肯定和认可（王建民，2005）。正式制度是指有意识创造出来并通过国家正式确立的各类成文规则，一般以法律、法规、条例、规章等形式表现并通过权利、法律来强制保证。非正式制度是指人们在长期社会交往中逐步形成、并得到社会认可的约束性规则，包括价值观念、风俗习惯、文化传统、道德伦理、意识形态等。在农村地区，非正式制度具有更强的传染延续性，其约束力往往比正式制度更加明显（胡珺等，2017）。社会认知理论认为，个体行为是主观认知和外在环境共同影响的结果。个体对于村庄的认同感以及对于村庄环境治理外在制度的信任都会对其环境治理行为决策产生影响。从集体行动角度来看，个体村庄认同感越高，认可并遵守村庄垃圾治理各项规章制度的可能性也越大，对村干部动员、分配、调度垃圾治理工作的理解度、认可度与支持度也越大，进而表现出对村庄环境治理集体行动的积极拥护和主动参与。从成本收益角度来看，具有村庄认同感的个体，其更容易形成一种稳定的心理预期，即从村庄环境改善所获得的收益（包括健康、舒适感以及对村庄环境改善后获得的自豪感和荣誉感等）要大于因环境污染带来的损失（包括疾病、受到的批评、惩罚以及心情的失落等）（唐林等，2019）。这将促使其对村庄环境治理各项制度规范的信任、认同和遵守，即形成制度信任。而制度信任进一步通过促进信息共享（Harring，2013）、促进合作达成（Cook，2005）、形成一种"软约束"以规范和塑造农村环境治理秩序，有效地抑制农村环境治理中"搭便车"等机会主义行为发生（Hartmann，2014；何可等，2015），进而提高农户环境治理参与意愿与行为。基于此，提出如下研究假说：

H5-4：村庄认同能够显著增强农户对村庄垃圾治理的制度信任。

H5-5：村庄认同通过制度信任的中介作用，显著促进村民生活垃圾处理行为。

5.3　数据来源与样本特征

5.3.1　数据来源

湖南省地处中国中部、长江中游，大部分区域处于洞庭湖以南，下属长沙、株洲市、湘潭市、常德市、衡阳市、邵阳市、岳阳市、张家界市、益阳市、郴州市、永州市、怀化市、娄底市和湘西土家族苗族自治州共14个地州市。湖南省政府分别印发了《湖南省改善农村人居环境建设美丽乡村工作意见》（2014年）《湖南省政府购买改善农村人居环境服务管理暂行办法》

（2016 年）、《湖南省农村人居环境整治三年行动实施方案（2018—2020 年）》（2018 年）、《湖南省农村人居环境整治提升五年行动实施意见（2021—2025 年）》（2022 年）等系列文件，全省各地在人居环境推进工作过程中形成了一批典型经验，2018～2020 年连续三年获得国务院表彰，2019 年在中央农村工作会议上作典型发言，具有良好的代表性。

本章数据来自本书课题组 2021 年 7～11 月在湖南省 14 个地州市 43 个县 103 个乡镇 275 个村展开的调研。样本实现了全省 14 个地州市全覆盖。本次调研采取分层随机抽样的方式进行，首先在每个地州市随机选择 3～4 个县，其次在每个县随机选择 2～3 个乡镇，再次在每个乡镇随机选择 2～3 个村，最后在每个村随机选择 10 个农户进行调研。调研采取调查员与受访农户"一对一"访谈的形式展开，问卷内容涉及农户家庭基本情况、农户农业生产基本情况、农户环境污染认知情况、农户参与村庄事务基本情况、农户对于村庄的认同情况以及农户生活垃圾处理情况等。为了保证本次调研质量，所有调查员均已在前期接受过相关培训。本次调查共计收集问卷 2612 份，剔除由于主要信息缺失等原因所造成的无效问卷以后，得到有效问卷 2508 份，问卷有效率为 96.02%。

5.3.2 样本特征

表 5.1 显示了有效问卷样本农户的基本信息统计。首先，从受访者性别来看，受访农户以男性为主，占比为 66.26%，女性占比仅为 33.74%。据《中国统计年鉴（2021）》，湖南省乡村人口性别比为 108.87。[1]受访农户男性大于女性一定程度上与湖南省乡村地区男多女少的现象相符合。另外，从受访者年龄来看，40 岁以下的受访者仅占 27.99%，50 岁以上的受访者占比

---

① 乡村性别比：以女性为 100，男性对女性的比例。

达 46.29%。同时，从家庭赡养比来看，受访农户家庭赡养比在 0.25 及以下
的仅占 21.45%，赡养比在 0.51~0.75 的占比高达 33.81%。表明农村地区
老年人和未成年人较多，农户家庭大部分有着相对较重的赡养负担。这与湖
南省当前农村现实情况较为符合。湖南省是中国省际人口流动中稳定的"净
流出活跃地区"，农村地区大量青壮年劳动力外流，留守在家的成年人以中
老年人为主。从教育水平来看，受访农户受教育程度初中及以下的占比
62.40%，高中或中专水平仅占 25.36%。表明受访群体总体文化程度偏低，
这与湖南省官方统计的农村教育发展现实水平基本相符。较低的受教育水平
可能会影响农户人居环境治理的认知水平。最后，从受访农户务农情况来看，
受访农户中从事农业生产的家庭占比为 54.47%，不从事农业生产的农户占
比为 45.53%。由于农业生产收益低且不稳定，农民非农就业和就近转移成
为必然。由此可知，本书所选取的研究样本基本符合湖南农村的现实状况，
具有较好的代表性。

表 5.1   样本基本信息统计

变量	分类	频数（个）	比例（%）
性别	男	1662	66.26
	女	846	33.74
年龄	<40 岁	702	27.99
	40~49 岁	645	25.72
	50~59 岁	627	25.00
	≥60 岁	534	21.29
文化程度	文盲或者半文盲	255	10.17
	小学	443	17.66
	初中	867	34.57
	高中或中专	636	25.36
	大专及以上	307	12.24

变量	分类	频数（个）	比例（%）
赡养比	0 ~ 0.25	538	21.45
	0.26 ~ 0.50	980	39.08
	0.51 ~ 0.75	848	33.81
	0.76 ~ 1.00	142	5.66
务农情况	从事农业	1366	54.47
	不从事农业	1142	45.53

5.4　模型选择与变量说明

5.4.1　模型选择

由于本章因变量属于有序类别变量，该类别变量在统计上属于离散变量。因此，采用有序 Logit 模型进行估计。有序 Logit 模型可以从潜变量模型中推导出来，假设潜变量 y^* 是由下式决定：

$$y^* = x\beta + \varepsilon, \ \varepsilon \mid x \sim N(0, 1) \tag{5.1}$$

其中，x 为解释变量组成的向量，不包括截距项，在本书中表示由污染感知、村庄认同以及其他控制变量组成的可能影响农民生活垃圾处理行为的系列变量，ε 为随机扰动项，其分布函数形式为：

$$p(\varepsilon < x'\beta/x) = F(x'\beta) = \frac{\exp(x'\beta)}{1 - \exp(x'\beta)} \tag{5.2}$$

其中，p 表示农民生活垃圾处理行为发生的概率，F 表示分布函数，β 为系数矩阵，式（5.1）的选择规则为：

$$y_i = \begin{cases} 1, & y^* \leqslant r_1 \\ 2, & r_2 < y^* \leqslant r_3 \\ \cdots & \\ j, & r_j \leqslant y^* \end{cases} \quad (5.3)$$

其中，$r_1 < r_2 < r_3 < \cdots < r_{j-1} < r_j$ 为待估参数；y_i 为潜变量的次序变量，即本书的被解释变量农户生活垃圾处理行为。根据本书对农户生活垃圾处理行为的定义，可以将农户生活垃圾处理行为的潜变量表征为：

$$y_i^* = \frac{k_i^p}{k_i^e} = f(1, 2, \cdots, j) + \varepsilon_i \quad (5.4)$$

其中，k_i^p、k_i^e 分别代表农户生活垃圾处理实际行为选择的变量和期望选择的变量。由于有序 Logit 模型系数矩阵 β 的估计系数并不代表解释变量对被解释变量影响的概率大小，故进一步采用式（5.5）得到 $y_i = 1, 2, \cdots, j$ 的概率：

$$p(y_i = 1 | x) = p(y^* \leqslant r_1 | x) = p(x'\beta + \varepsilon \leqslant r_1 | x)$$
$$= \Phi(r_1 - x'\beta) \frac{\exp[r_1 - f(1, 2, \cdots, j)]}{1 + \exp[r_1 - f(1, 2, \cdots, j)]}$$

$$p(y_i = 2 | x) = p(r_1 \leqslant y^* \leqslant r_2 | x)$$
$$= \Phi(r_2 - x'\beta) - \Phi(r_1 - x'\beta)$$
$$= \frac{\exp[r_2 - f(1, 2, \cdots, j)]}{1 + \exp[r_2 - f(1, 2, \cdots, j)]} - \frac{\exp[r_1 - f(1, 2, \cdots, j)]}{1 + \exp[r_1 - f(1, 2, \cdots, j)]}$$

$\cdots$

$$p(y_i = j | x) = 1 - \Phi(r_j - x'\beta) = 1 - \frac{\exp[r_1 - f(1, 2, \cdots, j)]}{1 + \exp[r_1 - f(1, 2, \cdots, j)]} \quad (5.5)$$

5.4.2 变量设置及其描述性统计

5.4.2.1 被解释变量

农户生活垃圾处理行为。在原始调查问卷中所对应的题目为"您家的生活固体垃圾一般是如何处理的?",受访农户的可选答案包括"随意丢弃""自家掩埋处理""自家焚烧处理""收集起来放到村庄垃圾收集点或公共垃圾箱"共4个选项。对此4个选项依次赋值1~4,数值越高表示农户生活垃圾处理行为越规范。需要说明的是,由于掩埋处理中土壤对于大部分垃圾是无从消化的,垃圾自身及其残留着的细菌、病毒依然存在,某些垃圾甚至还会造成对土质的破坏和地下水资源污染,潜藏着巨大危害。相对而言,焚烧尽管会造成空气污染,但是也会大大降低垃圾的体积、高温焚毁也会对垃圾中携带的细菌和病毒起到一定的消杀作用,一定程度上降低对环境的危害。因此,两者比较而言,焚烧处理相对掩埋处理要规范一些。

5.4.2.2 解释变量

(1)污染感知。污染感知主要表现为当地农户对于其村域内部环境污染情况的主观认知,参照王玉君和韩冬临(2019)的研究,在原始调查问卷中设置了"您认为您村的环境污染情况如何?",受访农户的可选答案包括"比较轻微""一般""较为严重"3个选项。因此对3个选项赋值1、2和3,数值越高表示农户对于其村域环境污染的感知程度越深。

(2)村庄认同。村庄认同主要表现为个体对于特定村庄在心理情感层面上所产生的归属感与依恋感(李芬妮等,2020),本书采用综合指标来衡量。在调查问卷中设置了"如果条件允许,您愿意到城镇居住吗?",受访农户的可选答案包括"愿意""不愿意""说不清"共3个选项。由于"说不清"这一选项具有模糊性,因此在将选项"愿意"和"不愿意"分别赋值为1和3的基础上,将"说不清"视为介于"愿意"与"不愿意"之间,并赋值为2,数值越高表示农户对于其村庄的认同程度越高。

(3)制度信任。制度信任包括正式制度信任与非正式制度信任两个方面。干部信任是正式制度信任的重要表现形式,因此采用干部信任来衡量正式制度信任(何可等,2015)。在调查问卷中设置了"您认为本村村干部依法办事的情况如何?",选项有"从来不依法办事(完全不信任)""少部分时候依法办事(有点信任)""大部分时候依法办事(比较信任)""任何时候都依法办事(完全信任)"共 4 个选项,对此 4 个选项依次设置为 1～4,数值越大表示村民的干部信任度越高。关于非正式制度信任,村规民约是村庄为维护本村自治而制定的用于约束村民行为的一种典型的非正式制度。参照聂峥嵘等(2021)等大多数学者的研究,采用个体对村庄村规民约的认同和信任来表征。问卷中设置了"您是否认同本村的村规民约并积极参与村里文明户、文明家庭等评选活动?",回答"是"设置为 1,表示农户对村庄非正式制度具有信任,回答"否"设置为 0,表示农户对村庄非正式制度不信任。

5.4.2.3 控制变量

已有研究发现,个人及其家庭特征等对农户生活垃圾处理行为具有重要影响(李芬妮等,2020;Chen & Larry,2018)。本章借鉴已有研究结果,将受访农户个体特征与家庭特征、宣传员、政策实施、乡贤带动、环保意识等为农户生活垃圾处理行为影响因素模型的控制变量。其中,受访农户的个体特征主要包括受访农户的年龄、性别、受教育年限等;农户家庭特征主要包括赡养负担及其家庭务农情况等。所有变量定义及其描述性统计如表 5.2 所示。

表 5.2   **变量定义及描述性统计**

变量类型	变量名称	变量定义及赋值	均值	标准差
被解释变量	生活垃圾处理行为	随意丢弃 =1,自家掩埋 =2,自家焚烧 =3,收集起来放到垃圾收集点或公共垃圾箱 =4	3.6922	0.7190
核心解释变量	污染感知	您认为您村的环境污染情况如何?比较轻微 =1,一般 =2,比较严重 =3	2.3533	0.7465
	村庄认同	如果条件允许您是否愿意离开村庄到城镇居住?愿意 =1,说不清楚 =2,不愿意 =3	1.7886	0.8984

续表

变量类型	变量名称	变量定义及赋值	均值	标准差
核心解释变量	非正式制度信任	您家是否认同村庄的村规民约并积极参与村里的文明户、文明家庭等评选活动（德治）？是 =1，否 =0	0.6152	0.4866
	正式制度信任	您认为本村村干部依法办事的情况如何？从来不依法办事（完全不信任）=1，少部分时候依法办事（有点信任）=2，大部分时候依法办事（比较信任）=3，任何时候都依法办事（完全信任）=4	3.3122	0.6908
控制变量	宣传动员	您是否接受了所在村庄或地方政府的环境保护宣传教育？是 =1，否 =0	0.5805	0.4935
	政策实施	您村或所在政府是否全面推动开展了农村人居环境整治？是 =1，否 =0	0.8612	0.3458
	乡贤带动	您觉得您所在村庄环境治理中"乡贤能人"发挥的带动作用如何？不太好 =1，一般 =2，比较好 =3	2.5143	0.6827
	环保意识	您觉得您所在村庄村民的环境保护意识如何？不太好 =1，一般 =2，比较好 =3	2.4565	0.6744
	年龄	受访者年龄	47.4298	15.1540
	性别	受访者性别	0.6626	0.4728
	教育	受访者受教育年限（年）	9.2868	3.6038
	赡养负担	家庭老人和小孩占总人口的比重	0.4636	0.2421
	家庭务农情况	家庭是否从事农业	0.5447	0.4981
检验替代变量	文化认同	您对所在村庄文化习俗是否认同？很不认同 =1，不太认同 =2，一般 =3，比较认同 =4，非常认同 =5	4.3473	0.6812

5.5 实 证 分 析

5.5.1 基准回归分析

为了探究污染认知、村庄认同与农户生活垃圾处理行为之间的关系，本章采用有序 Logit 模型估计了污染认知、村庄认同对农户生活垃圾处理行为的影响，基准回归结果如表 5.3 所示。表 5.3 模型 1~模型 4 分别汇报了逐步引入解释变量、控制变量对农户生活垃圾处理行为的影响因素模型的回归结果。模型 1 中仅包括污染感知变量，模型的 Pseudo R^2 值为 0.0157。模型 2 在模型 1 的基础上引入村庄认同变量，其 Pseudo R^2 值上升到 0.0169，同时伪对数似然值（Log pseudo-likelihood）有所提升，说明引入村庄认同变量之后，模型的解释力有所增强。模型 3 在模型 2 的基础上进一步引入了所有控制变量，此时模型的 Pseudo R^2 值上升到 0.1970，伪对数似然值进一步提升，表明模型的解释力得到大幅增强。模型 4 中的解释变量和控制变量与模型 3 相同，不同的是被解释变量设置为 0-1 变量，农户在生活垃圾处理中，选择将垃圾收集起来放到垃圾收集点或公共垃圾箱设置为 1，选择自家掩埋/自家焚烧/随意丢弃设置为 0，采用 Logit 模型得到的回归结果，作为稳健性检验。模型 1~模型 4 的估计结果显示，解释变量以及控制变量的显著性及其符号均保持一致，说明回归估计结果基本稳健。由于模型 4 的 Pseudo R^2 值明显小于模型 3，且伪对数似然值大于模型 3，表明模型 3 具有更强的解释力。下面主要就模型 3 的结果进行分析。

表 5.3   **基准回归结果**

变量名称	模型 1	模型 2	模型 3	模型 4
污染感知	0.4793 *** (0.0648)	0.4782 *** (0.0650)	0.3165 *** (0.0711)	0.2745 *** (0.0719)
村庄认同		0.0537 (0.1029)	0.0480 (0.1105)	0.0021 (0.1113)
非正式制度信任			0.2774 ** (0.1128)	0.1834 ** (0.0908)
正式制度信任			0.1871 ** (0.0919)	0.1758 ** (0.0879)

变量名称	模型1	模型2	模型3	模型4
宣传动员			0.6342 *** (0.1262)	0.6509 *** (0.1270)
政策实施			0.9314 *** (0.1355)	0.9360 *** (0.1404)
乡贤带动			0.1143 (0.0861)	0.1050 (0.0854)
环保意识			0.1536 (0.0962)	0.2078 (0.1847)
年龄			0.0109 ** (0.0047)	0.0114 ** (0.0049)
性别			−0.1020 (0.1165)	−0.1162 (0.1171)
教育			0.0453 ** (0.0186)	0.0481 ** (0.0192)
赡养负担			−0.2325 (0.2226)	−0.2424 (0.2206)
家庭务农情况			0.1594 (0.1095)	0.1002 (0.1106)
_cons				−2.5141 *** (0.4678)
cut1_cons	−2.1984 *** (0.1841)	−2.1765 *** (0.1842)	0.5638 (0.4758)	
cut2_cons	−1.3845 *** (0.1632)	−1.3626 *** (0.1653)	1.4217 *** (0.4620)	
cut3_cons	−0.3406 ** (0.1527)	−0.3186 ** (0.1556)	2.5589 *** (0.4660)	
Log pseudo-likelihood	−1664.8237	−1664.6854	−1044.3167	−1089.4629
Pseudo R^2	0.0157	0.0169	0.1970	0.1134
样本数	2508	2508	2508	2508

注：括号内为稳健标准误；＊、＊＊、＊＊＊分别表示参数估计值在10%、5%、1%的水平上显著。

表5.3 模型3 和模型4 的结果显示，污染感知变量的估计系数均为正，并且在1%的统计水平上显著，表明农户的环境污染感知在推动农户生活垃圾处理行为规范化方面发挥了积极作用。假说5－1 得到了验证。由于有序 Logit 模型的估计系数不能直接反映边际效应，为此进一步计算估计系数的 OR（odds ratio）值[①]，可知，当村民污染感知提升1 个等级时，农户生活垃圾处理行为提高1 个或1 个以上等级的可能性将增加37.23%。村庄认同变量的估计系数虽然为正，但未通过显著性检验。表明村庄认同对农户生活垃圾处理行为没有直接的促进作用。这与唐林等（2019）的研究具有相似性，而与李芬妮等（2020）的研究结果相反。假说5－2 没有得到验证。一方面，可能是虽然在理论上村庄认同有利于促进村民生活垃圾治理行为，但也是有条件的。由于村庄认同一定程度上也反映了农户对村庄资源禀赋、基础设施或服务等基本生活需要的需求（Anton & Lawrence，2014）。因此，村庄认同有可能因为不同地方资源禀赋以及基础设施和服务等条件的不同而存在差异，进而表现出对农户环境治理行为影响的差异。另一方面，可能是虽然直接影响不显著，但村庄认同有可能通过其他中介渠道如社会信任、感知压力、制度信任、环境教育感知等对农户环境治理参与行为产生间接影响（胡珺等；2017；李文明等，2019）。下文将进一步验证。制度信任（包括非正式制度信任和正式制度信任）均在5%的统计水平上正向显著，表明农户对于所在村庄的制度信任在推动农户生活垃圾处理行为规范化方面均发挥了积极作用。进一步比较其 OR 值可知：相对于对村庄非正式制度不信任的农户，对村庄非正式制度信任的农户，其生活垃圾处理行为提高1 个或1 个以上等级的可能性将增加31.97%。而当农户对村庄制度信任提升1 个等级时，生活垃圾处理行为提高1 个或1 个以上等级的可能性将增加20.57%倍。

从控制变量来看，宣传动员和政策实施变量均在1%的统计水平上正向

---

① $OR = \exp(\hat{\beta})$，其中 $\hat{\beta}$ 为估计系数，此处即 $OR = e^{0.3165} = 1.3723$。

显著，表明农户所在村庄或政府开展的环境保护宣传教育活动和农村人居环境整治行动在推动农户生活垃圾处理行为规范化方面均具有重要作用。环境意识的估计系数为正，但没有通过统计水平检验。可能的原因是由于样本所在地区村民受教育水平普遍偏低，其环保认知和环保意识也普遍偏低，导致其在促进农户生活垃圾处理行为规范化方面的作用有限。乡贤带动在模型3中也未通过显著性检验。表明乡贤的示范性在生活垃圾处理行为方面并没有得到有效体现。此外，就受访农户的个体特征与家庭特征而言，农户的年龄和受教育程度均在5%的统计水平上正向显著，表明随着农户年龄的增长和受教育水平的提高，其生活垃圾处理行为规范化的可能性越大。而农户的性别、家庭务农情况及其赡养负担则未通过显著性检验。

5.5.2　稳健性检验

上述结果是否稳健，还需要进一步进行检验。采用如下方法考查上述结论的稳健性：

（1）压缩样本。考虑到老年人对污染感知和村庄认同可能与其他成人存在差异，并且这种差异可能会影响到农户生活垃圾处理行为（唐林等，2019）。因此剔除年龄60周岁以上的老年人样本后，重新进行有序 Logit 回归，结果如表5.4模型5所示。

表5.4　　　　　　　　　　　　稳健性检验结果

变量名称	模型5 （压缩样本）	模型6 （winsorize 方法）	模型7 （替换自变量）
污染感知	0.3510 *** （0.0814）	0.3046 *** （0.0709）	0.4285 *** （0.1031）
村庄认同	0.0481 （0.1214）	0.0321 （0.1094）	

续表

变量名称	模型 5 （压缩样本）	模型 6 （winsorize 方法）	模型 7 （替换自变量）
文化认同			0.0561 （0.1257）
非正式制度信任	0.4116 *** （0.1264）	0.2633 ** （0.1137）	0.4265 ** （0.1681）
正式制度信任	0.1986 * （0.1045）	0.1902 ** （0.0966）	0.2361 * （0.1414）
宣传动员	0.6215 *** （0.1429）	0.6252 *** （0.1267）	0.4552 ** （0.1822）
政策实施	0.9536 *** （0.1503）	0.9419 ** （0.1338）	0.5304 ** （0.2475）
乡贤带动	0.0980 （0.0947）	0.1100 （0.0867）	0.3081 ** （0.1385）
环保意识	0.0716 （0.0987）	0.1579 （0.0951）	0.0353 （0.1399）
年龄		0.0118 ** （0.0049）	0.0128 * （0.0075）
性别	0.0048 （0.1273）	− 0.1037 （0.1159）	− 0.0338 （0.1753）
教育	0.0164 （0.0183）	0.0479 * （0.0203）	0.0308 * （0.0165）
赡养负担	− 0.4704 （0.2643）	− 0.3659 （0.2415）	− 0.0984 （0.3177）
家庭务农情况	0.1522 （0.1217）	0.1398 （0.1091）	0.0446 （0.1623）
cut1_cons	− 0.2134 （0.4525）	1.3960 *** （0.4840）	0.3299 （0.8232）
cut2_cons	0.5745 （0.4428）	2.5382 *** （0.4891）	1.3758 * （0.8113）
cut3_cons	1.7098 *** （0.4406）	—	2.4089 *** （0.8061）

续表

变量名称	模型 5 （压缩样本）	模型 6 （winsorize 方法）	模型 7 （替换自变量）
Log pseudo-likelihood	− 1223. 4517	− 1410. 0052	− 727. 7889
Pseudo R^2	0.0898	0.1890	0.1697
样本数	1974	2508	2508

注：括号内为稳健标准误；＊ 、＊＊ 、＊＊＊ 分别表示参数估计值在 10%、5%、1% 的水平上显著。

（2）缩尾方法。考虑到微观调研时，农户可能因各种原因礼貌性"高报"或策略性"低报"其真实想法，从而使得调查样本出现奇异值。为了消除奇异值对回归结果的不利影响，本书采用常用的缩尾（winsorize）方法进行稳健性检验。即对样本首尾 5% 的特异值进行平滑处理后重新回归（李芬妮等，2020），结果如表 5.4 模型 6 所示。

（3）替换自变量。采用文化认同变量替代村庄认同变量，问卷中设置有"您对所在村庄文化与习俗是否认同?"，根据选项将"很不认同""不太认同""一般认同""比较认同""非常认同"依次设置为 1 ~ 5。将文化认同变量替代村庄认同变量纳入模型后重新进行有序 Logit 回归，结果如表 5.4 模型 7 所示。

从表 5.4 模型 5 ~ 模型 7 的估计结果可知，无论是采用压缩样本、缩尾方法还是替代原来自变量，核心解释变量污染感知和村庄认同对农户生活垃圾处理行为的影响方向及其显著性均未发生变化。同时，绝大部分控制变量的系数正负方向及其显著性也与表 5.3 保持一致。因此，认为表 5.3 回归结果是稳健的。

5.5.3 边际效应分析

上述研究表明，污染感知、宣传动员、政策实施、制度信任、环保意识、干部信任、年龄和教育水平等均对农户生活垃圾处理行为产生了显著影响。为此，进一步分析上述显著变量的边际效应，我们采用威廉姆森（Williams，2012）对平均边际效应的定义和计算方法，以表 5.3 模型 3 为基础估计了显著变量对农户生活垃圾处理行为影响的平均边际效应，结果如表 5.5 所示。污染感知对随意丢弃/自家掩埋/自家焚烧等生活垃圾处理行为均具有负效应，但是能够显著增加农户集中规范处理生活垃圾的概率。具体而言，污染感知每提高一个等级，农户集中规范处理生活垃圾的概率将平均增加 4.31%。与不具有非正式制度信任的农户相比，具有非正式制度信任的农户集中规范处理生活垃圾的概率将提升 3.78%。而对村庄正式制度存在完全信任的农户，其集中规范处理生活垃圾的概率将提升 2.55%。环保宣传动员对随意丢弃/自家掩埋/自家焚烧等生活垃圾处理行为均具有显著的负向效应，同时，使得农户集中规范处理生活垃圾的概率提升了 8.64%。全面推进实施了人居环境整治的村庄的农户，其集中规范处理生活垃圾的概率将大幅提升 12.69%。表明 2018 年初在全国范围内实施的《农村人居环境整治三年行动方案》取得了一定成效。从个体特征来看，年龄和教育对随意丢弃/自家掩埋/自家焚烧等生活垃圾处理行为均具有负效应，但年龄和受教育年限的增加会显著增加农户集中规范处理生活垃圾的概率。具体而言，农户年龄每增加 1 岁或受教育程度每增加 1 年，概率将分别增加 1.49%、0.62%。

表 5.5　　　　　　　　　　　显著变量的平均边际效应分析

变量	$P(Y=1)$	$P(Y=2)$	$P(Y=3)$	$P(Y=4)$
污染感知	-0.0108 *** (0.0029)	-0.0106 *** (0.0025)	-0.0217 *** (0.0550)	0.0431 *** (0.0095)
非正式制度	-0.0095 ** (0.0041)	-0.0093 ** (0.0039)	-0.0190 ** (0.0076)	0.0378 ** (0.0154)
正式制度	-0.0063 ** (0.0032)	-0.0063 ** (0.0031)	-0.0128 ** (0.0063)	0.0255 ** (0.0125)

变量	$P(Y=1)$	$P(Y=2)$	$P(Y=3)$	$P(Y=4)$
宣传动员	-0.0217*** (0.0048)	-0.0212*** (0.0044)	-0.0435*** (0.0087)	0.0864*** (0.0170)
政策实施	-0.0318*** (0.0053)	-0.0312*** (0.0052)	-0.0639*** (0.0093)	0.1269*** (0.0179)
年龄	-0.0004** (0.0002)	-0.0004** (0.0002)	-0.0007** (0.0003)	0.0149** (0.0006)
教育	-0.0015** (0.0007)	-0.0016** (0.0006)	-0.0031** (0.0013)	0.0062** (0.0025)

注：括号内为稳健标准误；*、**、*** 分别表示参数估计值在10%、5%、1%的水平上显著。

5.5.4 影响机制分析

5.5.4.1 村庄认同的调节效应

为了进一步探究村庄认同在污染感知影响农户生活垃圾处理行为中的作用，构建污染感知与村庄认同的交互项，并将之纳入模型重新进行估计。结果如表5.6模型8所示。不难发现，污染感知与村庄认同的交互项在10%的统计水平上正向显著，表明村庄认同在污染感知影响农户生活垃圾处理行为中发挥了显著的正向调节作用。即农户的村庄认同越强，农户污染感知对其生活垃圾处理行为的正向促进效应越大。假说5-3得到了验证。此外，纳入交叉项之后，污染感知对农户生活垃圾处理行为的影响依然正向显著，但是估计系数较表5.3和表5.4进一步变小。同时，村庄认同对农户生活垃圾处理行为的影响由此前的正向不显著转变为正向显著。研究表明，村庄认同与污染感知对农户生活垃圾处理行为的影响表现为一种互补关系，而非替代关系，两者相互促进，相互补充。

表 5.6   调节效应与中介效应检验

变量	模型 8（调节效应）	模型 9（中介效应）	模型 10（中介效应）
因变量	垃圾处理行为	非正式制度	正式制度
污染感知	0.1881 * (0.0986)		
村庄认同	0.6528 ** (0.3305)	0.1590 * (0.0824)	0.1923 ** (0.0769)
污染感知 × 村庄认同	0.2767 * (0.1424)		
其他变量	控制	控制	控制
_cons		0.4186 *** (0.0560)	
cut1_cons	0.2457 (0.5017)		-4.2952 *** (0.1839)
cut2_cons	1.1058 ** (0.4903)		-2.0416 *** (0.0718)
cut3_cons	2.2446 *** (0.4937)		0.3677 *** (0.0537)
Log pseudo-likelihood	-1542.3531	-1870.3293	-1795.0289
Pseudo R^2	0.1581	0.1326	0.1699
样本数	2508	2508	2508

注：括号内为稳健标准误；* 、** 、*** 分别表示参数估计值在 10% 、5% 、1% 的水平上显著。

5.5.4.2 村庄认同影响的内在作用机制：制度信任的中介作用

由表 5.3 模型 3 的结果显示，村庄认同对于农户生活垃圾处理行为并没有直接影响，因此需要进一步讨论村庄认同是否会通过制度信任（包括非正式制度信任和正式制度信任）间接地影响农户生活垃圾处理行为。由表 5.3 模型 3 的结果可知，非正式制度信任和正式制度信任对农户生活垃圾处理行为均具有显著的正向影响。因此，下一步只需要考察村庄认同对中介变量（非正式制度信任和正式制度信任）是否存在显著影响。估计结果如表 5.6 模型 9 和模型 10 所示。从中可知，非正式制度信任和正式制度信任的估计系数分别在 10% 和 5% 的统计水平上正向显著，这说明村庄认同能够显著增强农户对村庄垃圾治理的制度信任。表明制度信任在村庄认同和农户生活垃圾处理行为之间起着完全中介作用。即村庄认同感越强的农户，在日常生活中对村庄生活垃圾治理的制度信任也越强，从而促使其对生活垃圾进行集中规范处理。假说 5 – 4 和假说 5 – 5 得到了验证。

5.6　结论与启示

5.6.1　结论

本章利用湖南省 14 个地州市 2508 份农户的微观调查数据，构建有序 Logit 模型实证检验了污染感知、村庄认同对农户生活垃圾处理行为的影响效应与影响机制。主要得到如下研究结论：

（1）污染感知显著正向影响农户生活垃圾处理行为。研究结果表明，污染感知对农户生活垃圾处理行为有显著促进作用。说明能够清晰感知环境污染、认识环境问题的农户，规范处理生活垃圾的可能性越大，主动参与生活垃圾治理的积极性越高。这主要体现在认知与行为的关联上，当农户能够清晰地感知到环境污染的存在和危害时，他们更有可能采取行动来改变现状。这种感知促使他们认识到不当处理垃圾的负面后果，如土地退化、水质恶化和空气污染，从而激发改变行为的动机。污染感知还能够提高农户的自我效能感，即他们具备对自己采取有效行动减少污染的信心。当农户认为自己的行为可以产生正面影响时，他们更有可能采取规范的垃圾处理方式，并主动参与到垃圾治理活动中去。在此基础上，进一步研究发现，农户的环境教育水平与污染感知之间存在密切关系，具有一定环境知识背景的农户，更容易识别生活垃圾处理过程中的不当行为，并采取改进措施。这说明提升农户的环境教育水平不仅能够增强其污染感知，还能在一定程度上直接推动其规范处理生活垃圾的行为。此外，农村文化建设和环境监管也对农户的垃圾处理行为产生了影响，具有强烈集体责任感和良好公共卫生习惯的村落，农户的生活垃圾处理情况更为理想。这表明加强农村文化建设和环境监管，能有效激发农户的内在动力，促进其采取更为科学和环保的垃圾处理行为。

（2）村庄认同对农户生活垃圾处理行为的直接影响不显著，但仍可通过其他途径对农户生活垃圾处理行为产生积极影响。研究结果表明，村庄认同能够正向调节污染感知对农户生活垃圾处理行为的积极效应，说明污染感知对农户生活垃圾处理行为的正向促进作用可因农户环境污染感知的增强而得到强化。即村庄认同进一步强化了污染感知对农户生活垃圾处理行为的正向作用。研究还发现，村庄认同也通过制度信任间接影响农户生活垃圾处理行为，制度信任在村庄认同影响农户生活垃圾处理行为中起着重要的中介作用。

5.6.2 政策启示

上述结论给予我们非常重要的政策启示：

（1）多手段、多途径强化农户村庄环境污染感知，提高农户对生活垃圾污染及其危害的认识，普及生活垃圾治理价值，激发农户参与农村生活垃圾治理的内生动力，将是培养农户良好的生活垃圾处置习惯、规范农户生活垃圾处理行为以及促进农户参与乡村环境治理集体行动的有效途径。因此，应建立环境污染治理奖励和惩罚机制。例如，实行垃圾分类回收奖励制度和限制性措施：对于积极参与垃圾分类的家庭或个人，给予积分奖励，积分可以兑换生活必需品或其他服务，如农资、油盐等；对于违反规定者施以罚款或限制其参与村里的公共事务或禁止其享受某些村民福利。同时，加强农村生活垃圾处理设施建设，确保每个村庄都有足够的资源来妥善处理垃圾，避免环境污染。

（2）结合目前正在实施的乡村振兴战略，有效挖掘村庄特有的历史文化、道德伦理、节庆民俗等，唤醒村民的乡土情结和家园意识，从而培育并增强村民对村庄的归属感、喜爱感、依恋与认同感。引入本土文化元素，开展与环保主题相关的文化活动，例如，环境保护主题的村晚会、文艺演出、摄影展览等，让村民在活动参与中增强对村庄的归属感和自豪感。树立一批环境卫生的模范户，通过他们的示范作用影响和带动周围的村民，形成良好的社会风尚。全面加强村干部队伍建设，提升村干部综合素养和能力水平。加强政策法规教育，使村干部熟练掌握相关环保法律法规，提升依法工作能力。发挥村干部在垃圾分类和减量中的示范作用，使其赢得村民的信任和尊敬。设立村民监督小组，监督村干部在垃圾污染治理方面的工作，既提高了透明度，也增强了公信力结合目前正在实施的乡村振兴战略，有效挖掘村庄特有的历史文化、道德伦理、节庆民俗等，唤醒村民的乡土情结和家园意识，从而培育并增强村民对村庄的归属、喜爱、依恋与认同感。

（3）进一步完善农村生活垃圾治理政策措施。结合当地实际情况，研究制定适用的垃圾分类、收集、运输、处理和减量的政策措施。明确各方责任，包括政府、村委会、村民以及可能的第三方参与者。通过村民大会或其他形式的民主协商，制定和完善村规民约，确保村规民约具有实际操作性、针对性和可执行性，涵盖垃圾治理的具体实施细则。通过村规民约、道德规范等进一步明确并规范村民参与生活垃圾治理的范围、渠道、程序和步骤，明晰村民生活垃圾治理权责，建立健全村民参与生活垃圾治理的信息交流、监督评价、激励约束、意见反馈等各项机制，从而增强村民对生活垃圾治理的制度感知和制度信任，进一步调动村民参与生活垃圾治理的积极性和主动性。

第 6 章

村规民约与村干部信任如何影响农户
环境治理参与行为[*]

农户作为农村环境治理的受益者、维护者和参与者，其环境治理参与行为是衡量农村环境治理成效的重要考量。秸秆作为农业生产的副产品，其高效利用对于农村环境保护和资源节约，实现农业可持续发展具有重要意义。本章以农户秸秆处置行为为例，本章采用湖南省农户实地调查数据和 Logit 模型，考察村规民约、村干部信任对农户秸秆资源化利用行为的影响。研究发现，规范性村规民约和引导性村规民约均显著正向影响农户秸秆资源化利用行为，并且后者对农户秸秆资

---

* 本章主要内容发表在苏静，涂胜胜，肖攀. 村规民约、村干部信任与农户可再生资源利用行为：以秸秆资源化利用为例 [J]. 南京工业大学学报（社会科学版），2024（4）：69－87，114。

源化利用行为的促进效应要大于前者。村干部品行信任和组织信任显著正向影响农户秸秆资源化利用行为，村干部能力信任对农户秸秆资源化利用行为的影响不显著。村规民约与村干部信任对农户秸秆资源化利用行为存在一定的交互影响，村干部信任在村规民约与农户秸秆资源化利用行为中起到显著的正向调节作用，这主要来源于组织信任的影响。建议进一步完善村规民约、加强村干部队伍建设、建立健全村庄环保监督组织和监督机制、加大环保教育政策宣介，从而切实提高农业秸秆等可再生资源利用率。

6.1　问题的提出与研究回顾

6.1.1　问题的提出

加强农业秸秆资源化利用是提高农业可再生资源利用率、切实改善农村生态环境、加快推进农业绿色低碳发展的重要举措。我国政府长期高度重视农业秸秆资源化利用工作，并出台了一系列政策进行专项部署，例如，农业农村部于 2022 年和 2023 年连续发布《关于做好年度农作物秸秆综合利用工作的通知》。在政策指导下，各级地方政府深入推进实施秸秆资源化利用行动，农业秸秆资源化利用工作取得显著成效。然而，我国作为农业大国，农作物秸秆产量及其处理压力仍然较大。据统计，我国年均秸秆产量约 8 亿吨，其中每年至少有 1 亿吨未被有效利用。[①] 作为农业生产的基本主体，农户既是农作物秸秆的主要生产者，也是农作物秸秆的直接管理者，其秸秆处理行为是影响秸秆资源化利用的重要因素。倘若忽视农户在秸秆处理过程中的行

---

① 《中国秸秆行业发展深度研究与投资趋势分析报告（2023—2030）》。

为选择，则会导致政策失灵、治理失效（司开玲，2019）。因此，了解农户秸秆处理行为的动因及相关影响因素，对于推动当前农村地区秸秆资源化利用工作的可持续发展具有重要的现实意义。

6.1.2 研究回顾

近年来，学者们从不同层面探讨了农户秸秆处理行为背后的动因及相关影响因素。首先，从制度与政策工具方面的影响来看，学者们主要关注了生态补偿、补贴等激励类政策工具（毛慧和曹光乔，2020；高雅罕，2024），焚烧监管、禁令等约束类政策工具（丁焕峰和孙小哲，2017；韩艺等，2024），宣传动员类政策工具（盖豪等，2021；王敏，2024）以及多项政策工具组合（童洪志和刘伟，2018；姚科艳等，2018；郑纪刚和张日新，2021）对农户秸秆处理行为的影响。其次，从收益与资本方面的影响来看，农户作为理性经济人，包括土地资本（江鑫等，2018；高立等，2019）、经济收入（安芳等，2022；廖薇，2020）、农业机械动力与水平（张童朝等，2017）等在内的成本收益与物质资本被视为影响农民农业废弃物资源化利用行为或意愿的关键。作为物质资本的重要补充，社会资本在农户秸秆资源化利用行为决策中的重要作用也受到关注。有研究认为，社会网络（朱清海和雷云，2018）、互惠性规范（何培培等，2019）和由此产生的社会信任等（何可等，2015）都是影响农户农业废弃物资源化利用行为的重要因素，也有文献证实了技术信任、制度信任、同行内部信任等对农户秸秆处理行为的改善作用（赵连杰等，2019；王璐瑶和颜廷武，2023；尚燕等，2020）。最后，从认知方面的影响来看，有研究指出，环境认知、绿色认知、技术认知以及价值感知、社会监督、动员能力等因素不仅直接影响农户秸秆资源化利用行为（黄蕊等，2018；张红丽等，2020），并且在家乡认同、环境规制等对农户农业秸秆资源化利用行为的影响中起到不同程度的调节效应（郑纪刚和张日新，2021；赵连杰等，2019）。

尽管现有文献从制度与政策工具、收益与资本、认知等方面检验分析了农户秸秆资源化利用行为的促成因素，但在一定程度上忽略了农村社会本土性治理要素的影响，对村规民约与村干部信任等因素在其中发挥的关键引导和规范作用缺乏定量证据。一方面，村规民约作为农村非正式制度和村民自治规范的典型代表，具有内生性、灵活性、可接受性等优势，因而被很多村庄广泛应用于秸秆禁烧和还田推广等秸秆综合治理中，成为所在村庄治理生态环境和推进农业资源再利用的重要工具。但村规民约是否以及如何影响农户秸秆处理行为还没有得到充分的研究与验证，即使是间接性的研究也非常有限。例如，郭利京等（2020）探讨了村规民约影响农户亲环境行为的两条作用路径；夏佳奇等（2019）分析了环境规制与村规民约对农户绿色生产意愿的影响。另一方面，理论上而言，村干部是农村环境治理的组织主体、动员主体和责任主体，农户对其信任的程度作为村域干群关系及社会资本的重要衡量指标，将直接或者间接对农户秸秆资源化利用行为产生不同程度的影响。但是，村干部信任对农户秸秆处置行为的影响效应及其作用机制也还尚不清晰。虽然朱凯宁等（2021）罕见地分析了收入水平、村干可信度对农户生活垃圾治理意愿的影响，但文章并不涉及农户秸秆资源化利用行为问题，并且对于村干可信度的衡量没有进行具体维度的区分，使得概念过于笼统。

针对上述不足，本书旨在对村规民约和村干部信任对农户秸秆资源化利用行为的影响展开分析，以回应农业秸秆等可再生资源综合利用的实践现状与理论发展。与以往研究不同的是，本书在开展实证研究时，构建了村规民约和村干部信任的交互项，考察了村干部信任在村规民约与农户秸秆资源化利用行为之间的调节效应，较既有相关研究而言更为深入。同时，本书对村规民约变量和村干部信任变量的测量维度进行了具体划分，将前者划分为规范性村规民约与引导性村规民约，将后者划分为村干部能力信任、品行信任与组织信任，使结论更为丰富，以期为设计制定更加切实可行的秸秆综合利用政策工具、提升秸秆资源化利用率提供针对性参考。

6.2　理论分析与研究假说

6.2.1　村规民约对农户秸秆资源化利用行为的影响

在推进农业农村现代化的过程中，村规民约的治理功能愈加凸显，例如，2024 年中央一号文件指出要强化村规民约激励约束功能，持续推进农村突出问题综合治理。这意味着村规民约不仅是农村社会内部形成的集体共识与行为规范，还逐渐成为国家政策在农村基层的嵌入与延伸，从而正向引导与约束农户行为。根据新制度主义理论，制度包括正式制度与非正式制度，每项制度中都蕴含着规制性、规范性和文化－认知性要素，并且各种制度要素都需要通过不同载体予以体现和实施（理查德·斯科特，2020）。村规民约作为农村地区非正式制度与政策工具的典型形式，其制度要素主要以惩戒监督、价值导向和传递内化三大机制为载体，从而作用于农户秸秆资源化利用行为（周家明和刘祖云，2014）。惩戒监督机制通过对违规处理秸秆者施以处罚（如取消村集体资源分配的奖励）、对潜在违规者造成巨大的心理压力与利益缺失感（郭利京等，2020），形成震慑效果，进而使得农户按照村规民约的规定来约束、调整与规范自身秸秆处理行为。价值导向机制通过确立正确的价值观念、行事规则、道德规范等，并通过村庄舆论将幻化的价值观念、行事规则、道德规范等物化为鲜活的、生动的形象（周家明和刘祖云，2014），引导农户规范农作物秸秆处置，使得农户秸秆处置行为符合预期。传递内化机制是指村规民约以耳濡目染、化民成俗等濡化体验感知的形式，将农户秸秆处置中所禁止的事项和所倡导的价值观念得以固化、坚守和传承，成为村庄生活的一部分。内化过程的实质就是感知、转化，从被动地强加到发自内心地接受与遵从的过程（夏佳奇等，2019）。上述三大机制之间相互补充、相互强化，共同推动农户秸秆处理行为资源化、规范化、绿色化。因此，基于新制度主义的理论考量，根据村规民约的内容、形式与实施效果差异，可以分为规范性村规民约和引导性村规民约，前者是指明确规定村民权利和义务的村规章程，后者是指通过鼓励和引导村民自觉遵循的行为准则。相对于引导性村规民约，规范性村规民约的规范更为具体，内容的可行性和执行力更强（杨紫洪等，2022）。两者对农户秸秆资源化利用行为均具有显著约束力。基于此，提出如下研究假说：

H6-1：规范性村规民约显著正向影响农户秸秆资源化利用行为。

H6-2：引导性村规民约显著正向影响农户秸秆资源化利用行为。

6.2.2 村干部信任对农户秸秆资源化利用行为的影响

在社会资本理论中，信任被视为一种关键的社会资本形式，它主要包括人际信任、组织信任、制度信任等类型。同时，信任的生成需要建立在一定的能力认知和情感联系等基础之上，从而在降低交易成本、促成集体行动方面产生积极影响。作为村域社会资本积累的重要来源，村干部信任表征农户对村干部能力、品行、业绩、素养以及村干部组织所表现出来的团结、奋进、勤勉、实干等精神风貌的认同感和接受度。因此，村干部信任既包括对村干部能力、行为品德的信任，也包括对村干部组织的信任。能力信任、品行信任和组织信任分别表示村民对村干部能力、品行和组织所持有信心和支持的一种积极的心理契约或者行为反馈（何可等，2015；Worchel，1979；Messick & Kramer，2001）。农户对村干部信任水平的高低决定其在何种程度上愿意接受村干部的建议行动（朱凯宁等，2021）。角色认同理论认为，当农户对村干部具有较高的信任度时，会对村干部倡导、鼓励、支持、认可和实际推行的工作产生较高的认同感，进而更可能表现出与村干部相一致的行为（Mccall & Simmons，1968）。同时，村干部信任是农村地区政治信任的重要表现形式之一（何可等，2015），是政策有效性的基础，政治信任程度越高意味着政府政策实施及其行为得到公众支持的可能性也越高；反之，政治信任程度低则容易产生政策目标群体不配合的现象（Putnam & Leonardi，1994；熊美娟，2010），意味着政府在制定和执行政策时会遇到阻力。就农户秸秆资源化利用行为而言，在农户对村干部具有较高信任度的情况下，一旦村干部通过宣传动员或行为引导对农户传递了进行秸秆资源化利用的期待后，农户更可能将秸秆资源化利用纳入到对自我的定义中，进而产生积极主动的秸秆资源化利用行为表现（郭晟豪，2021；刘晔等，2022）。基于此，提出如下假说：

H6 - 3：村干部能力信任显著正向影响农户秸秆资源化利用行为。

H6 - 4：村干部品行信任显著正向影响农户秸秆资源化利用行为。

H6 - 5：村干部组织信任显著正向影响农户秸秆资源化利用行为。

6.2.3 村干部信任对农户秸秆资源化利用行为的调节效应

村规民约、村干部信任除了各自对农户秸秆资源化利用行为产生直接影响外，还有可能对农户秸秆资源化利用行为产生交互式影响。根据非正式制度激活理论，非正式制度（如村规民约）对农户秸秆处置行为的影响受到具体社会情境的影响（程建青等，2019）。在对村干部信任度较高的社会情境中，村规民约中关于秸秆处置的相关合约与规定，将更有利于激活村民的环境治理社会责任，进而促使农户实施更加积极的秸秆资源化利用行为（郭利京等，2020；杨紫洪等，2022）。同时，实地调查发现，尽管有些村庄针对秸秆处置行为的村规民约非常完善，但是部分对村干部信任度较低的农户，其并没有表现出较高的秸秆资源化处理行为意愿；而对村干部信任度较高的农户，往往表现出较高的秸秆资源化处理行为意愿。可见，村干部信任在村规民约与农户秸秆资源化利用行为之间可能存在调节作用。基于此，提出如下假说：

H6-6：村干部信任在村规民约与农户秸秆资源化利用行为之间发挥正向调节作用。

综上所述，村规民约、村干部信任对农户秸秆资源化利用行为具有重要影响。基于此，本章构建了如图6.1所示理论分析框架。

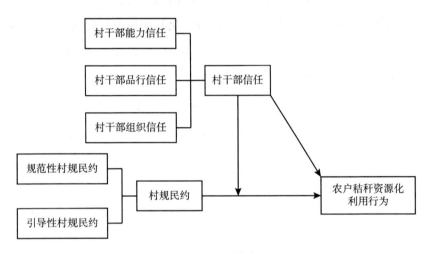

图6.1　理论分析框架

6.3　数据来源与样本特征

6.3.1　数据来源

本章节所使用数据来自湖南农村基层治理调查研究中心以及本书课题组成员2020年7~11月在湖南省14个地州市40个县96个乡镇183个村

展开的入户调查。湖南省地处长江中游，洞庭湖以南，是我国水稻主产区之一，2021 年水稻种植面积和产量分别居全国第一位和第二位①。湖南省每年的水稻秸秆产量约 3400 万吨，占农作物秸秆总量的 75% 左右②，是我国秸秆资源化利用的主要推广地区。选取湖南省为对象分析农户秸秆资源化利用行为具有较强的代表性。调查采取分层随机抽样的方式进行，首先在每个地州市随机选择 3 ~ 4 个县（区），其次在每个县随机选择 2 ~ 3 个乡镇，再次在每个乡镇随机选择 2 ~ 3 个村，最后在每个村随机选择 6 ~ 10 个农户进行问卷调查。调查中，主要选择有农业生产秸秆需要处理的家庭户主进行面对面访谈，当户主无法接受访谈时，就选择熟悉家中事务特别是农业生产实际情况的其他家庭成员替代。调查共计发放农户问卷 1650 份，剔除主要信息缺失和其他无效问卷，共计获得有效问卷 1582 份，问卷有效率 95.88%。

6.3.2 样本特征

表 6.1 报告了 1582 个样本农户的基本特征。不难发现，受访者以汉族（91.15%）、男性（96.97%）为主。说明农村地区家庭户主和熟悉家庭农业生产经营的成员主要以男性为主。受访者年龄在 50 岁以上的受访者占比 55.50%，40 岁以下的受访者占比仅为 21.18%。这与湖南省当前农村现实情况较为符合。近年来，湖南省一直是人口净流出省份之一，农村地区大量青壮年劳动力外流，中老年人和儿童成为留守人口主体。样本中初中及以下义化程度的受访者占比 64.79%，表明湖南农村人口受教育程度普遍偏低。从

---

① 湖南水稻面积居全国第一 ［EB/OL］. https：//agri. hunan. gov. cn/agri/xxgk/gzdt/snyw/dtyw/202208/t20220823_27732986. html，2022 - 08 - 23.

② 南方水稻秸秆综合利用专家"把脉开方"，为企业排忧解难 ［EB/OL］. https：//hn. rednet. cn/content/2022/06/30/11453719. html，2022 - 06 - 30.

受访者农业生产经营的组织化程度来看，参加了农业合作社的占比仅为13.78%，表明农户组织化程度偏低。湖南省农村地区耕地细碎化现象比较普遍，农业生产基本以一家一户的小规模方式为主，加之大部分农民文化程度和科技素养不高，观念相对保守，接受新鲜事物、先进理念以及技术方法的主动性和积极性不强，这些都制约了农户农业生产经营组织化程度的提升。从家庭年收入水平情况来看，受访农户家庭收入水平普遍不高，年收入为3万元以下的农户家庭占比超过一半，达到54.30%。从家庭人口规模情况来看，家庭人口在4人以下的占比49.12%，以中小型家庭为主。受访农户中，大部分家庭饲养了牲畜（占比88.87%），这也符合农村实际情况，农作物秸秆资源化利用的一个重要方式就是做牲畜的饲料使用。综上所述，本书样本比较符合湖南省农村现实情况，具有较好的代表性。

表6.1		样本基本信息统计	
变量	分类	频数（个）	比例（%）
性别	男	1107	96.97
	女	475	30.03
年龄	≤40 岁	335	21.18
	40~50 岁	369	23.32
	50~60 岁	447	28.26
	>60 岁	431	27.24
文化程度	小学及以下	473	29.90
	初中	552	34.89
	高中或中专	393	24.84
	大专及以上	164	10.37
民族	汉族	1442	91.15
	少数民族	140	8.85

变量	分类	频数（个）	比例（%）
参加合作社	是	218	13.78
	否	1364	86.22
家庭规模	≤2 人	127	8.03
	3 ~ 4 人	650	41.09
	5 ~ 6 人	631	39.88
	≥7 人	174	11.00
家庭总收入	<1 万元	512	32.36
	1 万 ~ 3 万元	347	21.94
	3 万 ~ 5 万元	268	16.94
	>5 万元	455	28.76
饲养牲畜	是	1406	88.87
	否	176	11.13

6.4 模型设定与变量选择

6.4.1 模型设定

本章主要探讨村规民约、村干部信任对农户秸秆资源化利用行为的影响，其被解释变量为二分类变量，因此采用如下 Logit 模型进行分析，构建以下模型：

$$\text{Logit}(P) = \ln\left(\frac{p}{1-p}\right) = \beta_0 + \beta_1 X_1 + \beta_2 X_2 + \cdots + \beta_i X_i + \varepsilon \qquad (6.1)$$

其中，p 表示农户秸秆资源化利用的概率；$X_i(i=1, 2, \cdots, n)$ 表示可能影响农户秸秆资源化利用行为的因素，包括村规民约、村干部信任核心解释变量以及个体特征、家庭特征、村庄特征等系列控制变量；$\beta_i(i=1, 2, \cdots,$

n）为待估系数，用来衡量解释变量和控制变量对 $\text{Logit}(P)$ 的影响，β_0 为常数项，ε 为随机扰动项。

6.4.2　变量设置及描述性统计

6.4.2.1　被解释变量

调查问卷中设置了"您家农业生产产生的秸秆主要是如何处理的？"这一问题来反映农户秸秆资源化利用行为。受访农户回答的选项包括"粉碎后就地还田""作为生活燃料""作为养殖饲料""焚烧处理""随意弃置"。农户若选择前 3 项中的任意一项或者多项，则视为采取了秸秆资源化利用行为，赋值为 1；若选择后 2 项中的任意 1 项或者 2 项，则视为没有实施秸秆资源化利用行为，赋值为 0。[①]

6.4.2.2　核心解释变量

本书的核心解释变量包括村规民约和村干部信任。

（1）村规民约：主要采用规范性村规民约和引导性村规民约来表示。调查问卷中设置了"您认为您所在村庄规范性村规民约（如约定俗成地以正式文本形式规定下来的规章制度）在规范村民行为方面的作用如何？"这一问题来反映规范性村规民约的效力。受访农户回答的选项包括"作用很小""作用较小""作用一般""作用较大""作用很大"5 个选项。依次对 5 个选项赋值 1、2、3、4、5，数值越高表示规范性村规民约的效力越大。同时，

---

① 考虑到受访者的回答可能存在兼有前 3 项的一项和后 2 项的一项的情况，问卷中我们作了提示：如果既有前 3 项中的情况，也有后 2 项中的情况，并且明显以其中的某一种处理方式为主，就请选择实际中自己经常采用的这种最主要的处理方式作答。尽管如此，在收回的问卷中，我们依然发现有近 20 份问卷存在上述"跨项"选择现象，为此，我们在最终的样本中，剔除了这些"跨项"选择的样本，没有将这些样本纳入计算当中。

调查问卷中设置了"您村引导性村规民约（如乡贤能人示范、道德宣传教育等）在规范村民行为方面的作用如何？"这一问题来反映引导性村规民约的效力。受访农户回答的选项包括"作用很小""作用较小""作用一般""作用较大""作用很大"5 个选项。依次对 5 个选项赋值 1、2、3、4、5，数值越高表示引导性村规民约的效力越大。

（2）村干部信任：采用村干部能力信任、品行信任和组织信任 3 个维度来衡量。调查问卷中设置了"本村村干部工作能力比较强""本村村干部品行作风比较过硬""本村村'两委'是一个团结奋进的班子"这 3 个问题，请农户根据自身情况给出评价。受访农户评价的选项包括"很不认同""不太认同""一般""比较认同""非常认同"5 个选项。依次对 5 个选项赋值 1、2、3、4、5，数值越高表示农户对村干部的能力信任/品行信任/组织信任程度越高。

6.4.2.3　控制变量

已有研究发现，农户个体特征、家庭特征和村庄特征等对农户秸秆处理行为具有显著影响（李芬妮等，2020；Chen et al.，2018）。为此，选取受访农户个体特征变量（包括性别、年龄、教育水平、职业、污染感知情况）、家庭特征变量（包括家庭规模、家庭收入状况、是否加入农业合作组织）以及村庄特征变量（包括村庄治理总体情况、村务公开情况、村庄监督情况、村民环保意识情况）等可能影响农户秸秆处置行为的变量作为控制变量。所有变量的定义及描述性统计如表 6.2 所示。

表 6.2　　　　　　　　　　　　变量设置及其描述性统计

项目	变量名称	变量定义及赋值	均值	标准差
被解释变量	秸秆资源化利用	粉碎后就地还田/作为生活燃料/作为养殖饲料 = 1，焚烧处理/随意弃置 = 0	0.7149	0.4515

项目	变量名称	变量定义及赋值	均值	标准差
核心解释变量	规范性村规民约	作用很小＝1，作用较小＝2，作用一般＝3，作用较大＝4，作用很大＝5	3.6536	0.8785
	引导性村规民约	作用很小＝1，作用较小＝2，作用一般＝3，作用较大＝4，作用很大＝5	3.9924	1.2649
	村干部能力信任	"本村村干部工作能力比较强"，很不认同＝1，不太认同＝2，一般＝3，比较认同＝4，非常认同＝5	3.2032	0.8105
	村干部品行信任	"本村村干部品行作风比较过硬"，很不认同＝1，不太认同＝2，一般＝3，比较认同＝4，非常认同＝5	3.8875	0.8580
	村干部组织信任	"本村村'两委'是一个团结奋进的班子"，很不认同＝1，不太认同＝2，一般＝3，比较认同＝4，非常认同＝5	4.0556	0.8353
控制变量	环保意识	您觉得您所在村庄村民的环境保护意识如何？不太好＝1，一般＝2，比较好＝3	3.6605	0.9325
	村庄治理效果	您认为您所在村庄治理的整体效果如何？非常差＝1，比较差＝2，一般＝3，比较好＝4，非常好＝5	2.1498	0.7855
	村务公开	您认为您村的村务公开情况如何？非常差＝1，比较差＝2，一般＝3，比较好＝4，非常好＝5	3.9981	0.8987
	环保监督	您村里是否成立了环保监督组织（如环境治理监督委员会、环保监督小组等）？成立了＝1，没有成立＝0	0.5986	0.4903
	污染感知	您认为您村的环境污染情况如何？比较轻微＝1，一般＝2，比较严重＝3	2.3274	0.7521
	年龄	受访者年龄	51.6649	14.8274
	性别	受访者性别	0.6997	0.4585
	教育	受访者受教育年限（年）	9.1773	3.3391
	职业状态	您所从事的职业是否稳定？是＝1，否＝0	0.6498	0.4771

续表

项目	变量名称	变量定义及赋值	均值	标准差
控制变量	家庭规模	家庭人口数量	4.6169	1.5605
	家庭收入	家庭年收入的对数	10.1211	1.3264
	参加合作组织	您家在进行农业生产经营时，是否参加了合作组织？是=1，否=0	0.1378	0.3448

6.5 实证分析

6.5.1 基准回归分析

为了探究村规民约、村干部信任与农户秸秆资源化利用行为之间的关系，本书运用 Stata 15.0 软件，采用多种方式构建如下 Logit 模型。首先，将表征村规民约的两个指标纳入回归，计算得到模型 1。其次，将表征村规民约的两个指标和表征村干部信任的三个指标同时纳入回归[①]，计算得到模型 2。再次，将村规民约、村干部信任指标以及所有控制变量全部纳入回归，计算得到模型 3，以综合考察村规民约和村干部信任对农户秸秆资源化利用行为的影响。最后，由于 Logit 模型的回归系数只能反映影响方向而不能直观地反映边际效应即概率值，因此，进一步计算了模型 3 各回归系数的 OR（odds radio）值，得到模型 4。上述结果如表 6.3 所示。表 6.3 显示，逐步加入核心解释变量之后，核心解释变量的系数方向和显著性均保持一致。这在一定程

---

① 考虑到村干部能力信任、品行信任、组织信任三者之间可能存在共线性，我们对此进行了检验，结果显示，能力信任与品行信任以及组织信任三者之间并没有显示出强烈的相关性，因此将三者同时纳入模型进行估计。

度上表明核心解释变量对被解释变量具有比较稳定的影响。同时，进一步对比可知，模型 1 ~ 模型 3 的 Pseudo R^2 值逐步增大（0.057 < 0.0782 < 0.1714），其伪对数似然值（Log pseudo-likelihood）也逐步增大（ - 891.6670 < -871.6094 < -849.7098），表明相对而言模型 3 具有更强的解释力。因此下面主要就模型 3 及其对应模型 4 的结果进行分析。

表6.3 基准回归结果

变量	模型 1	模型 2	模型 3	模型 4
规范性村规民约	0.5085 *** (0.0768)	0.2257 ** (0.0890)	0.1465 ** (0.0691)	1.1577 ** (0.0739)
引导性村规民约	0.2820 *** (0.0601)	0.2285 *** (0.0609)	0.2316 *** (0.0621)	1.2606 *** (0.0768)
村干部能力信任		0.0622 (0.0902)	0.0433 (0.1044)	1.0442 (0.1099)
村干部品行信任		0.2913 *** (0.0894)	0.2722 *** (0.0948)	1.3128 *** (0.1285)
村干部组织信任		0.2639 *** (0.0954)	0.2293 ** (0.1009)	1.2577 ** (0.1286)
环保意识			0.1691 ** (0.0805)	1.1843 ** (0.0941)
村庄治理效果			0.0963 (0.1166)	1.1011 (0.1238)
村务公开			- 0.1048 (0.0951)	0.9005 (0.0847)
环保监督			0.2918 ** (0.1332)	1.3388 ** (0.1758)
污染感知			0.2120 *** (0.0822)	1.2361 *** (0.1005)

续表

变量	模型 1	模型 2	模型 3	模型 4
年龄			0.0076 (0.0050)	1.0076 (0.0049)
性别			−0.0995 (0.1318)	0.9053 (0.1190)
受教育年限			0.0821 *** (0.0230)	1.0856 *** (0.0242)
职业状态			0.2409 * (0.1274)	1.2723 * (0.1601)
家庭规模			−0.0693 * (0.0383)	0.9330 * (0.0359)
家庭收入			−0.0324 (0.0462)	0.9681 (0.0456)
参加合作组织			0.2791 (0.1901)	1.3219 (0.2469)
常数项	−1.9848 *** (0.2940)	−3.1578 *** (0.3591)	−4.2283 *** (0.9604)	0.0416 *** (0.0138)
样本数	1582	1582	1582	1582
Log pseudo-likelihood	−891.6670	−871.6094	−849.7098	−849.7098
Pseudo R^2	0.0570	0.0782	0.1714	0.1714

注：括号内为稳健标准误；*、**、*** 分别表示参数估计值在 10%、5%、1% 的水平上显著。

表 6.3 中模型 3 的结果显示，规范性村规民约和引导性村规民约的回归系数均为正，并且分别在 5% 和 1% 的统计水平上显著，表明规范性村规民约和引导性村规民约都可显著有效促进农户秸秆资源化利用行为的发生。假说 6 – 1 和假说 6 – 2 得到了验证。进一步根据模型 4 中对应系数的 OR 值可知，当规范性村规民约的效力每提升 1 个或 1 个以上等级时，农户采取秸秆资源化利用行为的概率平均将增加 15.77%。当引导性村规民约的效力每提升 1

个或1个以上等级时，农户采取秸秆资源化利用行为的概率平均将增加26.06%。村规民约源于村庄生产生活实际，是村民就自身的事务而共同约定的共信共守的行为规范，因而合乎村民行为逻辑。乡村成文的村规民约不仅具备制度的基础要素，更是具备了法的基本形态。因而，村规民约的效力越强，农户做出合乎村规民约规定的行为的可能性也越大。进一步比较发现，引导性村规民约的回归系数的绝对值要大于规范性村规民约，表明相对而言，引导性村规民约对农户秸秆资源化利用行为的正向促进效应要大于规范性村规民约。可能的原因是，虽然传统的规范性村规民约中常常设置有严格的惩戒性条款来保障村规民约效力的实现，但随着当前村庄社会环境开放性与流动性的增强，规范性村规民约中传统惩戒性条款的惩戒功能和处罚方式逐步被弱化或取消（周家明和刘祖云，2014），更多的是基于道德引导及其"软约束"和激励作用，建立起源自村民内心信念和道德情感、以村民之间相互信任与依赖而形成的一种共识与默契的礼俗治理和道德治（高艳芳和黄永林，2019），因而引导性村规民约逐步超越规范性村规民约而成为新时代村规民约的重要形式，在推进农户秸秆资源化利用中发挥了重要而积极的作用。

从干部信任的影响来看，村干部品行信任的回归系数为正，并且在1%的统计水平上显著，表明村干部品行信任显著推动了农户秸秆资源化利用行为的发生。进一步从模型4对应的OR值可知，农户对村干部品行的信任每提升1个或1个以上等级时，其采取秸秆资源化利用行为的概率平均将增加31.28%。假说6-4得到了验证。可能的原因是，农户对村干部行为品德的认可度和信任度越高，基于对村干部的信服，其心理层面将对秸秆资源化利用保有更加良好的预期，从而越愿意配合村庄秸秆资源化处置政策的实施与执行。村干部组织信任的回归系数为正，并且在5%的统计水平上显著，表明村干部组织信任同样显著推动了农户秸秆资源化利用行为的发生。具体而言，当农户对村干部组织的信任每提升1个或1个以上等级时，其采取秸秆资源化利用行为的概率平均将增加25.77%。假说6-5得到了验证。从村民自治制度赋予村民委员会的职责来看，村干部作为村委会这一权威组织的主体，其基本职责就是代替村民行使公共权利，因此村干部的一个重要身份属性就是村民利益的代表者与维护者（陈永刚和毕伟，2010）。就秸秆处置而言，农户对村干部组织信任的程度越高，农户将村干部视为村民集体利益的代表者和维护者的可能性越大，农户自身作为村庄"集体环境利益共同体"的归属感也将越强，这种归属感将有助于驱动农户转向环境保护与资源节约行为，从而作出秸秆资源化利用的行为选择。值得提出的是，村干部能力信任的回归系数为正，但没有通过显著性水平检验。表明村干部能力信任未能在推动农户秸秆资源化利用上发挥出显著的积极作用。假说6-3没有得到验证。这一结论并不意味着村干部能力信任对于推动农户秸秆资源化利用无关紧要。相反，由于农村地区基础条件短板明显，大部分青壮年劳动力外流，拥有一定视野、远见和知识技能的人才也往往转向城市发展或定居，现有村干部大部分年龄老化、文化层次不高、能力水平有限，与当前乡村振兴、环境治理等国家战略实施的要求和人民群众的期待还存在一定的差距。调查数据也显示，对"本村村干部工作能力比较强"表示"非常认同""比较认同"的受访者占比为53.13%，仍有46.87%的受访者对村干部工作能力持否定或怀疑态度。村干部有限的能力水平导致其在助推农户秸秆资源化利用方面的作用未能得到有效体现。因此，加强村干部队伍建设，大力提升村干部能力、提升村干部本领以适应新形势，应对新挑战，将是推动农户秸秆资源化利用的一项重要举措。

从控制变量的影响来看，环保意识、环保监督、污染感知、农户受教育水平、职业状态均显著正向影响农户秸秆资源化利用行为，家庭规模负向影响农户秸秆资源化利用行为，家庭收入对农户秸秆资源化利用行为的影响不显著。

6.5.2 稳健性检验

为了检验上述基准回归结果的稳健性，下面采用多种方式进行稳健性检验。

（1）缩尾方法。考虑到微观调研时，农户可能因各种原因策略性"低报"或礼貌性"高报"其真实想法，从而使得调查出现偏差。为了消除这种偏差对回归结果的不利影响，采用缩尾（winsorize）方法即对样本首尾5%的特异值进行平滑处理后重新回归，结果如表6.4模型5所示。

表6.4 稳健性检验结果

变量	模型5	模型6	模型7	模型8
规范性村规民约	0.1908 * (0.1034)	0.1613 * (0.0978)	0.2648 ** (0.1212)	0.3217 *** (0.1214)
引导性村规民约	0.2661 *** (0.0704)	0.2712 *** (0.0684)	0.3148 *** (0.1013)	0.3238 *** (0.1015)
村干部能力信任	0.0342 (0.1092)	0.0313 (0.1148)	0.0353 (0.1048)	0.0831 (0.1363)
村干部品行信任	0.3012 *** (0.1116)	0.2230 ** (0.1040)	0.2793 *** (0.0945)	0.2182 * (0.1300)
村干部组织信任	0.3121 *** (0.1123)	0.2568 ** (0.1102)	0.2266 ** (0.1012)	0.1407 ** (0.0733)
其他控制变量	控制	控制	控制	控制
_cons	− 5.0927 *** (1.0909)	− 4.1563 *** (1.0958)	− 4.2964 *** (0.9744)	− 3.7079 *** (0.9379)
样本数	1502	1151	1582	1582
Log pseudo-likelihood	− 809.8703	− 708.2429	− 850.7768	− 857.0578
Pseudo R^2	0.1512	0.1612	0.1513	0.1536

注：括号内为稳健标准误；*、**、*** 分别表示参数估计值在10%、5%、1%的水平上显著。限于篇幅，仅给出主要解释变量的估计结果。

（2）精减压缩样本。考虑到老年人从事农业生产活动的能力可能与其他成人存在差异，并且这种差异可能会影响到其秸秆处置行为。因此，参照杨志海（2018）、李芬妮等（2019）的做法以及国际公认的老龄人口划分标准，剔除年龄 60 周岁及以上的老年人样本后，重新进行 Logit 回归，结果如表 6.4 模型 6 所示。

（3）变更核心解释变量的度量方式。首先，将规范性村规民约、引导性村规民约的度量方式由 5 类调整为 3 类，即调整为"效力小""效力中等""效力大" 3 类，纳入模型后重新进行 Logit 回归，结果如表 6.4 模型 7 所示。其次，将村干部能力信任、品行信任和组织信任的度量方式分别由 5 类调整为 3 类，即调整为"不认同""一般""认同" 3 类，与采用新方式度量的村规民约变量一起纳入模型后进行 Logit 回归，结果如表 6.4 模型 8 所示。

表 6.4 模型 5～模型 8 的估计结果显示，无论是采用上述哪种稳健性检验方式，村规民约、村干部信任等核心解释变量以及控制变量的系数方向和显著性与否均与表 6.3 模型 3 保持一致。说明本书的基准回归结果具有较强的稳健性。同时，模型 5～模型 8 中引导性村规民约回归系数的绝对值均要大于规范性村规民约。也再次表明前者对农户秸秆资源化利用行为的正向促进效应要大于后者，结果比较可信。

6.5.3 村干部信任的调节作用

上述研究表明，村规民约和村干部信任能够不同程度影响农户秸秆资源化利用行为。那么，对于村干部信任程度不同的农户，村规民约对其秸秆资源化利用行为的影响是否存在差异？为此，进一步构建村规民约与村干部信任的交互项，考察村干部信任的调节效应。主要分如下两个步骤进行：首先，参考李芬妮等（2019）、汤峰等（2021）已有研究的处理方式，将表征村规民约的 2 个指标即规范性村规民约和引导性村规民约的赋值基于 2 个维度进行加总处理，构建村规民约综合测度指标，数值越高表明村规民约的效力越大。同时，将表征村干部信任的 3 个指标即村干部能力信任、品行信任、组织信任指标的赋值基于 3 个维度进行加总处理,构建村干部信任综合测度指标,数值越高表明村干部信任度越高。在此基础上,构建村规民约与村干部信任的交互项,并将之纳入模型重新进行回归,以综合考察村规民约、村干部信任及其交互项对农户秸秆资源化利用行为的影响效应和村干部信任的调节作用,结果如表 6.5 模型 9 所示。其次,如果村干部信任的调节效应显著,那么调节效应的具体来源是什么?是来源于对村干部的能力信任,品行信任还是组织信任?为此,进一步构建村干部能力信任、品行信任和组织信任与村规民约综合测度指标的交叉项,并将之纳入模型重新进行回归,以考察村干部信任在村规民约与农户秸秆资源化利用行为之间的调节效应的具体来源。为了考察稳健性,文章依次给出了逐步加入交互项的回归结果,如表 6.5 模型 10 ~ 模型 12 所示。

表 6.5　　　　　　　　　　　　村干部信任的调节效应

变量	模型 9	模型 10	模型 11	模型 12
村规民约	0.1551 * (0.0799)	0.1649 ** (0.0809)	0.1646 ** (0.0808)	0.2628 ** (0.0802)
村干部信任	0.2479 * (0.1325)			
村规民约 × 村干部信任	0.0352 * (0.0183)			
村干部能力信任		0.0565 (0.3421)	0.0179 (0.4192)	0.5483 (0.4652)
村干部品行信任		0.2592 *** (0.0938)	0.1987 ** (0.0976)	0.5848 ** (0.2860)
村干部组织信任		0.2257 ** (0.1004)	0.2256 ** (0.1004)	0.8308 ** (0.4090)
村规民约 × 能力信任		0.0139 (0.0469)	0.0085 (0.0574)	0.0709 (0.0640)

续表

变量	模型 9	模型 10	模型 11	模型 12
村规民约 × 品行信任			0.0085 (0.0540)	0.0460 (0.0607)
村规民约 × 组织信任				0.1777 ** (0.0697)
其他控制变量	控制	控制	控制	控制
_cons	− 1.8650 (1.5434)	− 3.8348 ** (1.5501)	− 3.7558 ** (1.6175)	− 2.4765 (1.7104)
样本数	1582	1582	1582	1582
Log pseudo-likelihood	− 848.9854	− 849.9398	− 849.9289	− 846.5178
Pseudo R^2	0.1221	0.1217	0.1215	0.1347

注：括号内为稳健标准误；*、**、*** 分别表示参数估计值在 10%、5%、1% 的水平上显著。

表 6.5 模型 9 结果显示，村规民约和村干部信任综合指标对农户秸秆资源化利用行为均有显著的正向影响，与表 6.3 的估计结果保持一致，再次说明估计结果是稳健的。村规民约与村干部信任交叉项的回归系数为正，并且在 10% 的统计水平上显著。表明村干部信任在村规民约影响农户秸秆资源化利用行为中起到显著的正向调节作用，即农户对村干部的信任度越高，村规民约对农户秸秆资源化利用行为的约束力越强，村干部信任进一步强化了村规民约推动农户秸秆资源化利用的积极效应。假说 6-6 得到验证。表 6.5 模型 10 ~ 模型 12 进一步给出了依次加入村规民约变量与村干部能力信任、品行信任、组织信任变量交叉项的估计结果。结果显示，村规民约综合变量和村干部品行信任、组织信任的回归系数均正向显著，村干部能力信任的回归系数不显著，与表 6.3 模型 3 的结果保持一致，再次验证了本章实证分析结果的稳健性。从交互项来看，村规民约与村干部组织信任交互项的回归系数为正，且通过了 5% 的统计水平检验，而村规民约与村干部能力信任的交互项以及与村干部品行信任的交互项均不显著。表明村干部信任的调节作用主

要来源于村干部组织信任。总体而言，村规民约对农户秸秆资源化利用行为的正向影响将随着农户对村干部组织信任的提升而增大。进一步比较发现，模型 12 中村干部品行信任、组织信任的回归系数分别由模型 3 中的 0.2722 和 0.2293 增大到 0.5848 和 0.8308；同时，模型 12 中村规民约综合指标的回归系数相较于模型 3 中规范性村规民约和引导性村规民约的回归系数均有所增大。表明引入交互项之后，村规民约、村干部品行信任和组织信任对农户秸秆资源化利用行为的促进效应也都得到进一步增强。

6.6　结论与启示

6.6.1　结论

本章基于湖南省 1582 份农户调查数据，运用 Logit 模型实证分析了村规民约、村干部信任对农户秸秆资源化利用行为的影响。主要得到如下结论：

（1）规范性村规民约和引导性村规民约均对农户秸秆资源化利用行为具有显著的正向影响。其中，引导性村规民约对农户秸秆资源化利用行为的促进效应要大于规范性村规民约。

（2）村干部品行信任和组织信任对农户秸秆资源化利用行为具有显著的正向影响，但村干部能力信任对农户秸秆资源化利用行为的影响不显著。表明村干部品行信任和组织信任能够显著促进农户秸秆资源化利用行为的发生，而村干部能力信任对农户秸秆资源化利用行为方面的约束效果不彰。

（3）村规民约与村干部信任对农户秸秆资源化利用行为存在一定的交互影响。村干部信任在村规民约与农户秸秆资源化利用行为中起到显著的正向调节作用。而这主要来源于村干部信任中的第三个维度——组织信任的影响。

6.6.2 政策启示

上述研究结论对于农业秸秆等可再生资源综合利用具有重要的政策启示。

（1）在村庄政策和制度设计层面，应以农业可再生资源利用中存在的突出问题为导向，集中群众意见，进一步修订、完善、规范村规民约的内容、条款与措施，切实增强村规民约对规范农户可再生资源利用行为的执行力和约束力。例如，制定具体的可再生资源利用及处置标准，明确禁止焚烧等不当行为及其后果，以及定期评选在农业可再生资源利用方面表现突出的农户，并给予奖励表彰，树立榜样。以此全面提升村规民约在推进农业可再生资源综合利用中的治理效率与治理效能。

（2）在村干部队伍建设与群众公认层面，应通过教育培训、进修等方式大力提升村干部思想政治素质、领导能力以及专业化、职业化水平，加强村"两委"班子建设。同时，村干部应定期走访调研，深入了解农户在农业可再生资源利用中的困难和建议，密切干群联系，增强农户对村干部的信任度和接受度，打造一支作风好、本领硬、口碑佳、凝聚力强的深受群众拥护的村干部队伍，切实增强村干部信任在推动农业可再生资源综合利用中的积极作用。

（3）在村庄基层治理层面，应建立和完善相应的监督机构和监督机制。例如，设立村民监督小组，负责监督秸秆等资源的处理情况，进而加强对农户可再生资源处置行为的监督力度，对农户露天焚烧、随意弃置秸秆等可再生资源的不良行为施加约束和惩处。

（4）在农户个体层面，应在大力提升农户受教育水平的同时，充分利用广播、电视、网络、智能手机及新媒体手段开展环保政策宣传和动员，加深农户对环境污染的问题及其危害的了解和认知，提高农户的环保意识和可持续发展意识，增强农户保护环境、节约资源的责任感和使命感，促进农业可再生资源的有效利用，为农业农村绿色可持续发展奠定坚实基础。

第 7 章

基于农户满意度的农村环境
治理效果评估

农户环境治理满意度是检视农村环境治理成效的重要衡量指标。本章基于 8 省 157 个行政村 1967 个农户的调研数据，采用有序 Logit 回归模型，探究环境规制政策（约束型规制、引导型规制）、村庄治理效能感知、干部工作能力感知、村民参与、非正式制度（家乡认同、普法教育、道德教育）以及农户个体特征（包括年龄、受教育水平、职业、婚姻状况、环保意识等）等诸多因素对农村环境治理满意度的影响效应及其作用机制，以期为提升农村环境治理整体效果探寻更具针对性的方法与路径。

7.1 问题的提出与研究假设

7.1.1 问题的提出

推进乡村生态振兴，改善农村人居环境是以习近平同志为核心的党中央从党和国家发展战略全局作出的重大决策部署，是新发展阶段全面实施乡村振兴战略的必由之路和关键所在，事关广大农民群众的切身利益和根本福祉。2023 年中央一号文件提出，要大力推进农村人居环境整治提升，扎实推进宜居宜业和美乡村建设。这是自党的十九大明确要求开展农村环境整治工作以来，中央连续六年在"一号文件"中将农村环境治理作为重点内容，并作出具体行动部署。与此同时，为了高质量推进农村环境整治工作，国家相关部委还相继出台了《农村人居环境整治三年行动方案》《乡村振兴战略规划（2018—2022 年）》《农业农村污染治理攻坚战行动方案（2021—2025 年）》《"十四五"乡村绿化美化行动方案》等系列政策文件，对农村环境治理的要求不断提高，内涵不断拓展。这凸显了党和国家全面加强农村生态文明建设，推进农业农村绿色、可持续发展的坚定意志和坚强决心。在党中央、国务院的高度关注和高位推动下，各地农村环境治理工作全面铺开，很大程度上扭转了我国农村长期"脏乱差"局面，显著提升了我国农村环境总体质量水平。

那么，作为农村环境治理的直接参与者和最终受益者，广大农民群众对于当前农村环境治理的满意度如何？哪些因素对环境治理满意度产生了显著影响？影响的途径又是什么？从已有研究来看，关于全国整体层面和城市层面环境治理的研究比较丰富，而专门定位于农村环境治理的研究自 2017 年起才开始逐步增多，同时，已有研究主要就政府信任与社会信任（阮海波和孟新婷，2023）、农户参与与基层工作效能（许亿欣等，2022；常烃和牛桂敏，2021；张萌，2018）、政府环保形象与互联网使用（汤峰等，2021；苏毓淞和汤峰，2021）、地方政府环境治理行为（唐啸等，2020）以及环境监管与问责（陈卫东和杨若愚，2018；史丹等，2020）等因素对农村环境治理满意度的影响进行了分析。但还存在以下不足：一方面，对于村民参与、基层工作效能等因素是否抑或如何影响农村环境治理满意度学者们并未形成一致结论，甚至观点截然相反；另一方面，既有研究多聚焦于某一具体方面的环境特征（如水环境、农村人居环境、村庄环境等）或者宏观绩效的效果与作用，鲜有研究关注到环境治理政策类型、基层干部能力等因素对农村环境治理满意度的影响。此外，关于诸因素对农村环境治理满意度的影响机制与作用路径还缺乏比较系统的探究。鉴于此，本章基于 8 个省（自治区、直辖市）157 个行政 1967 个农户的问卷调查数据，采用有序 Logit 回归模型，探究农村环境治理满意度的影响因素及其作用机制，以期全面检视农村环境治理的政策效果，建立健全农村环境治理的长效机制，进而为破解新时代农村环境治理难题，满足广大农民群众对宜居宜业和美乡村的向往提供更具针对性的参考依据。

7.1.2　理论分析与研究假设

影响农村环境治理满意度的因素主要包括内因与外因两个方面。从外因来看，环境规制政策、基层治理效能和干部工作能力、村民参与等都是影响农村环境治理满意度的重要因素（史丹等，2020；唐林等，2019；马亮和杨媛，2019），但影响效果存在差异。

首先，从环境规制的影响来看，约束型规制、引导型规制等都有利于促进农村环境治理（李芬妮等，2019；罗岚等，2021；唐林等，2020），提升环境治理满意度。约束型规制是指村庄或政府推行的相关农村环境治理政策约束农户遵循环境专项整治的规定。农户会因自己的违规行为遭受经济处罚或批评教育而受到声誉上的损失，进而促使其顺应规制目标（黄祖辉等，2016）。引导型规制是指村庄或政府通过宣传教育、典型示范以及咨询服务等方式对农户进行引导，普及环境治理知识，提高农户对环境治理的政策认知和价值感知，进而提高农户环保意识和环境治理参与积极性（Li et al.，2020）。已有研究指出，在以自治为主体、以德治为"软约束"的广大农村地区，引导型规制的效果往往比约束型规制更为有效（李乾和王玉斌，2018），并且混合型规制措施要优于单项规制政策（徐志刚等，2016）。而在那些约束型规制难以有效发挥作用的农村地区，引导型规制则发挥了积极而重要的作用（李乾和王玉斌，2018）。不仅如此，引导型规制在约束型规制提升农村环境治理效果过程中还发挥出补充调节效应（朱润等，2021）。原因在于，作为农村环境治理的主要参与者和最终受益者，村民对国家环境治理政策内容和精神实质认知的不足和理解的偏差一定程度上削弱了农村环境规制的执行效果（杨惠芳，2013），而引导型规制能通过有效提高村民对环境治理政策认知并减少他们的理解偏差，促使其形成并产生正确的政策态度、积极的行为动力以及符合政策的目标取向，进而推进政策获得预期的执行效果和良好的公众满意度评价（朱润等，2021）。基于此，提出以下假说：

H7 – 1：约束型规制和引导型规制均正向影响农村环境治理满意度。

H7 – 2：引导型规制在约束型规制影响农村环境治理满意度过程中发挥了调节效应。

其次，环境治理满意度的高低还取决于政府环境治理效能和干部工作能力（许亿欣等，2022）。一方面，基层机关如乡镇政府、村庄自治组织中的村干部都是农村环境治理的关键参与者，其集体治理效能和个体能力水平将直接影响目标群体的满意度（林丽梅等，2016；田毅鹏和张笑菡，2021）。一般而言，农村基层治理效能越高或村干部能力越强，农户对当地环境治理的评价越好。另一方面，基层治理效能越好或干部能力越强的村庄，环境规制政策执行和落实程度将会越好，因而村民所感知到的环境治理满意度也越高，即基层治理效能和村干部能力在环境规制政策与环境治理满意度之间起到一定的调节效应。基于此，提出以下假说：

H7-3：基层治理效能正向影响农村环境治理满意度。

H7-4：村干部能力正向影响农村环境治理满意度。

H7-5：基层治理效能和村干部能力在环境规制政策影响农村环境治理满意度中发挥了调节效应。

再次，从村民参与的影响来看，村民参与是否能够有效提升农村环境治理满意度，目前还缺乏一致结论和实证经验支持（黄森慰等，2017；吕天宇等，2020；杜焱强等，2021）。一种观点认为，村民感知的满意度是一个可以用实际绩效与期望绩效之差来反映的相对概念。村民参与是其表达环境诉求和期望的有效途径。当村民通过各种形式参与到环境治理工作中，其需求得到回应和反馈的可能性也会增大，其对于环境治理工作的满意度也将得到提升（陈卫东和杨若愚，2018）。而另外一种观点认为，由于现阶段农村环境治理以政府推动为主，村民参与水平可能不是直接影响农村环境治理满意度的显著因素（许亿欣等，2022）。但村民参与有助于为政府政策制定提供情境性经验，帮助政府明晰公众环境偏好并及时调适环境治理绩效目标，进而提升政府环境治理效能，以实现更高的环境治理绩效和环境治理满意度（马亮和杨媛，2019；Neshkova & Guo，2011；Rhodes-Purdy，2017）。基于此，提出以下竞争性假设：

H7-6a：村民参与直接影响农村环境治理满意度。

H7-6b：村民参与通过提升基层治理效能进而间接影响农村环境治理满意度。

最后，从内因来看，年龄、受教育水平、职业、收入、环境态度和污染感知等个体因素对农村环境治理满意度的影响还没有形成共识性结论（汪红梅和魏思佳，2018；李文彬等，2016；黄元等，2019；王玉君和韩冬临，

2019）。但相关研究指出，个体环保意识将对环境治理满意度产生重要影响（李楠等，2018；徐建中等，2017）。个体环保意识是其对生态环境问题所具有的认识水平、主观感受以及为此采取行动的意愿程度的一种表现形式（王火根等，2020）。一方面，环保意识越强的个体，其环境治理价值感知和环境责任意识更强，不仅驱动自身环保行为，而且激发其对他人环境治理行为和效果的认同感（张嘉琪等，2021），从而倾向于提升环境治理满意度；另一方面，环保意识越强的个体，对政府组织的各类环境治理引导行为和环保宣传教育的关注度和参与度更高，从而将有效促进自身对环境治理政策内容及其举措的认知和理解，进而提升环境治理满意度。基于此，继续提出以下假设：

H7－7：环保意识直接影响农村环境治理满意度。

H7－8：环保意识在引导型规制影响农村环境治理满意度中发挥了调节效应。

7.2　数据、变量与模型

7.2.1　数据来源

本章所用数据来自本书课题组 2019 年 7～9 月对安徽、江西、河南、湖北、湖南、广西、重庆以及四川等 8 个省（自治区、直辖市）农户开展的调查。调查主要基于村庄和农户两个方面展开。调查问卷的村庄部分主要涉及村庄基本情况、村庄环境治理开展情况、村干部参与环境治理情况以及村庄自治情况等；而调查问卷的农户部分主要涉及农户家庭基本情况、村庄环境治理的农户感知情况、农户环境治理参与情况、农户环境治理满意度情况以及村庄法治、德治与自治的农户感知情况等。通过采用分层抽样与随机抽样相结合的方法，从 8 个省（自治区、直辖市）中共抽取到 157 个行政村的 2030 个农户样本，将村庄问卷与农户问卷进行匹配并删除主要信息缺失的不合格样本，最终获得有效样本 1967 户，具有较好的代表性。

7.2.2　变量选择

根据本书需要并参照相关研究（李冬青等，2021；胡珺等，2017），本书将农村环境治理满意度设为被解释变量，核心解释变量包括：环境规制政策（约束型规制、引导型规制）、村庄治理效能感知、干部工作能力感知、村民参与以及非正式制度（家乡认同、普法教育、道德教育）等。此外，参照大多数学者的研究，将年龄、受教育水平、职业、婚姻状况和环保意识作为农户环境治理满意度个体特征变量（汤峰等，2021；汪红梅和魏思佳，2018；苏红岩等，2019）。所有变量的定义、赋值及其描述性统计如表 7.1 所示。

表 7.1　　　　　　　　　变量定义及描述性统计

变量名称	变量符号	变量定义及赋值	均值	标准差	最小值	最大值
农村环境治理满意度	*satis*	您对本村环境卫生治理的满意度如何？很不满意 =1，不太满意 =2，一般 =3，比较满意 =4，非常满意 =5	3.7692	0.8582	1	5
约束型规制	*hujre*	若村民没有按照村庄或者政府要求开展农村环境专项整治，是否会受到批评教育或者其他惩罚？是 =1，否 =0	0.8556	0.3515	0	1
引导型规制	*xuchu*	是否接受过村庄或者当地政府的环境治理宣传教育？接受过 =1，没有接受过 =0	0.6769	0.4677	0	1
村庄治理效能感知	*cunch*	您认为您村整体治理效果如何？非常差 =1，比较差 =2，一般 =3，比较好 =4，非常好 =5	3.7599	0.8001	1	5

续表

变量名称	变量符号	变量定义及赋值	均值	标准差	最小值	最大值
干部工作能力感知	*cadre*	您认为您村村干部工作能力如何？非常差 = 1，比较差 = 2，一般 = 3，比较好 = 4，非常好 = 5	3.7925	0.8697	1	5
村民参与	*patcp*	您是否参与了农村环境治理？没有参与 = 1，有出资/有投劳 = 2，既有出资又有投劳 = 3	0.9029	0.5677	1	3
家乡认同	*locid*	如果条件允许是否愿意到城镇居住？不愿意 = 1，愿意 = 0	0.4532	0.4978	0	1
普法教育	*pufaj*	是否接受村里开展的普法宣传教育？是 = 1，否 = 0	0.5462	0.4979	0	1
道德教育	*daode*	是否接受村里开展的道德宣传教育？是 = 1，否 = 0	0.7751	0.4176	0	1
个体年龄	*age*	个人年龄	46.6693	15.9736	18	70
个体教育	*edu*	个人受教育年限	9.2643	3.6429	0	20
个体职业	*agric*	是否从事农业？是 = 1，否 = 0	0.5028	0.5001	0	1
个体婚姻	*marry*	已婚有配偶 = 1，未婚/离异/丧偶/其他 = 0	0.8042	0.3968	0	1
环保意识	*hbysi*	环保意识从低到高依次设置为 1 ~ 5	3.5515	0.9328	1	5

7.2.3 模型设定

由于所设定的被解释变量数据类型为有序离散变量，并且分为 1 ~ 5 个等级。因此，采用应用较为广泛的有序 Logit 回归模型分析相关因素对农村环境治理满意度的影响。有序 Logit 模型基于累计 Logit 模型，假定因变量为 $0 \sim j$ 的定序值，则模型基本形式为：

$$\text{Logit}(P_i) = \text{Logit}\left[P(y \geq j \mid x)\right] = \ln \frac{p(y \geq j \mid x)}{1 - p(y \geq j \mid x)} = -\alpha_i + \beta x_i \quad (7.1)$$

上式中 β 的含义为：当被解释变量 χ 的取值每增加 1 个单位时，因变量更高级别的发生比是原来的 $\exp(\beta)$ 倍。其潜回归模型形式为：

$$satis_i = \alpha_0 + \sum_{n=1} \beta_n X_{ni} + \varepsilon_i \qquad (7.2)$$

其中，$satis_i$ 为农村环境治理满意度，X_{ni} 为系列解释变量，下标 i 表示第 i 个受访农户。α_0 为常数项，β_n 为待估系数，ε_i 为误差项。

7.3 实证结果分析

7.3.1 基准回归分析

表7.2 模型1～模型2分别报告了逐步引入核心解释变量和其他控制变量对农村环境治理满意度的基准回归结果。由于模型2的 Pseudo R² 值显著大于模型1，且 Log pseudo-likelihood 值为负并显著大于模型1，因此其具有更强的解释力，下面主要就其所得结果进行分析。

表7.2　　　　　　　　　　　　**基准回归与稳健性检验**

变量	基准回归		稳健性检验	
	模型1	模型2	模型3	模型4
hujre	0.4217 *** (0.1278)	0.6473 *** (0.2121)	0.2907 ** (0.1148)	0.6952 *** (0.2314)
xuchu	0.8333 *** (0.0871)	0.9730 *** (0.1587)	0.4808 *** (0.0852)	1.0216 *** (0.1812)
cunch	0.7681 *** (0.0746)	0.7094 *** (0.0960)	0.3798 *** (0.0512)	0.6982 *** (0.1163)
cadre	0.5270 *** (0.0659)	0.5263 *** (0.0885)	0.2909 *** (0.0473)	0.5535 *** (0.1060)

续表

变量	基准回归		稳健性检验	
	模型1	模型2	模型3	模型4
patcp	0.1071 (0.0760)	0.0492 (0.0998)	0.0462 (0.0560)	0.0211 (0.0970)
hbysi	1.3632*** (0.0635)	1.4680*** (0.0751)	0.7548*** (0.0381)	1.5187*** (0.0945)
locid		0.0472 (0.0998)	0.0128 (0.0557)	0.0332 (0.0994)
pufaj		0.1547 (0.1388)	0.1075 (0.0767)	0.1416 (0.1423)
daode		0.0875 (0.1270)	0.0707 (0.0708)	0.0759 (0.1259)
age		0.0045 (0.0040)	0.0028 (0.0022)	0.0041 (0.0041)
edu		0.0354** (0.0163)	0.0194** (0.0091)	0.0356** (0.0168)
agric		−0.0374 (0.0993)	−0.0035 (0.0554)	−0.0396 (0.0985)
marry		−0.0625 (0.1360)	−0.0574 (0.0762)	−0.0715 (0.1318)
cut1_cons	3.7911	4.5275	2.7311	7.4386
cut2_cons	6.2159	7.1183	3.7434	10.7720
cut3_cons	9.6439	10.5191	5.4954	14.5525
cut4_cons	13.1498	14.2621	7.5301	
Log pseudo-likelihood	3163.1115	−709.1736	−1531.4391	−1499.0639
Pseudo R^2	0.3144	0.3855	0.3007	0.3154
样本数	1967	1967	1967	1967

注：括号内为标准误；*、**、*** 分别表示参数估计值在10%、5%、1%的水平上显著。

模型2结果显示，约束型规制和引导型规制对农村环境治理满意度的影响均为正，且通过了 1% 的显著性水平检验。这表明两种类型的环境规制政策都有效提升了农村环境治理满意度，假设 7 - 1 得到了验证。村庄治理效能和干部工作能力对环境治理满意度的影响均正向显著。这表明农户的村庄治理效能感知或干部工作能力感知越强，农村环境治理满意度越高，假设 7 - 3 和假设 7 - 4 得到了验证。村民参与变量对环境治理满意度的影响为正，但没有通过 10% 的显著性水平检验。这表明农户参与水平对于提升环境治理满意度的积极效应未能得到有效显现，这与许亿欣等（2022）的研究结论具有一致性，故假设 7 - 6a 没有得到验证。个体受教育水平和环保意识的估计系数均显著为正。这表明村民受教育水平和环保意识的提高与增强都能显著提升农户环境治理满意度，假设 7 - 7 得到了验证。此外，家乡认同、普法教育、道德教育、个体年龄、就业以及婚姻状况对农户环境治理满意度的影响均不显著。

7.3.2 稳健性检验

上述结果是否稳健，还需要采用如下方法进行稳健性检验：

（1）以有序 Probit 模型替代有序 Logit 模型，重新估计模型 2，结果如表 7.2 模型 3 所示。

（2）考虑到微观调研时，农户可能因各种原因礼貌性"高报"或策略性"低报"其真实想法，从而使得调查样本出现特异值。为了消除特异值对回归结果的不利影响，进一步采用常用的缩尾（winsorize）方法进行稳健性检验，即对样本首尾 2% 的特异值进行平滑处理后重新回归，结果如表 7.2 模型 4 所示。从模型 3 和模型 4 的结果可知，所有解释变量的估计结果除了系数大小不同之外，在系数方向和显著性方面均与模型 2 保持高度一致。这表明表 7.2 基准回归的结果稳健、可信。

7.3.3 边际效用分析

上述结果表明，约束型规制、引导型规制、村庄治理效能、村干部能力、环保意识以及受教育水平等均对农户环境治理满意度产生了显著影响。由于有序 Logit 模型估计系数能给出的信息有限，我们进一步采用威廉姆森（Williams，2012）对平均边际效应的定义和计算方法，以表 7.2 模型 2 为基础估计了上述显著变量的平均边际效应，结果如表 7.3 所示。

表 7.3   显著变量的边际效应分析

变量	$P(Y=1)$	$P(Y=2)$	$P(Y=3)$	$P(Y=4)$	$P(Y=5)$
hujre	-0.0018 (0.0009)	-0.0107 (0.0036)	-0.0526 (0.0172)	-0.0170 (0.0061)	0.0820 (0.0269)
xuchu	-0.0027 (0.0011)	-0.0160 (0.0031)	-0.0790 (0.0127)	-0.0255 (0.0056)	0.1233 (0.0203)
cunch	-0.0020 (0.0008)	-0.0117 (0.0021)	-0.0575 (0.0078)	-0.0186 (0.0032)	0.0899 (0.0118)
cadre	-0.0015 (0.0006)	-0.0086 (0.0018)	-0.0427 (0.0073)	-0.0138 (0.0027)	0.0667 (0.0110)
hbysi	-0.0041 (0.0015)	-0.0242 (0.0032)	-0.1192 (0.0064)	-0.0385 (0.0043)	0.1861 (0.0076)
edu	-0.0001 (0.0000)	-0.0006 (0.0003)	-0.0029 (0.0013)	-0.0009 (0.0004)	0.0045 (0.0021)

结果显示，实施约束型规制的村庄的农户对环境治理评价"非常满意"的概率将高出没有进行约束型规制的村庄 8.20%；相较于没有接受引导型环境规制的农户，接受引导型环境规制的农户对环境治理评价"非常满意"的概率要上升 12.33%。村庄治理效能和村干部能力对环境治理满意度影响的

边际效用比较接近。在其他条件不变的情况下，村庄治理效能每提升一个层次，所在村庄农户对环境治理评价"非常满意"的概率将提升 8.99%；同时，村干部能力每提升一个层次，所在农户对环境治理的评价"非常满意"的概率将提升 6.67%。环保意识和受教育水平都显著影响农户满意度，但影响效应存在较大的差异。在其他条件不变的情况下，农户环保意识每提升 1 个层次，其对环境治理评价"非常满意"的概率要上升 18.61%；而农户受教育年限每增加 1 年，其对环境治理评价"非常满意"的概率将上升 0.45%。

7.3.4　群体异质性分析

上述相关因素对环境治理满意度的影响可能会因农户个体差异而表现出差异。为此，我们进一步考察这些因素对不同特征群体环境治理满意度的异质性。已有研究认为，个体可能会因受教育水平、收入水平以及健康状况的差异而对村庄环境治理效果的评价产生差异（李冬青等，2021；苏红岩等，2019）。因此，依照个体的受教育水平、收入水平以及健康状况对其进行分组，以考查相关因素对农户环境治理满意度的影响是否会因个体的受教育水平、收入水平以及健康状况的不同而存在差异。表 7.4 报告了相关因素对不同组别个体环境治理满意度影响的估计结果。

表 7.4　　　　　　　　　　　　异质性分析

变量	较低教育（初中学历以下）	较高教育（初中学历及以上）	较低收入（中等收入及以下）	较高收入（中等收入以上）	较不健康（不健康/一般）	较为健康（比较/非常健康）
hujre	0.2503 (1.0747)	0.6301*** (0.2171)	0.2889 (0.3390)	0.8298*** (0.2784)	1.2891 (1.3107)	0.6198*** (0.2164)
xuchu	1.6435** (0.7280)	0.9826*** (0.1639)	0.5853** (0.2475)	1.2697*** (0.2091)	1.6402 (0.9721)	0.9675*** (0.1616)

续表

变量	较低教育（初中学历以下）	较高教育（初中学历及以上）	较低收入（中等收入及以下）	较高收入（中等收入以上）	较不健康（不健康/一般）	较为健康（比较/非常健康）
cunch	1.1506 *** (0.3370)	0.4979 *** (0.0921)	0.5246 *** (0.1409)	0.5259 *** (0.1164)	0.2278 * (0.1323)	0.5404 *** (0.0910)
cadre	0.0605 *** (0.0090)	0.0321 *** (0.0103)	0.0639 *** (0.0266)	0.0140 ** (0.0075)	0.1381 * (0.0682)	0.0310 * (0.0168)
patcp	0.0292 (0.3584)	0.0688 (0.1047)	0.0228 (0.1608)	0.1019 (0.1307)	0.2589 (0.5640)	0.0731 (0.1024)
hbysi	1.3078 *** (0.3269)	1.4930 *** (0.0779)	1.5622 *** (0.1203)	1.4294 *** (0.0974)	2.0884 *** (0.4729)	1.4566 *** (0.0764)
locid	0.3105 (0.4211)	−0.0875 (0.1038)	0.1577 (0.1608)	−0.0150 (0.1300)	−1.0443 (0.5882)	0.0088 (0.1019)
pufaj	−0.2155 (0.6030)	0.1637 (0.1440)	−0.1460 (0.2075)	0.1314 (0.1896)	0.0167 (0.7441)	0.1477 (0.1429)
daode	1.7650 *** (0.6635)	0.0461 (0.1309)	0.3591 * (0.2036)	0.0558 (0.1672)	−0.0188 (0.7453)	0.0886 (0.1300)
其他变量	控制	控制	控制	控制	控制	控制
cut1_cons	3.2441	4.0695	4.2700	4.5277	11.5490	4.2616
cut2_cons	4.4681	6.8350	7.6802	6.8557	12.2466	7.0246
cut3_cons	9.3685	10.1833	11.6302	9.9769	15.4093	10.4405
cut4_cons	12.4508	14.0156	15.1037	13.9512	19.9108	14.1761
Log pseudo-likelihood	−462.3406	−1021.8232	−596.0698	−885.6152	−157.2161	−1436.0834
Pseudo R²	0.3070	0.3280	0.3398	0.3075	0.2986	0.3164
样本粒	721	1246	794	1173	583	1384

注：括号内为标准误；*、**、*** 分别表示参数估计值在 10%、5%、1% 的水平上显著。

表 7.4 结果显示，就不同类型群体而言，环境规制变量和道德教育变量

对农村环境治理满意度的影响表现出显著的群体异质性。具体来说，就受教育水平而言，在较高教育水平群体中，约束型规制和引导型规制的估计系数均正向显著；而在较低教育水平群体中仅有引导型规制的估计系数正向显著。这表明约束型规制政策对于提升较低教育水平农户环境治理满意度的效果并不理想，相反，引导型规制政策对于提升低教育水平群体环境治理满意度更有效。同时，约束型规制和引导型规制都能够显著提升较高教育水平农户群体的环境治理满意度。这也意味着，随着农村地区教育水平的不断发展和提升，农村环境治理成效将得到更大程度的认可，农村环境治理效果也将得到稳步改善。就收入水平而言，在较高收入水平群体中，约束型规制和引导型规制的估计系数均正向显著；而在较低收入水平群体中仅有引导型规制的系数正向显著。这表明相对于约束型规制政策，引导型规制政策对于提升较低收入群体的环境治理满意度更为有效。同时，约束型规制和引导型规制都有利于提升较高收入水平农户的环境治理满意度，也在一定程度上意味着伴随着农户收入水平的提高，约束型规制和引导型规制将会更大程度促进农村环境治理质量改善和满意度提升。值得提出的是，道德教育对于较低教育水平或较低收入水平农户环境治理满意度的提升均起到了显著的促进作用，但其对于较高教育水平或较高收入水平农户这一影响并不显著。这意味着蕴含丰富基层治理经验和智慧的村庄德治在培育乡土社会环境治理行动规则、重塑环境治理价值文化体系等方面发挥了积极且重要的作用。村庄德治也是促进农村环境治理及满意度提升的重要手段。就健康状况而言，在身体较为健康的群体中，约束型规制和引导型规制的影响均正向显著，而在较不健康的群体中的影响则均不显著。这表明约束型规制和引导型规制能够有效提升农村地区身体较为健康群体的环境治理满意度，但对于身体较不健康群体环境治理满意度的促进效应并不显著。因而，加大农村地区医疗卫生投入，加强对农村地区不健康群体的关怀和帮助，努力提升村民健康水平，也将是提升农户环境治理满意度的有效举措。

7.3.5 影响机制分析

基于上文提出的研究假设，本书将进一步考察相关因素对农村环境治理满意度的影响机制。结果如表 7.5 所示。

表 7.5 调节效应与中介效应分析

因变量	调节效应				中介效应
	模型 1	模型 2	模型 3	模型 4	模型 5
	满意度	满意度	满意度	满意度	村庄治理效能
hujre	0.3986 ** (0.1374)	0.1793 (0.3277)	0.1778 (0.4331)	0.4324 *** (0.1283)	
xuchu	1.3204 *** (0.1816)	0.3740 *** (0.1130)	0.8238 *** (0.0871)	0.8011 ** (0.3668)	
hujre × *xuchu*	0.3265 * (0.1646)				
cunzh		0.5288 *** (0.1413)			
hujre × *cunzh*		0.0295 (0.1388)			
xuchu × *cunzh*		0.3396 *** (0.1153)			
cadre			0.3123 *** (0.1108)		
hujre × *cadre*			0.0791 (0.1241)		
xuchu × *cadre*			0.2554 ** (0.1089)		
hbysi				1.1735 *** (0.1317)	

续表

因变量	调节效应				中介效应
	模型1	模型2	模型3	模型4	模型5
	满意度	满意度	满意度	满意度	村庄治理效能
$hujre \times hbysi$				0.0098 (0.1305)	
$xuchu \times hbysi$				0.2766 ** (0.1085)	
$patcp$					0.2401 *** (0.0896)
其他变量	控制	控制	控制	控制	控制
cut1_cons	4.6074	3.0799	3.1422	3.2972	3.8988
cut2_cons	6.2046	5.4555	5.5253	5.6788	6.8754
cut3_cons	10.6186	8.8222	8.8970	9.0355	11.0077
cut4_cons	12.3667	12.3686	12.4391	12.5858	14.9617
Log pseudo-likelihood	−1305.6780	−1157.0447	−1158.5149	−1158.2320	−1466.7579
Pseudo R^2	0.3061	0.3157	0.3154	0.3155	0.3278
样本数	1967	1967	1967	1967	1967

注：括号内为标准误；*、**、*** 分别表示参数估计值在 10%、5%、1% 的水平上显著。

（1）引导型规制的调节效应。模型 1 结果显示，约束型规制、引导型规制以及两者的交互项的系数均为正，并且分别通过了 5%、1% 和 10% 的显著性水平检验。这表明引导型规制在约束型规制提升环境治理满意度中发挥了正向调节效应，假设 7-2 得到了验证。同时，这也意味着约束型规制和引导型规制在提升农户环境治理满意度中发挥了互补效应，两者相互补充、相互促进，共同影响农户环境治理满意度。

（2）村庄治理效能和干部工作能力的调节效应。模型 2 和模型 3 结果显示，只有引导型规制与村庄治理效能以及干部工作能力的交互项的估计系数正向显著。这表明村庄治理效能和干部工作能力仅在引导型规制影响农户环境治理满意度中起到了显著正向调节作用，即所在村庄治理效能越好或干部工作能力越强，引导型规制对于农户环境治理满意度的提升效应越大，假设 7-5 得到了部分验证。对此，可能的原因是：相对于约束型规制政策措施的强势性和刚性，看似务虚的引导型规制在达成社会环境共识、提高公众参与质量、促进村民遵规自觉等方面可能更容易发挥其特有的"软优势"，村民更容易从心理上接受并外化为更高的环境治理评价。

（3）环保意识的调节效应。模型 4 结果显示，只有引导型规制与环保意识的交互项的估计系数正向显著。这表明环保意识仅在引导型规制影响农户环境治理满意度中起到了显著正向调节作用，即农户环保意识越强，引导型规制提升农户环境治理满意度的作用越大，假设 7-8 得到了验证。

（4）村庄治理效能的中介效应。上文结论显示，并未发现村民参与对农村环境治理满意度存在显著的直接影响。根据假设 7-6b，接下来需要进一步验证村民参与是否通过提升村庄治理效能进而间接影响环境治理满意度。表 7.2 模型 2~模型 4 已经表明，村庄治理效能显著正向影响农村环境治理满意度。根据中介效应检验的思路，下一步只需要检验村民参与是否会对村庄治理效能产生显著影响即可。为此，模型 5 分别以村庄治理效能和村民参与为因变量和自变量进行回归，结果显示，村民参与的估计系数显著为正，并通过了 1% 的显著性水平检验。这表明村庄治理效能起到了中介效应，村民参与通过增强村庄治理效能进而显著提升了环境治理满意度，假设 7-6b 得到验证。

7.4 结论与启示

7.4.1 主要结论

基于安徽、江西、河南、湖北、湖南、广西、重庆以及四川等 8 个省

（自治区、直辖市）157 个村庄 1967 个农户调查数据，采用有序 Logit 回归模型探究农村环境治理满意度的影响因素及其作用机制，得出如下结论：

（1）约束型规制、引导型规制、村庄治理效能、干部工作能力以及个体受教育水平和环保意识均显著正向影响农村环境治理满意度。

（2）环境规制和道德教育对农村环境治理满意度的影响存在显著的群体异质性。其中，约束型规制仅对具有较高受教育水平、较高收入水平以及身体健康农户群体的环境治理满意度存在显著正向影响，而引导型规制则对不同受教育水平、不同收入水平以及身体健康农户群体的环境治理满意度均存在显著正向影响。此外，道德教育仅对具有较低受教育水平和较低收入水平农户群体的环境治理满意度存在显著正向影响。

（3）引导型规制在约束型规制影响农村环境治理满意度中发挥了显著的正向调节作用；而村庄治理效能、干部工作能力和环保意识则在引导型规制影响农村环境治理满意度中发挥了显著的正向调节作用，三者进一步强化了引导型规制政策的治理效果。此外，村庄治理效能在村民参与和农村环境治理满意度之间发挥了显著的中介作用，即村民参与通过增强村庄治理效能进而显著促进了环境治理满意度的提升。

7.4.2　政策建议

基于以上结论，我们从四个方面提出如下建议：

（1）应重视不同类型环境规制政策及其组合在农村环境治理中的作用，协调好约束型规制与引导型规制在农村环境治理、农户行为规范等方面的关系。既要因地制宜，构建起约束型规制与引导型规制相互支撑、相互融合的政策互动机制；又要靶向施策，依据村庄及其村民群体的具体特征，充分发挥不同环境规制政策对不同村庄、不同村民群体的引导、激励与约束作用，为当地环境治理提供精准化的政策支持与保障。

（2）应重视道德规范在农村环境治理中的作用。深入挖掘乡村优秀传统文化中蕴含的生态环保理念与智慧，充分发挥先进典型、乡贤能人等在农村环境治理中的示范引领作用，通过开展生态环保示范村、示范户创建评选等活动，引导村民特别是较低受教育水平和较低收入水平村民树立生态道德伦理、遵守环保道德规范，并促使其转化为保护环境的思想自觉与行动自觉，全面提升农村环境治理文化软实力，厚植乡村绿色低碳发展的生态底色，营造人人行动、户户参与、村村争先的乡村环保新风尚。

（3）应重视村干部队伍和村"两委"班子建设，拓展村干部选拔渠道，加强村干部人才的制度化选聘、流程化培养以及非正式吸纳的力度，不断优化村"两委"干部队伍的人才结构。通过学习培训、实践锻炼、政治历练等多种途径来提升基层干部的履职、攻坚能力，夯实基层环境治理根基；同时，建立健全基层干部环保政绩考核制度和部门环保绩效考核机制，建立起责任明晰、执行有力、激励有效、约束有度的环境治理激励与约束机制，强化党员干部在农村环境治理中的"领头羊"效应，为稳步提升基层环境治理效能提供持续动力。

（4）应拓宽村民参与环境治理渠道，建立健全"一元主导、多元协同"的环境治理参与协商机制，充分保障村民在农村环境治理中的知情权、决策权、参与权和监督权等合法权利，全面提升村民参与环境治理的广度、深度及效度，凝聚起农村环境治理强大的向心力和行动力，不断提升广大农民群众对农村环境治理的满意度、获得感和幸福感。

| 第 8 章 |

凸显村民主体特征的农村环境治理
模式及其地方实践

　　近年来，伴随着我国农村经济社会的发展与农村基层治理改革的稳步推进，农村地区居民环保意识与环保素养明显提升，这为农村基层环境治理模式转型与创新创造了积极条件。从实践来看，当前全国有不少地区已经就农村环境治理模式进行了大胆的探索与实践尝试，逐渐形成了具有各自特色的凸显村民参与主体特征的农村环境治理新模式。这些典型模式及其成功实践为农村环境治理注入了强劲的动力，为我国现行农村环境治理模式转型积累了宝贵的经验。本章重点分析农村环境治理中凸显村民主体特征的积分制模式、内源驱动型模式和共同体模式三类成功实践模式，解析其实践特征及其主要做法，为探寻更具普遍意义的凸显村民参与主体特征的农村环境治理创新模式及其实践路径提供案例借鉴与实践指导。本章研究的第一手数据资料主要来自笔者及课题组成员对于所选案例地区的实地调研期间针对乡镇主要干部、村"两委"成员及村干部、驻村工作队成员以及村庄社会精英、普通村民等主体展开的结构化访谈、半结构化访谈、问卷调查、参与式驻点观察以及为补充和完善资料进行的微信、电话交流与沟通。第二手数据资料主要来自所选案例地区公开的以及未公开的内部文件文稿、会议记录、环境治理各部门及各阶段总结材料、检查考核材料、环境治理台账等,同时通过收集与之相关的政策法规与指导文件、环境治理典型举措、典型案例与经验介绍等网络信息数据和资料,在验证资料的可靠性后作为补充。

8.1 凸显村民参与主体特征的农村环境治理成功模式

8.1.1 积分制模式

积分制是一种"以人为本"的社会治理制度,最早主要应用于工商管理和教育教学领域。随着市场、社会等治理主体的逐步唤醒及其诉求的增加与多元化,社会治理的复杂性日益凸显。传统的治理模式在应对日益复杂化的社会治理需求时的弊端日益显露,基于政府单一主导的行政管理向多主体共同参与的多元共治转变的诉求越来越强烈。在此背景下,积分制作为一种社会治理创新模式,被引入社会治理领域后逐渐成为应对基层复杂环境问题的有效治理工具。

农村环境治理积分制模式是一种以积分为核心的典型的凸显村民主体特征的基层环境治理创新模式。它通过建立信息库,将治理对象的社会福利和资源与一定的积分挂钩，以积分的累积与兑换形式将治理对象的行为、表现量化为具体的积分。通过为正向行为加分、为负向行为扣分的方式，激励基层社会成员展现积极环境治理行为的同时，也对不良环境行为进行约束。通过这种积分的增减反映治理对象行为的社会效用，并促进治理对象行为与环境社会目标的一致性，以实现对其行为的定量评价和对基层环境治理效果的量化管理。其目标在于通过正向引导下的积分激励及其背后物质或者精神奖励来调动社会成员参与农村环境治理的积极性与能动性，动员社会力量主动参与农村环境治理实践活动，引导社会成员向着既定的社会治理目标努力，并做出有利于社会整体福祉的行为选择，最终形成多元参与、协同共治的环境治理局面。在基层环境治理实践中，积分制模式对于破解村民主体参与意识不强、参与内生动力不足、关键主体缺位等问题发挥了显著而重要的作用。

8.1.2　内源驱动型模式

农村环境治理内源驱动型模式是指以内生性的利益诉求、文化传统、价值观念、自治精神、村庄内部结构及组织力、使命意识、担当精神、道德和责任感等内在因素驱动的农村环境治理模式。内源驱动型农村环境治理模式的理论依据来源于内源式发展理论。从形式来看，内源驱动型农村环境治理模式强调环境治理及发展需要以农村本土内部为基点，实现本地农村环境善治的最好途径是将本地人即村民作为农村环境治理的主体，使村民成为农村环境治理活动的主要参与者和受益者。内源驱动型农村环境互动式共治模式的核心是通过赋权与参与，确保村民在环境治理中拥有决策权、管理权、监督权、参与权、评价权、成果享有权等等，激发和利用村庄内部环境治理的内在动力，打造集互动互补、互帮互助、协同合作，以及广泛、深度参与等特征于一体的环境治理社会形态。从价值取向来看，内源驱动型农村环境治理模式追求的是涵盖自治、生态、社会、文化、经济等在内的村民环境治理中的多维基本权利的实现及多元并举的整体性价值目标。其中，自治权和自治能力是根本和核心所在。即农村环境内源驱动型治理的最根本的价值取向是以实现获"渔"为目的，激发源自乡土社会内部关键主体的内在动力，促使村民关键主体在环境治理参与过程中积累环境治理资本和提升包括沟通协调、信息处理、共识构建、决策制定、资金筹措等在内的各项可行能力，从而实现农村环境的长效治理。该模式强调的是"乡村本土村民主体能够获取并提升自我环境治理可行能力，使之能够接续并持久地实现环境的自我治理"。内源驱动型农村环境治理模式倡导在获取和提升自我治理能力的同时，还要兼顾生态、社会、文化、经济等各方面综合效益。生态效益包括生态平衡和自然资源的可持续利用，确保本土生态系统的健康和生物多样性；社会效益包括促进村庄内部凝聚力和社会稳定，使村民在环境治理中得到公平对待，增强社会公正和福祉；文化效益包括保护和发扬农村的传统文化、知识和习俗，尊重并利用乡村本土文化在环境治理中的作用；经济效益包括通过可持续的环境治理提升乡村社会本土的经济发展能力，使村民在环境改善中获得经济收益，实现环境改善与经济发展的双赢。在这种模式下，环境治理的目标不仅是解决环境问题，更是通过环境治理推动社会整体进步，实现人与自然和谐共生。内源驱动型农村环境治理模式强调本土知识和实践的价值，认为治理的可持续性来源于乡村本土社群的自我管理能力和内在动力。因此，政策制定者和环境管理者需要深入了解并尊重乡村社会治理的内在逻辑，制定与之相适应的治理机制，充分激发和运用乡村社会的内源性动力，结合一定的外部支持，形成符合本地特色的成功模式，以实现真正意义上的农村环境长效治理。

8.1.3 共同体模式

"社会治理共同体"的概念是习近平总书记在 2019 年中央政法工作会议上首次提出的。党的十九届四中全会提出"必须加强和创新社会治理，完善党委领导、政府负责、民主协商、社会协同、公众参与、法治保障、科技支撑的社会治理体系""建设人人有责、人人尽责、人人享有的社会治理共同体"。这一理念为构建由党组织、政府、市场、社会、民众等多元主体共谋、共建、共治、共享的农村环境治理共同体提供了方向和遵循，为有效破解我国农村地区环境治理难题，推进农村环境治理现代化指明了道路。农村环境治理共同体是指基层党组织、政府部门、企业、社会组织、公众等多元环境治理主体基于权责对等、互动协商、共治共享的原则，基于长效解决农村环境污染问题、回应环境治理诉求的共同利益目标，而形成的相互依存、相互促进且关系网络稳固、灵活的社会有机体。农村环境治理共同体以生态共同体主义为核心价值导向，追求多元治理主体之间的积极互动、协商与合作。这种治理模式不仅超越了简单的政策执行，而且寻求将环境保护理念内化于每个参与成员的行动中，在更深层次上建立起环境责任感和环境治理共生关系。它至少体现了两个方面的重要特征：一是开放性，即确保环境治理过程包容各种声音和利益，保护每个参与成员的表达权和参与权；二是动态性，即共同体能够随着环境变化和新的治理挑战而不断适应、调整和优化治理策略，提高治理效率和效能。

共同体模式是政府主导下的凸显村民参与主体特征的农村环境治理的典型模式与生动实践。著名社会学家麦基佛对共同体的定义强调了地理邻近性与人际连接性，将其视为共生共处的人际网络，这一概念在农村环境治理中尤为关键。共同体不仅是共同生活的空间集合，而是以共享利益和集体意志为纽带的社会组织形态。这两个维度对于理解农村环境治理共同体的形成和演化极为重要。基于这一认识，在农村环境互动式治理情境下，环境治理共同体的形成应建立在多元参与主体共同利益的达成与实现的基础上。这里的共同利益不仅包括生态利益，也包括经济利益、社会利益、情感满足、文化认同等多方面。

在农村环境治理共同体的治理实践中，政府部门、各级党组织、党员、社会与志愿组织、经营主体（股份合作社、村企业主）、群团组织、村民等参与主体对环境治理生态共同利益（如生活质量提升、绿色发展等生态福祉）达成环境治理共识。这种共识不仅是理论上的认同，更是通过日常经验获得的实证感受，它激发了各方面对于维护共同生态福祉的内在动力和自觉行动。首先，生态共同利益的认同是农村环境治理共同体形成的基础与核心要素。在这一共同利益的引领下，参与主体特别是村民参与不再是被动遵循规定的单一行动者，而是变成了积极投入、共担责任的伙伴。这种转变意味着每个参与成员都将环境治理视为自己的事业，愿意为了共同的绿色家园投入资源、劳动、时间和努力。同时，共同体成员在实现生态利益的同时，也在通过参与和实践过程塑造和强化自己的环境伦理观念。这种生态意识的提升，对于推动建立稳固的环境治理组织网络起到重要作用。其次，文化认同与情感归属是建构农村环境治理共同体的价值基础与精神需求。文化和情感元素作为环境治理参与主体主观意志的重要组成部分，在认识和促进共同利益的达成方面也发挥着至关重要的作用。文化传统和价值观有助于形成共同体成员间的默契和信任，而情感联结则促进了成员间的团结和协作。这是推动多元主体在环境治理过程中互动合作的内在驱动力。因此，构筑农村环境治理共同体时，需要细致地考量和满足不同治理主体特别是村民主体在利益、文化和情感方面的内在需求与价值诉求。农村环境治理共同体的建立，既是一个利益整合的过程，也是一个文化交流和情感建构的过程。而不论是利益整合还是文化交流抑或情感建构，都强调不同参与主体之间以及村民主体内部之间的互动关系与互动行动，以及这些互动关系与互动行动如何塑造治理结果的重要性。

8.2　农村环境治理成功模式的地方实践及主要特征

8.2.1　积分制模式的地方实践及其主要特征

积分制被应用于农村基层环境治理兴起于浙江、甘肃等省域，随后拓展到安徽、湖南等大部分省域。由于各地区乡村公共治理生态以及治理的组织基础与社会基础的差异性，农村环境治理的积分制模式在不同的地方呈现出不同的形式，在具体的环境治理实践中进一步拓展和创造出具有不同特性的地方性环境治理样态。其中，浙江贺田生活垃圾分类 3.0 模式、安徽黄山"生态美超市"模式等都是比较成功的典型模式，这些模式具有较强的推广价值与借鉴意义。它们在农村环境治理领域的实践成功，彰显了在农村环境治理领域推广凸显村民参与主体特征的农村环境治理积分制模式的实践可能。

8.2.1.1 "贺田模式"

贺田村是位于浙江省龙游县南部的一个非常普通的山区村庄，区域面积 5.98 平方千米，全村下辖 10 个自然村，9 个村民小组，全村 1513 人，366 户。[①] 村民收入在当地长期处于中下水平。由于村庄早期集体经济长期流于形式，村民环保意识不强，道路狭窄坑洼不平、房前屋后垃圾成堆、露天粪坑茅厕遍布、蝇蚊肆虐臭气熏天、脏水污水四处横流是该村开展环境集中整治之前的真实写照。2008 年以来，该村在村支书劳光荣的带领下，抓住浙江省大力开展"千村示范、万村整治"工程（即"千万工程"）建设的政策契机，立足本村实际，分层分类推动实施了"露天粪坑整治工程""村庄清洁工程""康庄大道建设工程""绿化美化工程""生态富民工程"等系列以改善本地生态环境、提高村民生活质量为核心的村庄整治建设专项整治行动，取得显著成效，促进了该村向"衢州第一干净村""浙江省卫生村""浙江省绿化示范村""浙江省民主法治村""国家级生态村""国家级文明村"的蜕变。特别是 2010 年以来，贺田村创立了一种以"源头分类可追溯、定点定时投放、减量处理再利用"的保洁机制为基础的农村垃圾分类互动式治理模

---

① 浙江政务服务网——乡镇街道简介［EB/OL］. https：//www. zjzwfw. gov. cn.

式，在全国范围内产生了显著的影响，被誉为"贺田模式"而声名远播。该模式以垃圾源头分类为基础，要求村民在垃圾产生时就进行分类，以便追溯垃圾的来源和性质。村民按照规定的时间和地点投放垃圾，确保垃圾收集和处理的高效性。同时，该模式还注重减量处理和再利用，通过科学处理垃圾，将可回收物和有机物进行再利用，减少对环境的影响。这一模式的成功在于其垃圾治理过程中蕴含的多维度的互动机制，凸显了村委会主要负责人在农村垃圾分类治理中的核心领导作用和农村居民在农村垃圾分类治理中的核心参与作用。该模式依靠村庄内部自组织的自治机制、适当的积分奖励与经济激励、基于乡土民情基础上的村规民约等，激发村民主动参与垃圾分类的热情，并释放村民参与环境治理的内生动力，使得村民积极参与到垃圾分类和治理过程中，并形成了村民、村委会和相关部门、主体之间的合作与互动，进而实现农村环境的长效治理。

"贺田模式"是凸显村民参与主体特征的农村环境治理的成功实践，为其他农村地区的垃圾分类治理提供了有益的启示和宝贵的经验与借鉴，其成功实践主要体现了如下几个方面的典型特征：

（1）创新管理机制，层级联动充分动员和调动政府主体、农民主体和社会力量参与农村垃圾治理。浙江在"省－市－县"三级政府层面全面建立了"政府主导、农民主体、部门配合、社会资助、企业参与、市场运作"的农村人居环境治理建设机制。实施农村人居环境治理"一把手"责任制和层层抓落实的工作推进机制。把农村人居环境整治工作成效纳入当地党政干部的年度绩效考核中，并且加强生态环境、环保、农业农村、财政、国土、住建等多部门的横向协作，全面打通农村人居环境治理资源、信息、职责等方面的屏障与隔阂，构建了多个部门跨界协调联动、信息资源互联互通的协作共享机制。明确政府在农村人居环境治理中的规划职能、政策支持、组织动员、示范推广责任，打破了传统农村人居环境碎片化治理的困境。县政府以村为单位，在县域全面推广和支持建设"村情通"信息平台，将村务公开、人居环境治理等多项信息掌上化、电子化，线下建立健全不定期走访巡察制度和群众随手拍信息发布平台，实时掌握村庄人居环境治理民情、社情和即时进展。在激发农民主体性方面，乡镇基层政府和村委始终注重发动群众、依靠群众，从鼓励和发动村民开展房前屋后庭院卫生整理与清理，全面建设"清洁庭院"，到因地制宜鼓励村民自己动手种植花草果木、提升庭院景观，建设"美丽绿化庭院"，都始终坚持遵循政府引导发动，村民自己动手参与建设的思路。同时，完善多元主体参与引导机制，通过垃圾分类积分制、"门前三包"等，激发农民参与环境治理的积极性、主动性和创造性。此外，注重发挥基层党组织以及工会、共青团、妇联等群团组织在垃圾分类治理中的引导示范、宣传动员与纽带作用，通过学习宣传、积分评比、彰树典型等方式，广泛动员、引导、支持与村庄有关联的社会各界力量、村庄经济精英、社会精英等关心支持村庄人居环境治理，有效整合资源，形成一个多方参与、相互促进、互动互融的农村垃圾分类治理大格局。

（2）建立了凸显村民参与主体特征的有效的垃圾分类治理运作机制。贺田村立足本村实际，创建了以"源头分类可追溯、定点定时投放、减量处理再利用"的保洁机制。首先，在推进垃圾分类收集环节采取身份识别措施，把好源头与垃圾身份关，推进垃圾分类收集。贺田村早期的垃圾源头分类通过不同颜色和不同编号的分类垃圾袋进行，这种编码方式就如同给垃圾贴上了身份标签，做到了垃圾来源可追溯。标记了身份的垃圾袋方便了保洁员的日常监督，能够及时发现和纠正投放不当行为。现在贺田村则引入了"村情通"App 平台，每家都配置了一个专属的垃圾分类收集二维码，通过扫描二维码来进行身份识别和开展绿色积分与评分，促进村民规范投放垃圾。其次，在垃圾投放与垃圾清运环节设置固定投放点和时间段，推动垃圾定点定时投放和集中清运。为了有效地满足不同区域的垃圾分类需求，并提高垃圾分类的精细化管理水平，贺田村依据村庄人口密度、道路交通、产业特点、住宅类型等情况科学划分垃圾分类责任区，合理布局投放点。经过征求村民意见和充分论证，贺田村在全村域划分了 5 个垃圾分类责任区，下设 24 个垃圾投放点。确保投放点的覆盖范围充分和布局均衡，方便居民投放垃圾，减少投放过程可能产生的环境污染。并且在投放点附近设置分类指导牌、垃圾投放标识等，提供垃圾分类的指引。同时，该村对村民垃圾投放时间段和保洁员垃圾清运时间段予以明确规定。标记了身份的垃圾袋也便于保洁员及时监督村民是否定点定时定类投放垃圾，确保村民在合适的时间段内集中投放垃圾以及保洁员在固定的时间段内进行垃圾清运，减少投放点垃圾的积压和滞留时间，保持环境的整洁和卫生，提高垃圾处理的效率和质量。最后，在垃圾处理环节进行二次分类，推进垃圾减量处理再利用。保洁员在收集后对垃圾进行的再次分类处理，例如，可将可回收垃圾进一步细分为纸张、塑料、玻璃等不同种类，将有机垃圾进一步分为厨余垃圾和园林废弃物等。部分有机垃圾用于还田还山资源化利用，可回收垃圾经出售转化为经济价值，建筑垃圾被再利用于地形修复和土地再造，有害垃圾则被安全转运至乡镇集中处理以确保环境安全。这样的二次分类将有助于减少垃圾的总量，降低环境污染，促进资源的可持续利用。由此可见，可追溯、减量化、资源化、经济化、无害化这一垃圾分类运作机制，全面畅通了村庄垃圾的产、收、销、用渠道，村庄垃圾清运成本大大降低，有效破解了村庄垃圾总量大、清运难、终端处理成本高、村庄财力有限的难题。

（3）以村规民约为基础建立起了有效的村庄垃圾分类制度体系。在农村垃圾分类的治理实践中，村民不仅是参与者，同时也是治理成果的直接受益者。"贺田模式"中，村民积极参与垃圾分类的过程呈现了一种自我觉醒与自我驱动的特征：从提升个人环保意识、转化为具体的环保行动、到对环境权益的追求和践行，具有明显的由个体到社群、由外驱到内驱的发展轨迹，这得益于村庄以村规民约为基础建立起来了一套行之有效的村庄垃圾分类治理制度。首先，在推动共识形成方面，基层党组织起着至关重要的作用。村庄将村户垃圾源头分类、定时定点投放、资源化利用、责任追溯、奖励惩罚等一系列约束村民卫生行为的要求全部纳入村规民约中，村支书和其他党员干部采取多元化的动员与宣传策略——组织召开妇女大会、举办专家讲座、分类召开户长会议、发动社会精英以身示范等进行多方面的发动、宣传与协商交流，将垃圾治理村规民约和行为规范清晰地呈现给所有村民，强化村民自律，使村民全面理解垃圾分类机制，认同垃圾分类，支持垃圾分类，确保垃圾分类治理的理念深入民心。其次，在激励与惩罚层面，村里划定了农户卫生责任包干区，实行党员干部分区包干制和村户卫生责任包干制。将党员干部负责区域的环境卫生积分与评比情况纳入其每月绩效考核。与每家每户签订"畜禽圈养""门前三包"等环境卫生责任协议，对村民垃圾处理和环境卫生方面的责任进行了规定，对于违反规定的行为严格执行惩罚制度。在此基础上，全面实行积分激励制度，建立"垃圾分类公益超市"，村民通过积极参与垃圾分类获得对应的"绿色积分"，并根据得分情况分别获得不同等级的物质与精神奖励。在此基础上，强化监督机制，建立了"村'两委'不定期监督—责任区日常监督—保洁员日常监督—村民相互监督"的多层级低成本的有效的监督体系。通过将监督责任分散到不同的层级，可以实现垃圾治理监督的全方位覆盖，避免监督漏洞和责任推卸。这种体系发挥了不同监督主体的优势，实现协同合作和相互制约，提高了监督效力。此外，建立治理成果共享制度。垃圾分类治理的成功撬动了贺田村人居环境的全面治理与大力改善，村民生活条件与质量大幅提升，凭借"国家级生态村""国家级文明村""浙江省绿化示范村"等荣誉，以及农村垃圾治理"贺田模式"的显著影响，贺田村大力发展生态旅游项目，不仅为村庄带来了显著的经济收益，也为村民提供了就业机会和增收途径，村庄集体经济得以增强，村集体和村庄农户收益得到大幅增长，实现了人居环境治理与经济发展和收入增长的良性循环，这反过来进一步传播和强化了村民的环境治理"共识"，激发了他们参与环境治理的内在动力并付诸实质性行动，进而推进了农村人居环境的长效治理。

近年来,农村垃圾分类的"贺田模式"不仅在贺田村取得了显著成效,还在浙江其他乡村得到了借鉴、拓展和创新,涌现出来诸多"贺田模式"的升级版和创新版。例如,浙江平湖市通界村结合村集体经济组织成员每年度在全国文明城市创建、垃圾分类、环境治理等村中心工作中的表现情况,探索出"股份分红+善治积分"的收益分配激励模式。该模式的创新之处在于将农村集体经济收益分配与村民环境治理积分情况结合起来,环境治理积分所带来的实际经济回报,有效激发了村民积极参与环境治理工作的积极性和主动性,提升了村民参与环境治理的广度和深度。2020 年该模式入选全国乡村治理积分制推广八大典型案例之一。近年来,越来越多的乡村在借鉴、推广和升级"贺田模式"的过程中,通过"小积分"撬动"大治理",走上了"贺田式"的绿色发展与共同富裕道路,而这也正是农村人居环境治理与和美乡村建设的最终目的所在。

8.2.1.2 黄山"生态美超市"模式

新安江流域地处安徽与浙江两省交会之处,是全国首个跨省流域横向生态补偿机制的实施区域。21 世纪初,处于新安江流域上游的黄山市在加速推进城镇化、工业化过程中,大量的污水和未经处理的垃圾经新安江直接流入千岛湖,浮在水面、扔在岸边、挂在树上乃至沉在水底的各式各样的垃圾随处可见,给新安江和千岛湖的水质以及沿江村民的生态环境带来了严重的威胁。在此背景下,2016 年 7 月,位于新安江源头的休宁县流口镇流口村创建了第一家"垃圾兑换"超市,意在通过"用垃圾兑换小商品"的方式,巧妙地将流域环境治理、废弃物利用与村民福祉相结合,让村民们将垃圾、废弃物转化为实实在在的好处,鼓励沿江村民积极参与垃圾分类和流域生态环境治理。这一创新性尝试不仅极大改变了所在村庄居民随手扔垃圾、沿江倒垃圾、沿岸堆垃圾的不良习惯,而且极大地提升了村民们参与流域生态环境治理的积极性,有效地推动了村庄环境与沿江区域环境的整洁与美化,有力地促进了居民良好公共道德风尚的养成。此后，该地区在进一步的实践与探索中，将"垃圾兑换"超市转型升级为"生态美超市"。这一升级不仅是名称上的变化，更是服务内容和管理体系上的多方位革新。"生态美超市"不仅提供传统的"垃圾兑换"服务，而且还增设了环保知识宣传、资源循环利用、环境治理动员、绿色生活方式推广、积分银行建设等多项功能，进一步使之成为所在地区环境教育和环境治理参与动员的便捷平台，在提升公众环保意识、促进资源循环利用、鼓励村庄内部的绿色实践方面起着核心作用。通过这样的综合治理策略，"生态美超市"不断激发和维持村庄成员对环境质量共同责任的认识，进一步提高了村民的环保意识和参与度，同时也加强了村民之间的互动与合作，有力地促进了垃圾分类和资源回收利用，大力提升了沿江流域农村地区环境治理质效。2018 年开始，"生态美超市"先后在新安江流域和黄山市得到全面推广。2021 年 1 月，黄山市印发《黄山市生态美超市发展规划》，提出了"生态美超市"建设与发展的总体战略、功能定位与规划目标，明确了地区"生态美超市"短期、中期和长期发展蓝图与推进举措。截至 2023 年 1 月，"生态美超市"在黄山市得到全面推广和覆盖，全市共建成"生态美超市"345 家，年兑换垃圾 800 吨、兑换商品物品价值 650 万元。① 目前，"生态美超市"项目在黄山地区农村环境整治、畅通社情民意、加强舆论营造、引领文明风尚中的多重叠加效益日益凸显、深化与拓展，其在黄山地区基层治理中所扮演的角色已远超其初衷，其经验和模式将在更广泛的范围内得以推广与应用。

安徽黄山新安江农村环境治理"生态美超市"创新模式是凸显村民参与主体特征的农村环境协同共治的成功实践。其实践成功主要体现了如下几个方面的典型特征：

（1）以生态补偿机制与农村垃圾分类兑换激励引导机制相结合，创新参

---

① 黄山市首创推广"生态美超市"引导公众参与保护美丽新安江［EB/OL］. https：//www. huangshan. gov. cn/zxzx/ztzl/rdzt/xajqdhstbhbcsyqzt/gzdt/8384002. html.

与机制，引导关键主体积极主动参与农村环境治理。"生态美超市"是黄山地区在新安江流域生态补偿机制试点工作中逐步探索并建立运营起来的"垃圾兑换"超市的拓展版和升级版。一方面，通过实行"积分换物"经营模式，明确回收物兑换标准和商品价目，由超市业务员对其进行清点、核算、兑换，并引导村民分类投放至指定垃圾桶内，实现垃圾分类、回收与利用。另一方面，采取绿色账户即"积分存折"，不论是村民收集垃圾还是护河禁渔、环境保护宣传与教育、水源清洁、环保投工投劳等环保行为都可折合成相应积分，计入个人"生态美超市"的绿色账户。村民根据绿色账户上的积分可以到"生态美超市"兑换相应价值的毛巾、洗衣粉、盐、肥皂等生活物品，积分可以零存整取，也可以转赠他人。"生态美超市"作为该地区一种创新性生态补偿机制实践，通过动员村民以垃圾兑换物品、变废为宝得实惠以及绿色账户的激励，引导村民积极参与到流域生态补偿和地区人居环境治理中来，极大改变了村民原来随手丢垃圾、沿江倒垃圾、沿岸堆垃圾的不良习惯，激发了村民参与环境保护与治理的积极性，真正实现让村民从"台下看戏"向"台上唱戏"转变，有力地促进了沿江流域及村庄生态保护、环境美化和良好风尚的养成。同时，"生态美超市"以低治理成本优势撬动村民环境治理参与和公共精神培育，有力推进了黄山地区"变被动保护为主动参与，变末端清理为源头减量，变利益驱动为自觉行为"的生态保护与环境治理目标的实现，强化了农村居民在生态补偿和农村环境治理活动中的核心参与角色。其主要依靠物质奖励和绿色账户积分来激发村民主动进行垃圾的分类与集兑，其效能与延续性则取决于激励措施的实用性和持久性。"生态美超市"的日常运作以村民主体的物物交换形式进行，这不仅促进了资源的循环利用，为村民生活提供便利，还巧妙地将环保意识融入村民生活的每一个细节。村民自主参与成为推动力，垃圾分类变身为一种村庄共建行为，进而，它深植了一种潜在的环保意识，营造了村民对环境责任的持久认同和内在化追求，有力促进了所在地区人居环境治理与文明乡风建设的良序运行。

（2）行政治理与基层自治相结合，通过优化管理机制、完善激励与考评机制、强化日常监督机制等，确保"生态美超市"的有效运行。为确保"生态美超市"的良性运营，乡镇政府、村委和村民代表等紧密协商与合作，"生态美超市"兑换物品的供应商以及回收物处置的服务商，通过政府公开招标采购的方式予以确定，规范"超市"的日常采购与经营行为及治理末端回收物的处置工作，实现可回收物的循环再利用。为丰富"生态美超市"的功能，按照"三合一"模式，在"超市"设置垃圾兑换窗口、便民服务窗口与文明宣教窗口，充分发挥"超市"垃圾"三化"（减量化、无害化、资源化）处理中转平台、便民惠农平台、环保宣传教育平台等多维综合作用。同时推进实行超市会员制、积分制，将"门前三包"、庭院美化、便民服务、志愿服务、护河禁渔、文明家风示范与乡风引领等融入其中，不断完善"生态美超市"的外延和内涵。基层乡镇、村"两委"、党员等积极发挥模范带头作用，将党的建设与信用村建设相结合，创设了包含超市会员制、积分管理制、生态文明教育制、扶贫济困激励制与生态红包奖励制在内的人居环境治理"五大工作机制"，这些机制的实施不仅保障了"生态美超市"服务的质量和效率，也强化了管理的透明度和连贯性，确保了"生态美超市"日常运营的高效、稳定与有序。同时，也充分调动了村"两委"、村民参与生态环境保护的积极性，每位村民都成为积极的环保实践者与保洁行动者，为推动地区绿色发展和构建和谐社会注入了新动力。此外，政府主导下多元化的融资策略为"生态美超市"的运营提供了稳健的资金支撑，为超市的持续稳定运营奠定了坚实的财政保障。从激励与考评机制来看，首先，村委会建立了统一的绿色积分网络平台，每个村民都可以及时查看和核实自己以及其他村民的绿色积分。村委会根据村民的"绿色账户"累计积分情况定期开展金、银、铜牌会员评选工作以及季度、年度"生态美之星""美丽庭院""十星清洁户"的评选活动，以激励村民持续参与农村环境治理工作；对于绿色积分严重靠后的村民，村委党员干部和群众代表通过德治等柔性方式进行引导和规劝。其次，乡镇政府定期对在环境保护、产品质量、社会责任等方面表现优秀的"生态美超市"以及累计积分排名靠前的村庄进行奖励，包括财政补贴、荣誉称号、宣传推广等方式，以激励超市持续改进和提供优质的服务，激励村庄积极统筹村民的绿色积分行动，推进村域人居环境治理。最后，县级政府对各乡镇"生态美超市"建设运营管理工作进行季度量化评分，并将考核结果纳入乡镇年度目标考核，激励乡镇政府也要切实采取行动，关心、支持和帮助"生态美超市"建设运营和村民环境治理参与。从监督机制来看，所在地区构建了纵向（行政监督）与横向（村民相互监督与社会监督）交织的动态立体监督网络。一方面，绿色积分网络平台上村级积分排行榜的建立和使用，为村民之间的相互监督提供了便利，而推优评比中评选过程和评比结果通过村委公示栏进行公示，另外，通过绿色积分网络平台进行公示，广泛接受社会监督。这种通过环境治理群体效应和社会监督的认同，让村民们形成环境参与行为的自我约束和相互监督，持续地激发出村民内心的正能量，使得村民积极且持续地参与到村庄环境治理中来。另一方面，由县级政府、乡镇政府、村干部及村民代表等人员组成的动态监督小组开展的不定时巡察，也在一定程度上促进了"生态美超市"的规范运营和相关主体的履责尽职。

（3）乡村精英强有力的领导与组织，为"生态美超市"的建立、运营与可持续发展提供了坚实的组织保障。黄山地区以村干部、乡村企业家、合作社负责人、社会知名人士等为代表的乡村精英在"生态美超市"的建立、运营和可持续发展方面发挥了积极而重要的作用。在"生态美超市"筹建期，乡村带头人特别是村干部通过提供明确的建设愿景与目标，制订清晰的建设计划与路线，向上承接乡镇政府、向下承接广大村民，以协调各方资源，获得上级政府与广大村民的认同与支持，推动筹建工作的顺利进行。例如，在"超市"布局选址上，村干部在综合村情民意的基础上，科学谋划，提出按照"标准建设、相对集中、便民惠民"的原则和"有场所、有标识、有人员、有资金、有章程、有标准（积分、分类）、有监管、有考评"的"八有"要求，因地制宜布局和建设"生态美超市"和垃圾回收点，实现"生态美超市"与文明宣教实践中心、便民服务中心等融合互通，确保了布局的科学性和合理性。在"生态美超市"运营期间，乡村精英以身作则，及时解决"超市"运营期间遇到的各类问题和矛盾。例如，为了确保"生态美超市"规范运营，乡村政治精英、社会精英和经济精英等团结协作，制定完善物品兑换制、绿色积分管理制、超市会员制、评选奖励制、文明宣教制等相关制度，并专门配备 1 名管理人员兼职负责"超市"日常监管与维护，推动制度严格落地执行。为确保兑换过程公平、公正，要求管理人员定期对"超市"兑换物品台账、回收积分、会员情况等进行核查清点，每月将"超市"物品采购清单、销售（兑换）物品台账及可回收垃圾出售台账在村级网络平台和村委公示栏进行公示公开。为确保村民文明养成，所在地区乡村精英基于当地实际和乡村特色，以自治、法治和德治"三治"融合，推动村民参与人居环境治理、培养文明习惯，打造文明家风和乡风。例如，黄山港口镇多个村庄的地方精英积极推广以"村规民约"为核心的"村约民治"，组织全面梳理辖区村规民约，指导村民修订涉及人居环境治理和文明养成等村规民约多项，引导村民自治。同时，以村规民约和德治中的"明廉知耻荣辱共识"为核心，建立健全村庄矛盾纠纷调处机制，及时化解村民之间的矛盾纠纷，调节和谐村庄内部社会关系、净化社会风气，推动文明乡风建设。由此可见，乡村精英领导力和组织效能效应的发挥有效保障了"生态美超市"的顺利运营与可持续发展，推动了所在地区环境质量提升与乡风文明建设的良性循环。

"生态美超市"不仅仅是商品交易的场所，更是农村基层环境治理的一种有效创新，是黄山地区推进生态补偿与农村垃圾兑换相结合的凸显村民参与主体特征的农村环境治理的成功实践，是"共建""共治""共享"理念在基层环境治理中的生动体现。

8.2.2 内源驱动型模式的地方实践及其主要特征

随着农村环境多元共治的实践，部分地区在具体的环境治理实践中进一步拓展和创造出具有地方特色的凸显村民参与主体特征的内源驱动型农村环境治理新模式。其中，四川丹棱模式、湖南辰溪的"六自三微"模式都是比较成功的典型模式，这些模式具有较强的推广价值与借鉴意义。它们在农村环境治理领域的成功实践，彰显了在农村环境治理领域推广该模式的实践可能。

8.2.2.1 四川丹棱模式

丹棱县是四川丘陵地区典型的欠发达农业县，全县辖区面积 450 平方千米，辖 5 个乡镇，2023 年，全县户籍总人口为 15.99 万人，常住人口 14.84 万人，其中，城镇常住人口 6.75 万人，农村常住人口 8.09 万人，城镇化率 45.47%。① 丹棱是大雅文化的发祥地。2011 年以来，丹棱县响应四川省委在全省推广"村收集、乡（镇）运输、县处理"的号召，积极推进农村人居环境治理，破解农村垃圾围村、粪污乱排、污水横流等影响农村人居环境的乱象。该县创新实施"一元钱"农村人居环境治理改革，统筹推进"六个全域"即生活垃圾、污水、厕所、农业废弃物、村容村貌、乡风文明治理，成功探索出农村人居环境治理的"丹棱模式"，走出了一条"因地制宜、分类收集、村民自治、市场运作"的农村人居环境治理新路子，最终实现了县域农村人居环境可持续治理。丹棱县分别获评"全国首个农村生态文明家园建设试点县""国家级生态示范区""国家可持续发展实验区""全国农村生活垃圾分类和资源化利用示范县""全国农村有机废弃物资源化利用试点县"

---

① 丹棱概况——社会发展情况 ［EB/OL］. https：//www. scdl. gov. cn/dlgk/shfzqk. htm.

"全国农村生活污水治理示范县"。丹棱模式是内源驱动型农村环境治理的典型案例之一。

丹棱在推进农村人居环境治理的过程中，政府的角色经历了三个阶段的转变：初期阶段是政府单方面主导治理，虽然取得了一定成效但是问题也逐步凸显，政府大包大揽导致财政负担越来越重，村民参与度低，治理成效难以维持。在此情况下，政府开始寻求与村民的协商治理，在采用各种手段增强村民垃圾分类意识的前提下，试行每人每月收取一元钱的环境卫生费，政府补充投入部分资金，由政府聘请保洁承包人，寄以希望通过采取村民自筹和政府财政补贴的方式让村民参与到环境治理过程中来。这一阶段政府虽然减轻了一定程度的财政压力，但是由于政府"委任"下的保洁承包人及保洁员缺乏竞争机制，政府层面也没有组织建立起一个有效的监督体系，导致其服务效率和质量也不尽如人意。在此背景下，政府决定引入市场竞争机制，选定龙鹄村开展试点探索，进行项目制管理、市场化运作治理。保洁承包人通过召开村民代表大会和村民大会，面向全村村民公开竞标确定。由村委会与中标的承包人签订保洁承包协议，明确双方权责，承包人再自行组建保洁员队伍。同时，构建由村干部、承包人、村民共同组成的三方联动的监督机制。村干部负责监督承包人和村民是否履行合同和遵守环境卫生村规民约，承包人和村民共同负责监督村干部是否履职尽责，承包人及其组建的保洁员队伍负责监督村民是否按要求将自家生产的垃圾定点倾倒和分类处理，村民之间相互监督是否按要求倾倒和分类处理垃圾。这一机制确保了村庄垃圾保洁、分类、减量、清运"四到位"。此外，丹棱县采取"督查、考核、奖补"三元手段以实现生活垃圾治理的常态化维护。首先，将乡镇垃圾治理绩效整合纳入年度目标考核体系，并设立明确的奖惩措施，确立了一套严格的考核机制。其次，成立了负责城乡环境治理的专门机构，并实施定期巡察监督制度，对乡镇及村庄的环境治理情况进行季度评比，并选出表现最佳和最差的"十佳"与"十差"乡镇。最后，建立了以财政奖补为手段的农村环境治理奖补机制，根据考核结果对村镇的环境治理工作进行定量的奖励补贴，旨在通过经济激励推动环境治理效果的持续改进。通过规范化监管、动态化激励和常态化财政奖补，大力增强了村镇生活垃圾治理的系统性和可持续性。随着上述系列举措的深度施行与多元主体的深入参与，丹棱县农村生活垃圾污染得到有效治理，农村人居环境得到由"面子"到"里子"的全面改善。丹棱以龙鹄村为样本，成功探索出"因地制宜、分类收集、村民自治、市场运作"的农村人居环境治理"丹棱模式"，最终形成了政府、村民以及市场化的承包人等主体多元共治的互动式人居环境治理格局，全面开启了村镇垃圾治理的新篇章。

在持续优化农村垃圾治理的过程中，丹棱县进一步探索出实现"废物源头减量、中间存储扩量以及终端利用增量"的人畜粪污综合利用模式，通过沼肥转运合作社以及种植业主和养殖业主三方的协作，将人畜粪污转化为增进土壤肥力和作物增产的有机肥料，促进农业废弃物的资源化利用，实现种植业与养殖业的循环绿色发展。此外，丹棱县近年来在农村生活污水处理领域也积极实践创新，成功探索出一种将集中治理与分散治理相结合的双轨并行的农村生活污水治理"1+1"模式。分散处理方面主要是针对农村人口较为密集的区域，建设了小型一体化污水处理设施，在独立农户家中构建湿地池，利用生态原理进行污水净化。集中处理策略则侧重于在各乡镇建立较大规模的污水处理站，采用高效的一体化处理技术，进行生活污水集中治理。"1+1"模式相互补充，确保了污水治理工作的系统性、连续性和全覆盖。

纵观农村人居环境治理"丹棱模式"的形成历程，可以发现该模式具有如下几个鲜明的特点：

（1）政府能够及时响应并根据情况的变化适时调整自身的角色和功能，为人居环境治理提供强有力的外驱力。政府角色从一元主导者到二元主体中的合作者再到三元主体中的协作者、监督者与协调者。这一过程中，村民的参与则经历了"基本无参与—被动参与—积极主动参与"的过程，贯彻其中的线索是政府与村民之间信任机制的逐步建立，从政府主导下的大包大揽没有信任，到政府与村民协商治理阶段建立起基本信任，再到三元主体共治阶段建立起普遍信任。其间，丹棱县乡镇政府、村"两委"、承包人、村民代表、村庄精英、村民等众多主体，通过平等参与、互动互融、协商对话等方式实现有效沟通，既强调各主体的环保义务也重视其环境权益，最终促进垃圾治理多元共治格局的形成。

（2）建立起有效的内源力驱动机制和互动式监督机制，破解"集体行动困境"。"丹棱模式"的形成，首先，互动协商始终贯穿于该地区农村环境治理全过程与全领域，建立了比较完备的环境治理程序与运作机制，生成了相对持续的协同合作治理动力，构建起精准识别和吸纳民意、高质量汇集和整合民智、充分落实和有效回应民意的农村环境治理动态实践闭环。在农村环境治理中通过激发村民主体意识、施展村民主体能力、发挥村民主体价值以更加有效地实现环境问题的精准识别、民意的广泛与有效吸纳、民智的充分采用以及政策的有效执行。其次，村庄在其村规民约中就注重村民垃圾治理自主意识的培养和村庄环境治理文化建设，大部分乡镇通过编制顺口溜、快板、舞曲等方式，宣传和强化"谁产生垃圾谁收集""垃圾治理人人有责"的观念。相对于单一教条灌输式的思想教化，这种寓教于乐的方式更容易达到垃圾分类宣教的效果，并且有利于丰富村庄乡土文化，促进了邻里互动以及村民对环境治理的自觉践行，有利于在精神上培养村民的环境治理参与意识和责任感。最后，全面强化和完善了以村规民约为基础的农村环境治理制度建设，建立起政府、承包人及保洁员、村民三方互动监督机制。在"丹棱模式"中，通过村规民约将村干部、村民以及承包人与保洁员纳入一个相互监督的体系中。各村干部组建一个管理监督小组，主要监督村民和承包人是否遵守村规民约和履行承包协议中的规定，承包人及其组建的保洁员队伍不仅监督村民是否按照约定处理垃圾，而且还监督村干部是否充分履行其管理职责。村民并非被动参与者，而是扮演了治理主体的角色，他们既对承包人和村干部的履约履职情况进行监督，也在村民之间实行相互监督，以确保垃圾治理的常态化执行。这种监督模式强调了主体责任和权力的平衡，每个角色在监督链中既是执行者也是监督者，形成了一个监督闭环。这种模式的有效性在于其强化了主体内部的责任感和参与感，也提高了垃圾治理效率和治理满意度。在制度上提供和完善村民参与环境治理的多元渠道，最大限度地避免农村环境治理过程中制度不完善所导致的互相掣肘与内耗的现象，有利于全面形成协同治理的合力。

（3）建立起了奖惩分明的评价机制，为人居环境治理提供持续动力。在丹棱县的环境治理模式中，一方面，通过"一元钱"保洁费用的缴纳，增强村民人居环境治理主人翁意识，另一方面，通过实施一整套综合考核与激励机制，包括定期的考核、持续的督查以及明确的奖励和补贴体系。这些措施既促进了垃圾处理的规范化，也实现了环境治理效果的可视化。村民在享受更加整洁环境的同时，还有机会获得经济奖励、社会荣誉等多样化的激励，这有效地提升了他们的参与积极性。针对违反规定的行为，也采取了一系列惩戒措施以确保规章制度的严肃性和执行力。这一机制不仅增强了村民分类垃圾、主动监督和筹集经费的自觉性，而且还充分激发了乡镇政府、村干部党员、承包人和村民等多方参与主体的积极性，有效地推动了农村人居环境的长效治理。

综上所述，"丹棱模式"的成功，一方面，得益于政府积极有为的引导和支持下合理有效的制度设计、长效多元的资金筹措以及垃圾处理专业技术的应用，这构成了人居环境治理的基础与条件支撑。另一方面，村镇人居环境治理的内生动力源于信任机制、激励机制和监督机制的良性互动。信任机制提升了参与主体间特别是村民群体内部之间的相互预期与合作意愿，激励机制提供了积极参与的动力，而监督机制则确保了规范的执行与责任的落实。这三大机制的有效运作，为环境治理的多元参与主体提供了内在的凝聚力、推进力和规范力，从而保障了治理体系能够自我调适并可持续发展。丹棱地区农村人居环境治理的外在基础条件与内部运行机制的有效结合，构成了一套内源式动力驱动体系，激发并维持参与主体的治理活力，实现政府、市场和社会等多元参与主体在环境治理过程中的有效合作与互动协调，确保各方能够在共同的治理愿景下整合资源、优势互补。这些促进了农村人居环境政府、市场、社会、民众多元共治局面的形成，实现了农村人居环境的长效治理。

8.2.2.2 湖南辰溪的"六自三微"模式

辰溪县位于湖南省怀化市的北部，全县总面积 1990.3 平方千米，辖 23 个乡镇、272 个行政村和 22 个社区，户籍人口 52.42 万人。[1] "六自三微"模式最早源于辰溪县曾家冲村的麻溪自然村，该村与邻近的溪口村在认真落实习近平总书记和党中央关于推进农村人居环境整治工作的决策部署，并深入学习借鉴浙江"千万工程"经验的基础上，持续推进本地农村人居环境整治和美丽乡村建设，不断推进和完善全员、全程、全角农村人居环境治理机制建设，创新探索出农村人居环境治理的"六自"模式，即通过"自组织、自规划、自筹资、自建设、自宣传、自维护"，稳步推进农村人居环境"微建设、微改造、微整治"，充分激发村民"我的家乡我建设"的环境治理内生动力，递进式促进了该村人居环境整体增"颜值"、全面提"气质"和通盘升"品质"。近年来，溪口村先后被评为人居环境整治"十佳村"、湖南省历史文化名村、湖南省美丽乡村示范村、湖南省精品乡村、全国乡村治理示范村。目前，辰溪县委、县政府明确以全面推广"六自"模式为抓手，以"示范引领、重点提升、项目驱动、平行推进"为路径，成功推广并建设了 1 个全域推进乡镇、24 个特色示范村和首批 135 个实践村。更为重要的是辰溪县以人居环境治理的"小切口"撬动了乡村治理的"大变革"，为乡村全面振兴打下了

---

① 辰溪概况［EB/OL］. http：//www.chenxi.gov.cn/chenxi/c113800/zjcx.shtml.

坚实的基础。怀化辰溪人居环境治理的"六自三微"模式，是凸显村民参与主体特征的内源驱动型农村环境协同共治的典型案例之一。纵观该模式取得成功并得到推广的实践进程，可以发现其具有如下几个方面的典型特点：

（1）通过"六自"即"自组织、自规划、自筹资、自建设、自宣传、自维护"，全面激发了村民参与环境治理内生动力（如图 8.1 所示）。

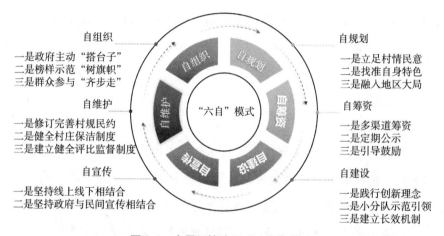

图 8.1　人居环境治理"六自"模式

资料来源：根据苏晓鹏（2023）刊发在《湘遇调研》上的论文《农村人居环境整治提升路径探究——以怀化市辰溪县柿溪乡为例》中的柿溪乡人居环境整治"六自"模式图，重新制图。

"六自"模式中最为关键和根本的是"自组织"。"自组织"也是社群主导型农村环境互动式共治的最根本体现。"自组织"是所在村庄通过村党支部引领、政府搭台、能人发动、小分队示范带动，组建乡村建设义务小分队，搭建农村人居环境整治共治平台，将个体行动汇聚成集体力量，这种村民内部自发形成的有序结构和合作行为，成为环境治理自觉行动的动力源泉。在此过程中，乡镇政府以及村党支部作为发动者，在吸引能人返乡、动员群众、形成共识和推动集体行动方面发挥了关键作用。他们通过打造乡村建设"一站式"服务平台、与在外能人结对子、定期开展电话座谈等形式，促进了人居环境治理社会资本的积累、个体与群体的赋能以及新型治理结构的形成，将村庄精英与能人对家乡环境治理的内在意愿和潜在能力转化为环境治理参与动力以及环境治理实际行动。

"自规划"是指以小分队牵头，在集思广益、立足村情民意、确保乡土、乡情、乡愁等本土文化元素得到保护和传承以及突出"小投入、微改造、精提升"的基础上，由小分队分院落组织召开宣讲会、群众动员会、屋场会，共同商议制定所在村庄人居环境治理规划，并注重将村庄人居环境规划与生态旅游、乡村振兴规划相结合，确保村民不仅是规划的受益者，更是决策过程的中心参与者。"自规划"采用的是自下而上的方法，这与传统的自上而下治理模式形成对比，强调赋予基层和村民更多的主导权和自主性。这种模式使得决策过程更加民主化，能够更准确地反映和满足村民对环境治理的需求。

"自筹资"是指坚持不等不靠，村庄创设人居环境治理公益基金，引导乡贤捐赠、村民集资、社会筹资，县财政对人居环境治理"走在前、跑得快、干得实"的村予以项目资金奖补，通过各种方式撬动各方资源，切实有效解决环境治理资金难题。同时，通过就地取材、物尽其用等举措，切实降低环境治理成本，使得村庄能够"花小钱办大事"，以最小的投入换取最大的治理效果。"自筹资"过程中，村庄内部成员通过自发组织公益基金、捐资捐物，建立资金定期公示和集体商议使用制度，体现了高度的自治精神和参与意识。乡贤和村民的积极参与提升了村庄内部的共识和合作，这不仅强化了村庄内部的凝聚力，也促进了资源的有效配置。

"自建设"是指坚持全员参与共建美丽家园。因地因时制宜，创新义务投工机制，发动和组织村干部、党员以及村庄内的石匠、泥匠、篾匠、木匠等组建了一支规范化的乡村建设义务小分队，按照"缺什么、补什么"和"适度拆、精致改、全面美"的原则，不搞大拆大建，让他们在老房子修饰、边角地改造、墙垛修葺翻新等各类人居环境"微改造"中各显其能，从点到线、从线到面梯次改善人居环境。例如，桃田坳村以"党员小分队＋义务劳动日（周二、周五）"方式建立起常态化的人居环境治理投工投劳制度。清水塘村推行人居环境治理"二四六"制度，即确定普通群众每户贡献 2 个劳动日，党员每人贡献 4 个劳动日，干部每人贡献 6 个劳动日，对于那些劳动力在外而不能贡献劳动日的村户则以捐资的方式来替代劳动贡献。曾家冲村在人居环境治理中定期组织村庄干部群众集中投工，并提供集体免费午餐。这些都有利于推动人居环境治理从"当下改"向"长久立"转变。

"自宣传"是指为确保农村人居环境治理的成果能够有效转化为推进乡村振兴的实际动力，通过线上与线下相结合、政府宣传与民间宣传相结合，积极鼓励村民运用抖音直播、微信公众号等新媒体平台，将村庄人居环境改造的历程、乡村文化活动与日常生活等全过程进行个性化且具有故事性的在线展示与直播，传递人居环境治理正能量，推动人人都成为村庄人居环境整治的宣传者。这种透明且互动性强的信息传播方式，不仅提升了村庄的知名度，也有效地引导了更多的人流向乡村，集聚了人气，带动了当地农副产品的销售，为乡村带来了活力与机遇，提升了自身的软实力和市场影响力，为村庄经济注入了强劲的动力。

"自维护"是指坚持人居环境治理和维护的常态长效，强调了人居环境治理及其维持应该是一种持续且长期的自觉行为。村庄人居环境整治成果维护纳入村规民约，成为村庄生活的一部分。这种制度化不仅仅是对美好生活环境的追求，更是对村民共同责任的体现。为了营造这种自我维护的文化，村庄创立了一系列机制和激励措施。其中，"党员包公共区域、村民包房前屋后"的管护机制，确保了每个个体都有责任和义务参与到环境的维护中。党员们作为模范带头人，负责公共区域的整洁与秩序，而村民们则关爱自家门前屋后的环境。这种分工合作的管护模式有效地提高了整个村庄环境的管理效率和水平。同时，创新"红黑榜"、积分兑换、大评小奖等制度，不仅激发了村民的积极性，也增进了村民之间的正向竞争。此外，积分兑换制度将环境维护的行为与实际利益挂钩，大评小奖通过定期的评比和奖励，进一步增强了村民的荣誉感和归属感。通过制度建设和其他各种方式不断强化村民对人居环境治理的自主意识，即自我维护、自我管理和自我监督的观念。

（2）构建了一套以自治为基础的内源驱动型人居环境治理制度体系，为"六自"模式的长效实施保驾护航。其一，在乡镇和村委的引导下，坚持以村民为主体，全面完善村庄自治章程，组织修订完善村规民约，将其作为规范村庄人居环境治理以及基层自治的有力抓手。将村内村外和房前屋后整洁标准、党员与村民分区管护制、"农户十整洁"规定、"十乱"行为（即乱丢、乱倒、乱画、乱摆、乱贴、乱挂、乱建、乱牵、乱搭、乱围）、"门前五包"责任、垃圾分类、家禽圈养等人居环境治理责任义务全面纳入村民自治章程与村规民约。而村规民约确定的"我制定、我签约、我遵守"的原则，则促使每一位村民都成了规则的制定者、契约的签署者和行为的遵守者，激励和引导村民们主动维护和提升人居环境的质量。其二，建立健全人居环境治理激励评比与监管制度。例如，一方面，借助"红榜"立典范，表彰和奖励那些在环境卫生和村镇建设服务中做出杰出表现的村民，激发广大居民向模范学习，积极投身于人居环境与美丽乡村建设中；另一方面，借助"黑榜"开展警示教育。对那些"十乱"行为以及违反村规民约、影响村容村貌的行为进行公开曝光，以此提醒村民遵守规定，增强其环境责任感，达到以儆效尤，促使全体村民共同维护良好的人居环境。通过这种正反两方面的激励和规范机制，逐步构建起一个自我完善、自我提升的良性循环体系，推动人居环境的持续改善和乡风文明的不断进步。在督查方面，组建了人居环境整治督导小组，常态化开展人居环境督查并建立每日工作台账，对督促结果实行"周通报、月排名、季奖罚"制度，保证了督查工作的透明化和可追溯性。这有助于形成一种正向激励的文化氛围，鼓励村民主动参与到人居环境治理中，从而形成自上而下和自下而上双向互动的治理模式。它不仅促进了村民行为习惯的改变，更通过系统化的管理和反馈机制，确保了村庄人居环境治理工作的持续性和有效性。其三，制定和完善"村庄环境卫生管理制度""村庄保洁制度""村民'一事一议'制度"，强化制度规范与制度约束，实现以"制"管人，培育村民人居环境参与自觉行为。其四，完善自治的组织保障。农村内源驱动型人居环境治理的显著特征在于村民自治以及村组织和村民的集体参与与深度参与。在这方面，辰溪大部分村庄建立了"村民议事会""道德评议会""建房理事会""红白理事会"等自治组织，这些组织之间形成了互补和相互支持的关系。例如，"村民议事会"作为决策和讨论各项村务的平台，让村民在人居环境治理中拥有话语权；"道德评议会"则强化了村民在道德规范和社会风尚上的自律；"建房理事会"专注于规划和管理村庄建设，保证人居环境的美观和合理布局；"红白理事会"则在传统的喜丧事宜中引导村民遵循文明礼俗，减少浪费。同时，各村根据自身基础与条件组建了义务投工投劳改造队、"夕阳红"志愿者团队、"花甲"奶奶爱心团、妇女联合会等多种社会组织，参与和带动人居环境治理。这些自治组织和社会组织的建立和运作加强了村民之间的信任和合作，促进村庄内部的团结，并在外部资源获取上拥有更强的"议价"吸引力，并构建出符合当地特色的基层社会治理结构和文化环境，大大提升了人居环境治理的综合效能。

（3）以人居环境治理"小切口"撬动乡村振兴"大文章"，实现生态美与村民富的有机统一。辰溪人居环境治理模式充分尊重群众意愿和发挥群众在改善人居环境中的首创精神，通过制度创新与机制创新，聚焦政府、企业、社会组织、村庄自治组织和广大村民等多方利益结合点，因地制宜持续推进人居环境治理与乡村特色产业融合发展，助力乡村产业振兴。通过多渠道打通"绿水青山"向"金山银山"的转化路径，实现了农村生态美与百姓富的有机统一。以人居环境建设为平台，通过建立人才返乡与回流机制以及建立健全外流人才常态化对接沟通机制，使得各类人才陆续返乡支持家园建设，全面助力乡村人才振兴。在人居环境治理中通过把人居环境治理和文化建设有机结合，既注重村容村貌、基础设施建设的"外在美"，也注重涵养以文化塑魂为主体的"内在美"，关注村民的文化生活和精神需求。一方面，所在地区环境治理中充分考虑了当地的文化特点，保护和弘扬乡土文化；另一方面，丰富的乡土文化又为人居环境的改善提供了内涵和灵魂，增强了振兴的文化支撑。外在的环境改善为村民提供了良好的生活条件，内在的文化涵养则提升了村民的生活质量，两者相辅相成，真正实现美化村庄、提升品质、塑造魅力、培育文明的综合治理效果，共同促进了乡村文化振兴。此外，人居环境的改善增强了居民的幸福感和归属感，增强社区的凝聚力和社会资本，促进了乡村社会的和谐稳定，这也为地区乡村振兴提供了良好的社会条件。

8.2.3　共同体模式的地方实践及其主要特征

农村基层环境治理共同体模式的地方实践兴起于最近几年。其在具体的环境治理实践中体现出不同特性的地方性环境治理样态。其中，湖北麻城"共同缔造"模式是比较成功的典型模式，具有较强的推广价值与借鉴意义。共同体模式助推农村环境多元共治的成功实践与推广，彰显了政府主导、村民参与主体特征的农村环境有效与可持续治理的实践可能。

湖北麻城作为"美好环境与幸福生活共同缔造活动"全国首批精选试点县之一，以党建为引领，以村庄为单元，以人居环境治理为切入口，构建"纵向到底、横向到边、共建共治共享"的农村基层治理格局，聚焦政治（党建）引领、法治保障、自治强基、德治教化、智治支撑等"五治"融合，全面探索"共谋、共建、共管、共评、共享"的农村基层治理模式，从单一人居环境治理向多元社会治理延伸与拓展。按照"两融入、三下沉"要求，将农村生态示范创建融入"共同缔造"、将农村生态环境治理融入"共同缔造"，全面推动生态环境治理资源下沉、组织下沉和服务下沉，在积极推进

"美好环境与幸福生活共同缔造"活动中全面破解农村环境治理之困，全面促进了农村环境治理共同体的形成、发展与壮大。在此基础上，麻城以生态之美催生发展之变，加快"两山"转换，以生态为民、生态惠民和生态利民为导向，成功探索出一条农村绿色富民新路径，有效实现了美丽乡村建设与美好生活创造的双层目标。2023 年 9 月，湖北省委、省政府办公厅下发《关于开展美好环境与幸福生活共同缔造活动试点工作的通知》，在全省范围内试点推广麻城经验。

"麻城模式"以人居环境治理"小切口"撬动乡村善治"大文章"，其成功是党建引领农村基层环境治理机制体制创新的成功探索，是基于党建引领、政府主导、社会组织协同、村民广泛深度参与的农村环境治理共同体构筑的生动地方实践，其运作模式主要体现了如下几个方面的典型特征：

（1）健全参与机制，构建了"纵向到底、横向到边、纵横联动、全员参与"的农村环境治理组织结构共同体。为了推进"人人有责、人人尽责、人人享有"的农村环境治理共同体建设，必须建立健全农村环境治理各方各面共同参与的机制。在纵向上，麻城以建立健全并激活各级党组织为核心，按照组织下沉、资源下沉、服务下沉的原则，全面推动党政运行体系在农村环境治理中的结构再造、机制再造与流程再造，着力打造市委统筹"抓总"、市直部门党委"管线"、乡镇党（工）委"统面"、村（社区）党小组"包片"、党员"守点"的多级联动环境治理责任链条，自上而下建立了"乡（镇）党委→行政村党组织→村民小组党支部→村组（湾组）党小组→党员联系户"的多层级党组织体系，将党建组织的触角延伸到距离地区村民最近的生活单元（湾组），做实农村基层环境治理"微单元"，激活农村基层环境治理"神经末梢"。在横向上，基于一个高度组织化的基层社会是建构农村环境治理共同体必不可少的条件，麻城积极引导、培育和吸纳地区各类经济组织、社会组织、乡村精英、自治组织等实质性参与到环境治理中来，如引导成立红白理事会、"五老"协调会、治安联防队、乡贤联合会、发展理事会、产业合作社等各类组织团体，确保每一位村民至少加入一个组织，以此将每一位村民"链接"到组织网络中来，让每个组织都参与到塆组环境治理中来，实现农村环境治理"横向到边"的全覆盖。同时，建立农村环境治理群团部门联席会议制度，健全农村环境治理"大群团"工作机制，将"一线协商"和"两代表一委员"下沉机制常态化、制度化，完善农村环境治理全过程协商工作机制，构建健全农村环境治理基层民主协商工作体系，充分激发和释放农村环境治理中党组织引领群众、经济组织联结群众、社会组织服务群众、群团组织凝聚群众、自治组织带动群众的积极作用，有效夯实农村环境治理组织结构共同体建设。

（2）基于"共同缔造"理念凝聚起参与者公共价值认同的环境治理共同体意识，推进农村环境治理共谋、共建、共管、共评与共享。麻城基于"美好环境与幸福生活共同缔造"理念，凝聚起参与者公共价值认同的农村环境治理共同体意识，这是构建和连接农村环境治理共同体的关键要素。这种意识基于人们对环境治理共同价值的内心认同，有利于深化参与者彼此间的联系和合作，促进参与成员之间的互信和协作，推动环境治理共同体内各方主体环境治理行动、目标的一致性与可持续性。"美好环境与幸福生活共同缔造"是一个包含多重内涵的概念。从基层治理角度来看，它强调了人们对美好环境和幸福生活的共同追求，也让村民认识到这两者之间是密切并相互促进的。美好环境为村民提供了健康、安全、舒适的生活条件，有利于提升村民的幸福感和生活质量。同时，幸福生活的追求也需要依赖于良好的环境保护和生态平衡，才能确保资源的可持续利用和农村产业与经济的健康发展。在此基础上，麻城通过聚焦党建引领和自治、法治、德治与智治的强基、教化、支撑功能，通过组织动员、村规民约制度建设、塆组群众会建设、合作社运营、本土文化建设、数字治理平台建设等方式，完善环境治理民情收集与反馈机制、组组动员机制、激励与惩戒机制、情感治理机制等，将农村环境治理的各项事务尽量交付给村民自己负责，实现各方主体环境治理决策共同谋划、治理过程共同参与管理、治理效果共同评价、治理利益共同分享、治理责任共同分担，全面激发各类组织与村民的环境治理投入热情，成功把社会组织、村民等主体从农村环境治理的"旁观者"转变为农村环境治理的"实干家"。

（3）以环境治理"小切口"撬动共同富裕"大民生"，为农村环境治理共同体建设注入持续动能。麻城在农村环境治理中，始终坚持美好环境"塑形"与幸福生活"铸魂"两手抓，契合广大人民群众的切身利益。麻城开展的美好环境与幸福生活共同缔造活动，本质上是一种创新性的施政理念和施政行为，旨在共同建设美好环境和实现幸福生活。它强调了群众的参与性和主体性，创造了一种新型的社会关系。美好环境是美好生活的题中之义，也是实现共同富裕的必然要求，而共同富裕是美好环境目标的憧憬与升华。共同缔造活动是麻城农村环境治理共同体建设的有效载体与重要途径，更是美好环境建设与幸福生活创造的有效实践路径。在激发和调动广大人民群众参与农村环境治理的积极性和创造力的同时，也为实现农村居民所期盼的共同富裕目标提供内生动力。因此，村民对美好环境与幸福生活的内在需求以及外部治理资源与治理要素的注入与下沉的双向耦合触发并刺激了村民主体环境治理"共同体意识"与"共同体行动"的生成。农村环境治理共同体建设中，"共同体意识"与"共同体行动"都并非一蹴而就，也不是稳定不变的存在，而是一个随着环境治理具体情境的变化而不断调适与修正的动态过程。村庄内部基于地缘、血缘、业缘等建构起来的传统情感联结关系和各种精神性要素在弥合主体行动裂缝、润滑协调各行动主体关系中也发挥着不可或缺的作用。因此，基于利益关联与情感联结的融合了传统习俗信任和现代契约信任的利益与情感共同体的构建也是麻城模式的重要特征。例如，麻城各乡村在环境治理过程中，因人因事设置了矛盾调解与纠纷化解、政策宣传与动员、协商议事、平安联防等志愿服务岗位，建立健全了塆组矛盾纠纷化解机制，实现村民之间"五小"矛盾（即小问题、小纠纷、小隐患、小争吵、小案件）及时化解，柔性化处理村民环境治理中所面临的各类困境，促进不断消除分歧、弥合裂缝、凝聚共识，继续助推共同体的一致性行动。最终，形塑了一幅"人人有责""人人尽责""人人参与""人人维护"的乡村环境多元共治有序运行的美好图景，乡村环境从"脏、乱、差"转变为"净、畅、美"，乡村治理韧性不断提升，村民获得感、幸福感不断增强。

第 9 章

我国农村环境治理成功模式的
实践经验分析

农村环境治理成功模式的地方实践为我国现行农村环境治理转型积累了宝贵的经验。本章主要以第 8 章农村环境治理成功模式及其主要做法为基础，系统分析了各成功模式的典型经验，为推动我国农村环境长效可持续治理提供了参考与借鉴。

9.1 农村环境治理积分制模式的
经验分析

通过第 8 章的案例可知，我国农村环境治理积分制模式本质上起源于对环境保护需求与基层社会治理创新的双重认识。农村环境积分制治理新范式作为环境协同治理的一种创新模式，其形成需要具备一定的互动要素与互动条件。积分制模式下农村环境协同共治的有效实现，需要具备但不限于如下四个方面的要素与条件，即有效的利益联结机制撬动了多元主体的参与意愿与自觉行动、激励兼容的积分设计重塑了环境治理新规范与新秩序、技术支撑平台的赋权增能促进了公平公正的治理实践、基于"四治"融合的互动协调机制的建立促进了治理主体的互动式协同。

9.1.1 有效的利益联结机制撬动了多元主体的参与意愿与自觉行动

从农村环境治理积分制治理的实践来看，有效的利益联结机制撬动了多元主体的参与意愿与自觉行动，进而形成了农村环境治理多元主体参与及互动互补的结构安排，是积分制模式助推农村环境协同共治的基本前提。农村环境治理积分制模式的基本要素就是有效地集成多方利益相关者的角色和功能。在农村环境治理实践场域，基层政府、村两委、社会组织、精英和村民等构成协同共治的主体。积分制对于村民个体的参与动员，一般是基于正向强化的激励体系创建与社会规范和文化价值认同的结合，促使村民环境保护行为内化为自身的日常习惯。乡镇基层政府和村两委主要扮演积分制运行的主要设计者、参与者以及实际操作者、监督者与执行者的角色。他们的作用则在于制定政策框架、提供必要的制度保障和监督管理，激发多元利益相关者参与基层环境治理的积极性与能动性，监督村庄积分制治理的运作过程，监测环境治理积分制的治理效果并根据反馈进行调整和完善，以确保环境治理积分制公正、透明、可持续地运行。积分制模式下，上述多方利益相关者的资源、能力的整合不仅需要策略上的合理搭配，还要求深入了解各方的利益诉求、资源特点和行为逻辑。积分制模式下的主体参与逻辑在于村级组织和村民等关键主体通过积分的利益联结机制激发参与农村环境治理的主体意识与自觉行动，并在参与的过程中形成各主体上下互动、协调联动、协作协调的组织运行机制，不断弥合多元主体内部可能产生的分歧，从而形成农村环境多元参与、协同共治的良好局面。

9.1.2　激励相容的积分设计重塑了环境治理新规范与新秩序

基于行为激励兼容性原理基础上的积分设计是积分制模式助推农村环境协同有效治理的根本保障。在农村基层环境积分制治理中，积分即激励机制的定制化设计至关重要。与其他方式相比，它通过更加富有韧性与更加灵活的方式构建农村基层环境治理的新规范与新秩序，动员社会力量主动参与到农村环境治理实践过程，并确保他们的行为在村庄环境治理组织的可控范围之内。基于行为激励兼容性原理，积分制的设计需要细致考量如何通过对积极环境治理行为的积分奖励与对违反环境规范行为的积分处罚，形成正向互动反馈循环，通过小额即时奖励激发即刻行为改变，并通过延迟满足的方式引导长期行为养成，最终促进村民环境行为的自我管理与乡村共治。在此过程中实现个体激励与集体利益有效对接，也即村民个体环境治理的内在动机和基层环境治理的公共利益目标相兼容。因而，环境治理积分激励机制的设计既需要与村民参与环境治理的内在动机相契合，也要与实现基层环境治理公共利益的社会目标相协调，即需要非常高的实用性。这强调的是一种深层次的价值共鸣，而非简单的外在奖励。此外，设计也要兼具公平性与灵活性，一方面使村民感知到其环境保护行为被公正地评价与回报；另一方面为确保激励与村民的实际行为变化相吻合，需要建立一个动态的监督和评估体系，使积分制能够根据环境治理实际效果与环境治理目标的变化进行动态调整。这种反馈机制不仅可以提供对当前政策的及时评价，还可以指导未来的制度优化。因此，基于行为激励兼容性原理基础上的积分设计本质上也是积分制模式下持续激励的动力机制的构建。

9.1.3 技术治理平台的赋权增能促进了公平公正的治理实践

基于互动信息共享的技术支撑平台打造是积分制模式助推农村环境治理多元主体协同参与的重要连接条件。在农村基层环境积分制治理实践中，构建以信息共享为核心的环境治理技术支撑平台是必不可少的一环。此举旨在通过实现信息资源的最大化整合和利用，提升农村环境治理过程的信息透明度，减少信息不对称现象，这有助于平衡各方利益，增强制度的公信力和效率，促进公平公正的治理实践。例如，开发和部署基于互联网的信息化平台（如移动应用小程序、在线管理系统等）来支持环境治理积分制的记录、兑换、反馈等需求，确保平台能够实时更新和展示环境治理行为日常积分数据，通过建立一个开放的环境治理积分信息库，使得所有参与者都能够访问自己以及其他相关方的积分记录，了解环保活动的整体参与情况，掌握环境治理的整体进展，从而提高治理过程的透明度和可信度，增强村民对治理过程的信任。通过信息平台提供反馈渠道，使得村民能够就环境治理积分制度具体运行过程中出现的问题提出意见和建议。同时，平台上的数据分析功能可以帮助管理者识别农村环境治理过程中的短板和潜在的问题，识别环境治理的关键影响因素与发展趋势，并及时对这些反馈给予响应，制定出更加有效的环境治理政策，增加决策制度的互动性和适应性，从而提升环境治理参与主体对积分制度的认可度与参与度。

总而言之，以信息共享技术为支撑的技术治理平台，通过跨地域、跨层级、跨部门、跨系统、跨个体的数字、资源、信息的整合、集成与共享，打破了原有的信息孤岛与数字鸿沟，形成一个互通有无的环境治理信息网络，为农村环境治理多元主体交流、沟通、互动、协商提供载体，促进治理网络内的所有参与者及时把握环境治理过程中的"社情民意"，并前瞻性地挖掘民众的隐性环境治理需求。这也在一定程度上促进了政府、企业、村委、村民等各主体之间关系的重塑。

9.1.4 "四治"融合的互动协调机制促进了治理主体的互动式协同

从积分制治理的地方实践来看，基于"四治"融合的互动协调机制的建立是积分制模式助推多元主体积极主动参与农村环境治理的内在要求。农村环境积分制治理的形成过程，一般来说，首先，是村"两委"基于对本村环境问题的识别与需求的分析后发起并起草设计一个初步的"积分制"治理方案；然后，经过村民小组召开会议讨论研究、党员代表会议充分酝酿、户主会议广泛讨论等，不断完善和修改方案；接下来，将成熟的方案提交给村民代表大会进行深入讨论，并通过投票程序予以确认；随后，将方案进一步提交乡镇政府进行审核和把关，以确保其合规性和可行性；最后，方案得以以村规民约的形式固定下来并得以实践运行。此过程是一个典型的互动协调和分歧不断得以弥合的过程。此过程形成了关于农村环境积分制治理的规则体系，例如，制定了积分、兑换、评分、评星等各个环节运行的具体标准、流程和办法，让村民在特定的规则和行动框架下参与农村环境治理，并且将该规则体系以"村规民约"的形式确立和固定下来，使其正当性和合法性得以证明并成立，蕴含着法治规范的基本要素，有利于促进积分制在国家法律规定的运行框架内有序运行，这是实现农村环境治理过程法治和结果法治的重要条件。农村环境治理积分制以现有的村民自治制度为基础和依托，对农村环境治理的大小事进行共同讨论，对纳入积分制的赋值加分和项目规则进行协商，并通过村规民约等地方性奖惩机制所内含的规范、约束与强制，引导村民积极有序参与到环境治理积分兑换与评比中来。这个过程将农村环境治理过程中村民的民主自治行为有序连接起来，并形成正式的环境治理参与机制，凸显了自治特性。积分制模式同样将德治融入农村环境治理实践之中。在乡村社会中，地缘、血缘、业缘等因素相互交织，形成了独特的社会关系和伦理道德，赋予了农村环境治理深厚的情感支持和道德氛围，有利于最大程度地达成环境治理"共识"，并内化为众多参与主体的内心认同，这构成了主体行动的价值内核，有利于形成环境治理道德认同的自律性。而村民通过遵守和践行村庄环境治理道德规范和社会秩序，以及履行环境治理社会责任，以获得正面的积分奖励和道德表彰。相反，如果违背环境治理道德准则或社会秩序，将受到负面的积分惩罚和道德谴责。这进一步增强了农村环境治理道德评价的他律性力量。

由此可见，积分制农村环境治理模式的成功还在于其有效整合并有机融合了农村基层环境治理中自治维度的内生治理效能、德治维度的柔性治理效能、法治维度的刚性治理效能与数治维度的技术治理效能，体现为农村环境治理理念的灵活协同、治理制度的匹配适用、治理技术的赋权增能以及治理机制的动态互补，有利于促进农村环境治理资源的碎片化整合、治理主体的互动式协同以及治理体制的创新式发展。其中，自治维度的内生治理指的是积分制通过积分激励调动村民参与到环境治理行动中，并进一步激发村民自觉参与环境治理的主体性意识，形成村民全过程、全链条、全方位和互动式参与农村环境治理的持续行动机制（郝炜和赵培茜，2024）。形塑基层自治主体——村民环境治理的主体性意识，是积分制农村环境治理的最基本特征。德治维度的柔性治理效能是指德治作为社群机制发挥作用的重要手段，是农村环境治理积分制治理的重要抓手，它结合道德内在认同的自律性与外在评价的他律性而建构起农村环境的"柔性治理"机制（郝炜和赵培茜，2024），通过将村民的环境治理行为及其道德实践量化为可触可感的积分，促使村民内在的道德观念发挥出外在的行动引领作用，引导村民规范自身的环境治理行为，并最终积极主动有效参与农村环境治理，形成内化于心、外化于行的良性循环。法治维度的刚性治理效能是指积分制治理模式通过权威性的治理力量、强制性的治理手段和规范性的治理程序等建构起以村规民约、政策制度等为支撑的农村环境治理的规则体系，规制农村环境治理秩序，约束村委和村民环境治理行为，促进农村环境治理的有序进行和持续发展。数治维度的技术治理效能是指积分制模式通过数字技术平台的增量式赋权和重构式创新，促使数字技术嵌入全治理链条，以推进农村环境治理结构再造、业务流程重塑和治理方式变革，进而促进多元治理主体之间的互动和提升主体之间的协同治理能力。

因此，基于自治、德治、法治、数治的"四治"融合下的农村环境积分制治理，是一个有效融合了自我管理的自治原则、法律制度的法治框架、道德规范的德治理念、增权赋能的数治技术的互动式环境多元共治模式。自治原则赋予村民在日常环境治理中的主体地位和自我调节的权利，激发村民的自我管理潜力。法律制度的法治框架确保整个环境治理过程的正当性和权威性，这符合法治理论中对于规则明确、执行一致的要求，为环境积分制治理提供了制度保障。道德规范的德治理念在其中发挥着"修身齐家"的作用，引导村民内化环境保护的价值观和行为准则，这与德治理论相呼应，通过塑造良好的公民道德，促进内在秩序的形成和社会整合。而增权赋能的数治技术则是现代治理理论的体现，它通过数字化手段建构起高效率的信息处理、分析和反馈机制，确保治理决策的科学性和治理行为的可追溯性，从而提高了整个治理体系的响应速度和适应性。这一互动协调治理机制的建立，最大程度地弥合了村庄内部环境治理各主体间的分歧，最大程度化解了治理过程中的矛盾与冲突，使得农村环境治理中的行政力量、社会组织力量、自治力量从机械整合走向有机融合，从两两互动走向协调联动。在此背景下，新的、开放的、互融互通的纽带与联合不断得以建立和稳固，农村环境治理的组织基础不断得以修复和巩固，主体参与环境治理的行动力不断得以增强，环境治理效果的整体性与协同性不断得以提升。

9.2　农村环境治理内源驱动型模式的经验分析

结合第 8 章案例分析可知，内源驱动型模式无疑也是凸显村民主体特征的农村环境治理领域的一种成功模式。进一步分析发现，内源驱动型模式助推农村环境有效和可持续治理也需要具备一定的要素与条件。

9.2.1　以激发和培育农村环境治理内生动力为根本价值取向

从内源驱动型农村环境治理的地方实践来看，以环境治理内生动力激发和内生能力培育为目的的价值取向是内源驱动型农村环境治理得以成功的基础与前提。农村环境内源驱动型治理的最根本的价值取向是以实现获"渔"为目的，激发源自乡土社会内部关键主体的内在动力，使得乡村本土村民主体能够获取并提升自我环境治理可行能力，进而能够接续并持久地实现环境的自我治理。在此过程中，德治发挥了不可或缺的重要作用。它通过内心情感激活、外在榜样塑造和内在认同规训等多层机制，形塑和强化村民在环境治理中的身份认同与家乡认同，这是农村环境治理内生能力形成的基础。

从情感激活与环境行为来看，个体的情感状态将显著影响其行为倾向。在农村环境内源驱动型治理实践中，积极的情感激活（如爱国、自豪、归属感等）可以增强村民对环境保护的责任感和紧迫感，从而提高他们参与环境治理和其他环保活动的可能性。从模范效应来看，社会学习理论强调观察学习的重要性，即个体通过观察他人的行为和后果来学习如何行动。村民通过观察到的积极环保行为榜样（如道德模范、环保志愿者、社会精英等）会更倾向于模仿这些行为，尤其是当这些榜样人物被认为是群体内部的一员时。而认同规训则涉及通过村民内部环境治理的社会化过程和规范建设来内化特定的价值观和行为准则，将环境保护的价值观内化为村民的个人信仰和行为习惯，从而形成一种自我执行的纪律。通过上述三个层次的机制与策略，有效地培养和强化村民在环境治理中的身份认同与家乡认同，从而在更深层次上促进环境保护行为的自发性和持续性。

身份认同是激发村民积极主动参与农村环境治理的精神保障。身份认同通常指的是村民个体对于自己在某个社会内部中的位置和角色的认识，这种认同往往与共享的价值观、信仰、习惯和传统紧密相连。家乡认同则是更具体的地域性认同，反映了个体与其出生和成长地点的紧密联系，这种联系包括对当地文化、习俗和环境的认同和归属感。身份认同和家乡认同是村民自我意识、主体意识以及集体意识的重要组成部分，它不仅提供了强大的社会支持和集体自豪感，促进村民形成集体行动共识，也因为其与一系列本地文化价值观相关联，进而成为推动村民参与环境治理的一种精神力量与内在动力。这些认同感为村民参与农村环境治理、提升自己环境治理技能提供了强有力的动机和情感基础，促使村民个体为共同的利益和目标采取环保行动。即在农村环境治理具体实践中，身份认同和家乡认同可以转化为强烈的环境治理行动动机，激发村民对环境治理与保护的责任感和使命感，逐步明确自身环境治理的主体地位，驱使村民积极参与到环境治理的实践中来，促使环境治理中村民的主体性表达由"自主性表达→自觉性表达"转变。

9.2.2 通过互动协商与赋权实现村民的有效参与

通过互动协商与赋权实现村民的有效参与是内源驱动型农村环境治理取得成功的核心特征。农村环境治理是一个包含事前、事中、事后等各个环节的动态过程。在环境治理各个环节中，通过互动协商不断地消融主体分歧，协调利益冲突，弥合自治与他治的张力，增强村民之间的情感互动，不断赋予村民环境治理决策权、管理权、监督权、参与权、评价权、成果享有权等等，打造集互动互补、互帮互助、协同合作及村民广泛参与和深度参与等特征于一体的农村环境治理社会形态是内源驱动型农村环境多元共治的根本和核心所在。这里体现的也是农村环境的全过程参与式治理。全过程参与式治理意味着在农村环境治理的全过程、全领域都坚持多元主体互动协商原则、运用互动协商方法来回应和满足村民环境治理诉求。以系统完整的制度程序为支撑，以便于操作的运行机制为保证，将互动协商贯穿于农村环境治理"发现问题—分析问题—解决问题"的全过程，确保广大村民在农村环境治理中的全流程"在场"而不被虚化，充分凸显村民环境治理的主体地位。也就是说，互动协商将农村环境内源驱动型治理的各环节贯通起来，形成完备流畅的环境治理程序与运作机制，生成持续的协同合作治理动力，构建起精准识别和吸纳民意、高质量汇集和整合民智、充分落实和有效回应民意的农村环境治理动态实践闭环，促使环境治理中村民的主体性表达由"自觉性表达—能动性表达—创造性表达"的递进式转变，即在农村环境治理中通过施展村民主体能力、发挥村民主体价值以更加有效地实现环境问题的精准识别、民意的广泛吸纳、民智的充分利用以及政策的有效执行，真正实现赋权于民、感化于民、赋能于民、惠利于民，进而推动了农村环境协同共治的有效实现。

9.2.3 通过民主与治理的耦合并进实现环境治理国家意志与人民意愿的有机统一

通过民主与治理的耦合并进以实现农村环境治理过程中国家意志与人民意愿的有机统一是内源驱动型农村环境治理取得成功的重要保障。农村环境治理中的民主强调的是主体权力来源的正当性，治理关注的则是权力运行的秩序性。内源驱动型农村环境治理中的民主与治理是相互依存、相互强化的两个方面。民主的核心在于其正当性的基础，这意味着治理主体的权力来源必须是多元治理主体的意志的集成，并通过透明、公平和参与性的决策过程得到体现。这样的民主基础确保了农村环境治理政策制定真正反映了民众的利益和需求。与之相辅相成的，是治理的秩序性，它关注于权力运行的规则和程序，确保农村环境政策不仅合法、高效，还要可预测和稳定，减少不确定性，增强村民对政策执行成效的信任。因此，内源驱动型农村环境治理不仅强调内部参与者及其内源动力的重要性，而且也注重外部环境、条件与内部动力的有效结合。它在尊重和满足村民环境治理参与权的基础上，通过精心设计和执行有序的治理程序，实现农村环境治理的合法性、有效性和适应性，以确保治理活动既符合民众意愿，又能保持必要的组织秩序。从程序设计来看，民主与治理的耦合并进强调了民主不仅仅是一种政治制度的形式，更是一种治理农村环境的方式。一方面，要求政府消除制度性障碍，提供必要的资源和支持为村民提供多元化的参与渠道，保证村民人人都有平等的机会参与农村环境治理过程；另一方面，要在包容性的基础上完善反映不同群体需求的环境治理制度设计，以尊重农村环境治理参与主体多元化的价值观念和偏好诉求。从参与实效来看，普通村民对农村环境治理政策制定的实质性影响要求更深层次的民主参与。这不仅是指数目上的参与，而是质量上的参与。为了实现这一点，村民就需要拥有足够的信息和资源来理解复杂的环境治理政策问题，并对它们进行有效的讨论、权衡和评估。此过程中政府就要积极引导村民在公众利益与私人利益之间做出权衡融通，也要提高和强化公众的责任意识和公共精神。因此，内源驱动型农村环境治理模式的成功依赖于治理过程中民主与治理耦合并进，意味着政府不仅需要在制度上提供和完善村民参与环境治理的多元渠道，而且要在精神上培养村民的参与意识和责任感，最大限度地避免农村环境治理过程中互相掣肘与内耗的现象，形成协同治理的合力。

总而言之，我国农村环境治理内源驱动型治理模式本质上起源于对行政权威、政策干预、资源注入等外生性力量治理农村环境时往往出现治理效果"一时有效"而非"长期有效"的根本认识。换而言之，只有激发并提升乡村本土村民主体环境治理的内源性动力和环境治理可行能力，才能使得农村环境治理效果得以稳固、维系和持续。

9.3　农村环境治理共同体模式的经验分析

结合第8章案例分析可知，农村环境治理共同体的建构源于环境治理实践中不同类型的参与主体因生态利益差异化、文化认同式微和情感联结弱化所导致主体强参与与弱参与并存、虚参与与实参与并存，进而导致其治理行动与治理目标的不一致性。农村环境治理共同体的建构是凸显政府主导、村民主体特征的农村环境治理中的具体成功实践。这里的政府是指广义上的政府，包括行使国家公共权力的党委机关与行政机关。农村环境治理共同体的建立与形成，是对传统治理模式的现代化演绎和创新性响应，是多元主体互动协作和参与意识觉醒下的产物，它响应了当今我国农村生态环境保护和经济社会可持续发展的时代诉求，体现了从传统到现代，从封闭到开放，从单一到多元，从有机整合到共同体构建的基层环境治理转型。共同体模式是农村环境有效治理的一种成功的实践路径，其形成需要具备一定的要素与条件。具体包括但不限于以下四个方面：一是以机制体制创新形塑多元主体有效参与的环境治理结构；二是基于共同责任理念和价值认同凝聚起和谐、稳定、持久的互动式治理关系；三是基于"共同"理念构建起普遍认同和遵守的环境治理制度；四是构建起成体系的高效协同运作的环境治理机制。

9.3.1　以机制体制创新形塑了多元主体有效参与的环境治理结构

以机制体制创新建构起纵横联动的环境治理结构化网络是农村环境治理

共同体建构的基础条件与首要任务。通过机制体系创新构建起多元主体有效参与的上下、左右互动以及纵横联动的农村环境治理结构化网络是农村环境治理共同体建构的基础条件与首要任务。例如，湖北麻城为推进农村环境治理共同体建设，建构起了纵向到底、横向到边的环境治理组织结构网络。首先，在纵向层面，根据当地实际，按照"组织下沉、资源下沉、服务下沉"的原则自上而下建立起"县—乡（镇）—行政村—村民小组—院落（户）"多层级纵向到底的党组织体系，将国家治理的触角延伸至农村环境治理的最底层，实现对农民需求和环境问题的深度了解和有效响应。一方面，党组织成员以"自上而下"的方式向村民传播党和国家农村环境治理战略与理念、宣传农村环境治理政策、动员农民参与农村环境治理，并直接参与到农村环境治理中来；另一方面，党组织成员也以"自下而上"的方式将村民不同层级环境治理诉求与建议逐级向上传递给村委会、乡（镇）政府乃至县级政府。其次，在横向层面，农村环境治理共同体组织建构的关键环节就是建构起横向到边的社会组织网络。根据农村居民在产业发展、职业属性、兴趣偏好、生活需求和自治等方面的多样性需求，积极培育各种以合作社为主体的经济组织，以公益性组织、妇女儿童组织、专业技术协会和村民互助组织为代表的社会组织，以及以村委会为主体的自治组织，提高农村环境治理参与者的组织化程度与自组织水平，提高农村环境治理内部主体之间的交往与互动频率，增强其凝聚力和自我管理能力，在更大范围内形成有效的治理结构网络。高度组织化为农村环境治理共同体的构建提供了有力的组织保障，有利于形成环境治理的集体行动。

在农村环境治理多元化、复杂化治理格局中，组织间错综复杂的联系网络使得社会状态高度融合，当基层社会的纵向组织结构化达到较高水平时，便表现出国家机构与民间社会之间的互动更为紧密，从而促进政府与社会的正向互动；而当横向组织结构化水平提升时，则表明社会各组织之间的互动更加频繁，社会公共性得到增强，社会整体更具活力，促使社会成员在环境治理中表现出更强的主动性和参与度。在农村环境治理共同体框架下，基层社会组织的结构化程度（无论是纵向层面的还是横向层面的）变得至关重要。纵向结构化反映了社会与国家层面的协调合作能力。这种能力一般是通过建立明确的职能部门、规范的参与流程和通畅的沟通渠道来实现的，它们共同构建了一种有效的反馈和政策实施机制。在这样的机制下，社会的需求和问题能够被国家机构迅速识别和响应，进而形成一种国家与社会的互补互动关系。横向结构化则揭示了社会内部的协作网络如何促进资源共享、知识传播和共同行动，它依赖于社区组织、非政府组织、市场组织和公民之间的合作。这种网络不仅有助于提升社会整体的解决环境问题能力，还能增强社会在面对环境挑战时的自我调节能力。因此，具备良好纵横结构化组织的基层社会，是形成有效农村环境治理共同体的关键。这样的社会能够将国家的指导与社会的动力有效结合，形成一个既具备自上而下的环境治理决策能力，又能反映自下而上的环境治理民意诉求，还能反映左右层面社会组织环境治理需求的环境治理体系。在农村环境治理领域，这种结构化的社会能够确保环境政策的有效实施，并鼓励社会成员积极参与，共同维护和改善环境质量。

9.3.2 以共同责任理念和价值认同构建起和谐稳定环境治理关系

基于共同责任理念和价值认同建构起和谐、稳定、持久的治理关系是农村环境治理共同体建构的内在要求。农村环境治理共同体本质上是一种治理关系的结合，而共同的责任理念与价值认同是凝聚治理关系的前提与基础。农村环境治理实践中，共同体的价值要素主要是指多元治理主体对本地环境治理的公共责任认知，以及环境治理责任内化的水平与程度。农村环境治理共同体是党组织、政府、市场、社会、民众等多元治理主体为了追求环境治理共同的善治目标而结合成的一种紧密的、协调的、稳定而持久的充满活力的有机环境治理主体。这一有机治理共同体的产生、形成、维系与发展依赖于一类特定关系的结合。农村环境治理中多元化的各类主体只有形成共同治理的环境价值观念和环境治理共同意志，才可能凝聚起紧密的、协调的、稳定而持久的充满活力的互动式治理关系，进而形成环境治理共同体。农村环境互动式治理关系建构过程中，多元主体环境治理决策共谋、过程共管、效果共评、成果共享是贯穿其中的行动路径，体现个体和集体之间的信任、规范、网络与合作关系的社会资本的构建也是凝聚治理关系重要的一环。它有效降低主体之间的社会交往成本，促进信息交流，并形成有效的集体行动。在农村环境治理共同体建构中，社会资本的构建是一个动态的、递增的过程，其基础在于共同的价值观认同和目标一致性。多元主体之间基于共谋、共建、共治、共享基础之上的互动式治理关系是连接农村环境治理共同体的重要桥梁与纽带。共谋意味着所有治理参与者在决策过程中能够进行深入的思考、规划和协商。各方不仅参与到环境治理的策略制定中，更能够在前期的规划和思考环节贡献智慧和资源。共建强调的是多元主体在环境治理过程中的共同参与，在环境治理实践的执行层面上实现资源整合与能力互补以加强环境治理制度建设，推动治理技术和方法的创新等促进环境治理措施的有效执行。共治则突出了参与主体在环境治理过程中的互动合作与责任共担。它要求各方在监管、执行、评估等多个环节中共同参与和全过程参与，形成有效的治理机制，以确保环境治理政策的落地和治理措施的持续性。共享则强调治理成果的公平分配，让所有参与者均能分享到环境改善带来的利益，无论是经济上的、生活质量上的、精神满足上的、社会认同上的还是生态环境本身的恢复与提升。这种共享机制能够激发各参与主体环境治理的积极性，形成正向的激励机制和长期稳定的环境治理动力。这种以共谋、共建、共治、共享为共同价值基础构建起来的环境治理关系，不仅是维系农村环境治理共同体的桥梁和纽带，更是确保环境治理效能和社会和谐的基石。它通过促进各参与方的有效互动，增强了社会结构的协调性、韧性和发展性，为实现可持续发展的环境治理目标提供坚实的保障。

9.3.3 构建起普遍认同和共同遵守的环境治理制度体系

在农村环境治理共同体模式中，构建起普遍认同和遵守的农村环境治理制度，是农村环境治理共同体构建和有效运行的重要保障。制度建设是农村环境治理共同体建构的重要内容。有效的普遍认同和遵守的制度是让多元主体共同参与农村环境治理的关系状态得以稳固和持久的根本。农村环境共同治理关系的稳固化就在于有效的制度化。在农村环境治理的实践中，制度化的深度与广度直接影响着多元参与者的协同工作效率。更高水平的制度化构建了畅通无阻的参与渠道，有利于激发各环境治理主体的积极性，促使各主体在治理过程中形成稳定而常态化的合作机制。进而，这种机制有助于建立一个紧密、团结并以可持续发展为核心的环境治理共同体。制度化的核心体现在共同治理价值制度化（价值共同体）、共同治理决策制度化（决策共同体）、共同治理责任制度化（责任共同体）、共同治理关系制度化（关系共同体）、共同参与制度化（参与共同体）以及共同分享治理成果（共享共同体）等多个方面的制度化。首先，需要在传统价值观和现代环境伦理之间寻找平衡，以文化的力量渗透环境保护的意识，塑造公民的环境行为习惯。在此基础上将环境治理共同的价值观通过政策、规范、村规民约等形式得到体系化和规范化，确保所有治理主体都能在一个共同认可的价值框架内行动，即共同治理价值的制度化。其次，共同决策制度化的形成需要通过民主和科学的决策流程，确保每一项环境政策既有足够的民意基础，又立足于严谨的科学评估，使得环境治理的决策过程透明、科学且可预见，保证决策的合理性和有效性。共同责任的制度化则体现实践"谁污染、谁治理"的原则，明确划分和分配治理责任，使各主体在确保环境质量方面承担明确而具体的职责。共同治理关系的制度化意味着通过正式规范、契约等形式明确不同治理主体间的合作关系和协作方式，建立稳健的合作机制和平台，以促进不同主体之间的交流与合作。而共同参与的制度化则涉及确立公开透明的信息机制和包容性的参与机制，保证所有利益相关者均有机会表达意见和全过程参与治理，确保参与的广泛性和信息的公开性与透明度。最后，治理成果的共享制度化有利于确保环境治理的利益公正分配，确保所有成员在享受环境治理成果的同时，也能够共同承担起环境保护的责任和成本，激发参与成员的积极性与责任意识。由此可见，农村环境治理的制度化是通过一系列规范和机制的构建，把多元治理主体间的相互作用和合作关系固定和规范化，以形成稳固和长期的共同治理结构。这样的结构不仅能够确保环境治理行为的协调一致和效率提升，也是推动和维持环境治理共同体向着可持续性目标迈进的强大引擎。基于"共同"理念构建起普遍认同和遵守的环境治理制度，将环境治理的价值共同体、决策共同体、责任共同体、关系共同体、参与共同体、共享共同体寓于一体，最终促进农村环境治理综合共同体的形成。

9.3.4 构建起协同匹配高效运行的环境治理机制

从"麻城模式"来看，构建起成体系的协同匹配的环境治理机制是农村环境治理共同体有效运作和效率提升的关键。农村环境治理共同体的形成与有效运转还依赖于一套成体系的农村环境治理机制。例如，党建引领机制、上下互动机制、部门协同机制、组织协同机制、民意民需表达机制、上情下达机制、群众动员机制、群众参与机制、协商议事机制、激励与惩戒机制、监督与考评机制、利益联结与共享机制、情感治理机制等等。这些机制将治理主体、治理要素、治理制度、治理关系等有效地衔接起来，使之成为一个充满活力的环境治理有机体。

在农村环境治理共同体形成、稳定、维系与发展过程中，党建引领机制是其核心机制之一，也是广义上行政主导型农村环境互动式共治的基本特征。

作为农村基层环境治理的结构性要素，党组织引领农村环境多元治理主体整合和集成环境治理要素进而建构起充满活力的、和谐的、稳定而持久的互动式治理关系，是形塑农村环境治理共同体治理关系的内在要求。例如，"麻城模式"中，一方面，党组织将"触角"深入农村地区最底层，实现了自上而下"纵向到底"的全覆盖。其在与农村基层社会互动交融的过程中，在既有的地缘、血缘、业缘、利益等社会关系基础上，通过下沉、宣传、动员、培育、吸纳、服务、情感等机制，聚合治理价值、治理资源、治理主体、治理组织、治理制度等要素而转变了以往各治理参与者之间孤立、分散、从属抑或依附的相互关系，建构了一种伙伴式互动合作网络关系，进而有利于形塑农村环境治理共同体的治理关系（李华胤，2023）。另一方面，基层党组织通过自身的节点融合功能以及动员机制、回应机制、民主协商机制、服务机制、利益联结机制等凝聚群团组织、经济组织、社会组织、自治组织等各类多元化组织的治理力量，进而在横向上促进农村环境治理共同体的生成。对此，在农村环境治理共同体结构中，党组织通过纵向组织整合功能和横向组织联结机制以及在群团组织桥梁纽带作用、经济组织物质支撑作用、自治组织基础作用、社会组织支持与补充作用等共同作用的叠加与交互下，引领并主导了一个纵横联动的多维治理网络体系的构筑与形成。纵向联动意味着从中央到地方再到基层，各级政府机构能够在环境治理中形成合力，共同推进农村环境治理政策的实施和监督。横向互动则确保不同治理主体之间能够跨越界限，分享信息，协调行动，最终实现农村环境治理资源的最优配置和治理效能的最优化。

情感治理机制也是确保农村环境治理共同体有效运行的重要机制。农村环境治理共同体的形成，其核心不仅仅在于提高政策落实的效率，而更深层地，关乎于参与者对环境治理规则、价值、目标、行为、成效的共识与认同，这些都是建立在共同的人文价值和归属感之上的。人文价值倾向体现了农村本土社会成员对于环境治理的态度和行为准则。这些价值观念不仅引导农村本土社会成员理解和遵守环境政策，而且还激发了他们超越简单遵从、服从的动力，使其积极主动参与到环境治理的实践中去。这种价值观念的内化，使得农村环境治理参与不再是外在的强制力量，而是参与者内在的自觉行为。归属感则是农村环境治理参与成员对于共同体认同的情感体现，它来自在环境治理过程中形成的共同经历和目标，归属感的强化将使得参与者的动机与行为更加契合农村环境治理共同利益目标。因此，农村环境治理的实质共同体并非仅仅是外部表征的政策执行效率提升的形式共同体，更是一个深植于村庄本土文化和价值体系中的内涵深厚的人文价值倾向和归属意涵的有机实质情感共同体。因而情感治理机制就是农村环境治理实质共同体构建的重要机制之一。从情感生成的层面来看，农村环境治理共同体也是一个渐次建构的情感治理过程，其中，参与者之间构建在互动、协商、沟通与认同基础上的环境治理情感的形成、建立与稳固经历了"陌生—熟悉""熟悉—关联""关联—团结"这三个典型的阶段，分别对应于农村环境治理参与者触发参与情感、形成信任情感、增进认同情感的过程。从治理的角度来看，这三个阶段分别体现的是"唤醒共治情感—和谐共治关系—培育公共精神"的情感治理过程机制（高飞，2022），展现了参与者之间在纵横联动的农村环境治理关系网络中重构以人为本的空间共同体、形塑基于从旁观者到行动者的生活共同体，以及建造基于归属感的价值共同体的农村环境互动式治理进程，进而促进农村环境治理共同体构建目标的实现。

第 10 章

我国农村环境治理路径与政策分析

前面章节基于对农村环境治理典型问题的剖析，典型特征的概括，典型案例的观察、深描，以及成功经验的总结与分析，展示了当前我国农村环境治理丰富的实践图景。本章在前述研究的基础上，探索优化我国农村环境有效治理的实践路径，并探究不同路径的差异及其背后的生成机制，在此基础上探讨我国农村环境治理的优化政策，为推动我国农村环境长效治理提供行动方案与策略指导。

10.1 我国农村环境治理的实践路径

某种意义上来说，农村环境治理既是国家引

领农民生活方式变革的一次尝试，也是国家对农民生活宜居需求的政策回应（王进文，2024）。当前，多元主体特别是村民主体积极有效参与我国农村环境治理已然从一个宏观的治理理念、治理目标走向了具体的治理实践。在不同的农村环境治理情境下，党组织、政府、企业、社会组织、村庄自治组织、村民等主体结构要素在治理实践中所扮演的角色各不相同，进而形成不同的治理模式，并表现出不同的实践样态。其中，村民作为关键主体都发挥了不可替代的作用。可以说，无论是哪一种农村环境治理模式或治理样态的成功实践，都离不开村民积极而有组织性地参与。总体上来看，凸显村民主体特征的农村环境治理模式的成功是通过不同的路径来实现的。其中，行政放权下的激活型路径、党建引领下的凝聚型路径、技术动员下的激励型路径、精英主导下的自治型路径等都将是未来我国农村环境实现有效治理的可行路径。

10.1.1 行政放权下的激活型路径

传统的行政主导型农村环境治理模式体现为农村环境治理中的行政支配与行政包揽，村民参与不积极甚至象征性参与、不参与现象比比皆是，"干部干、村民看""政府包揽越多，群众越不满意"等问题凸显。由于村民在村庄环境治理中的不合作行为大部分都是"踩线不越线"的，加之农村基层社会的自治属性，直接通过行政手段及行政规制对村民的环境治理不合作行为予以处罚和惩戒往往并不多见。在此背景下，通过机制创新来激活自治，进而从村庄内部形成一种村民群体集体认可并且能够共同遵守的社会规范，即通过借助村庄内部社会的自治力量，实现农村环境治理的社会规制在场。社会规制将促使村民碍于面子、人情、名声等社会性要素及其背后的隐形利益进而抑制和约束自身在农村环境治理过程中的逐利冲动、象征性参与行为以及计较意识等等，并按照集体的约定真正承担起自己的环境治理责任、重塑自身的环境保护行为习惯和公共精神，继而增进自身与村庄社会和基层政府环境治理目标的耦合性、利益的一致性以及行动的协同性。需要提出的是，社会规制的生成需要一个介于基层政权或村两委与村民之间的"中间组织"。此类组织通过对村民农村环境治理不合作行为以及村民私人利益的无度扩张施加"软约束"，进而在村庄社会凝聚起一种凸显公共性的农村环境治理内在力量。在农村环境治理的成功模式与地方实践中，大部分都成立了这种中间组织并积极履行了组织职责。例如，村民理事会、协商议事会、乡贤联合会、发展理事会等等。基层政权和村"两委"通过设置并赋能这种中间自治型组织，一方面，实现对村民群众参与农村环境治理的内部组织动员，并很大程度上保证了村民参与农村环境治理的有序性、规范性和有效性。另一方面，为农村环境治理中知识民主观念的塑造、实现行政技术与本土知识的适配提供了行动载体。

众所周知，农村环境治理过程中，行政主导下的技术性治理行动确实取得了立竿见影的治理效果，但不可否认的是，传统的技术性治理作为一种外置性治理手段，将权威专家视为"内行"，将村民群体视为"外行"和"客体"，村民往往被排斥于环境治理决策、规划等具体过程之外。这将导致以权威专家建议、专家论证为主要特征的传统技术性治理在农村环境治理实践中会不同程度地偏离村庄本土性知识，进而难以触及村民群体的内在生活习惯和底层行为逻辑。这也是农村环境治理"一时有效"而"长期失效"的重要原因之一。村民理事会等"中间组织"根植于农村基层社会，不仅搭建了政社沟通的常态化机制，而且在行使职责过程中会更多地尊重地方环境治理本土性知识和本土日常经验的情景适应性，破解农村环境治理政社信任和信息交流"最后一公里"问题，形成上下互动、左右联动的双向度、多维度的以适应性和真诚性为特征的政社、社社沟通情境，不断地弥合政府与村委之间、政府与村民之间、村委与村民之间、村民与村民之间农村环境治理的知识鸿沟和价值分歧，寻找彼此之间在环境治理决策、环境治理程序、环境治理规则、环境治理标准等内容上的最大交集，最大程度地增进环境治理决策的优化度、环境治理过程的公开度与透明度，进而提高村民参与农村环境治理的积极性和有效性。

因此，在农村环境治理过程中，行政主体从传统的"控制取向"向"赋权取向"转型与切换，赋予农村环境治理中村庄"中间组织"自治权限、自主空间、转化能力与容错机会，重塑村庄自治组织的主体地位和组织化能力，推动村庄"中间组织"公共性角色的转型与自治活力的释放，进而将村民组织和集中到农村环境治理具体过程中来，形成"人人参与、人人尽责、人人享有"的农村环境治理新局面，促进农村环境长效治理。

10.1.2 党组织引领下的凝聚型路径

从农村环境治理共同体模式的麻城实践来看，农村基层党组织在环境治理中发挥了积极而重要的作用。作为该地区农村环境治理的核心结构性要素，农村基层党组织不仅仅是一个政治组织，更是一个多功能的服务平台。其通过宣传、动员、服务、吸纳、整合、培育等多维机制，将农村居民、村集体组织、社会组织等多元主体联结、凝聚到农村环境治理网络结构体系中来，并对农村环境共同治理的价值、资源、制度、组织等要素进行汇聚和集成，重塑了多元主体之间的治理关系，从而形成一个凸显多元主体共同积极有效参与特征的农村环境治理有机体，有效提升了农村环境治理的结构和功能，推动了农村环境治理共同体的形成。因此，党组织引领下的凝聚型路径也是提升农村环境治理效能、实现农村环境长效治理的重要路径。

在党组织引领下的凝聚型路径中，基层党组织基于解决农村环境治理问题、回应农村环境治理需求的目标，通过有效的组织与引导，聚合农村环境治理各要素，促使多个治理主体，尤其是村民群体之间形成紧密相连、互相促进和合作共赢的关系网络，实现村庄内部社会关系的重塑和新的治理关系的生成。从多元主体治理关系的凝聚来看，在环境治理共同体建设的麻城实践中，通过以塆组为单位，建立"党员联系户"制度。党员在联系农户的过程中，一方面，自上而下地向农户宣传和宣讲党和国家农村环境治理相关政策文件，向农户传达村庄建设及环境治理规划与项目开展情况，动员群众积极参与；另一方面，也要询问村民群众环境治理以及日常生产生活中的各类需求、意见、建议或者困难，并将相关需求和建议自下而上传递给村委会、乡镇政府或其他相关部门。遇到职责范围内和力所能及的问题，党员还需要直接为村民提供服务，将问题和矛盾直接化解在基层。同时，在村党组织的领导和党员的发动与组织下，建立塆组会协商议事平台，对党员入户收集到的民需民意、问题困难进行协商讨论，并拿出具体措施予以解决或者回应。从治理组织要素的培育来看，一方面，建立党建下沉机制，建立了"行政村党委—村民小组党支部—塆组党小组—党员联系户"四级组织体系，将党建单元延伸到塆组，并直接到家户，实现了对乡村社会的政治整合（李华胤，2023）。另一方面，建立村庄自治组织培育机制。村级和塆组两级党组织根据村庄环境治理实际需要，吸纳乡村精英、志愿者、乡贤等成立协商议事会、发展理事会、乡贤联合会等村庄社会自治组织以及环境治理志愿小分队、网红宣传小分队等团体，激活村庄自治活力。让每一位村民都有一个以上的组织归属，使得环境治理不同主体特别是村民主体之间形成高度组织化的关系网络，进而有利于达成集体行动。

在党组织引领下的凝聚型路径中，党组织在集成治理要素、培育治理组织、生成治理关系的基础上，进一步构建环境治理制度要素，将多元主体之间以及村民之间、各自治组织、社会组织之间的关系、机制运行等以制度的形式固定下来，治理关系的制度化使得多元主体之间的关系更加稳固。党组织引领下的凝聚型路径为我们推进农村环境长效治理提供了一个新的思路与方法。

10.1.3　技术动员下的激励型路径

在农村人居环境治理积分制模式的地方实践中，积分制作为农村环境治理的一种兼具技术属性和社会动员属性的技术工具（程序化的操作手段），通过将积分与经济、福利、权益、资源等奖惩挂钩以激励和规范村民等主体参与农村环境治理，体现了治理手段的技术化，借势于国家引领能力和村庄乡土秩序，落脚于发动和组织群众参与。积分制背后所体现的激励型技术动员，契合了农村人居环境治理问题的交互需求和化简需求（王辉等，2024），是实现农村环境有效治理的一条成功实践路径。

在农村人居环境治理积分制运作过程中，基层政府部门通过利益竞争、共识凝集、赋权赋能等机制将积分制嵌入既有农村人居环境治理结构并使之有效运作，有效动员了"天然在场"的村民积极参与到人居环境治理过程中来，让基层村民的生活经验和文化习惯对接、嵌合了国家的引领性表达。利益竞争层面，一方面，在横向上积分制通过评分、积分、兑分的过程，通过村民之间的竞争评比，将村庄人居环境治理效益与村民参与人居环境治理的个体利益挂钩，将村民环境治理参与行为直接转化为村民看得见摸得着的实实在在的经济利益；另一方面，积分制还建立了多层嵌套的纵向利益激励机制，将积分评比拓展到村级、乡镇级，将村庄、乡镇的积分情况纳入年终绩效考核，从利益、权利等层面提升村民以及村两委干部、乡镇政府部门参与人居环境治理的意愿和行为。共识凝集层面，积分制作为外部嵌入的制度设计，将处于刚性法律地位的国家法规与处于柔性道德地位的乡土规范进行嵌合、融合与互补，通过政治认同转化、特定政策认知提升、声誉生成与面子生产等方式，将村民对国家的政治认同转化为对村庄人居环境治理和积分制的认同。积分制不同于自上而下的权威的命令和说教，定期的亮分、评分、兑分环节实际上就是一个声誉生成与面子获得的过程。面子作为我国乡土社会的重要文化元素，深刻影响着乡村内部的人际关系、社会资本和社区治理。其内涵不仅仅是表面上的体面和尊严，更是个体在村社群体中身份认同与社会地位的体现。面子成为村庄社会群体在社会交往中维持声誉、威望、自尊和提升社会认同的重要工具。村民如果由于积分低而被纳入"黑榜"就会觉得失去面子，由于积分高被纳入"红榜"不仅会觉得增了面子、在心理上获得满足，还会内化为自身隐性的社会资本，在日后竞选村干部、争取公益性岗位、获得社会资源等方面转化为现实利益。积分制巧妙地发挥了面子在乡土社会中起到的连接人与人之间关系的作用，而积分制下的面子文化在很大程度上调节了农村人居环境治理中乡土社会的互动规则。赋权赋能层面，积分制通过赋予村民人居环境治理参与权、监督权、效益分配权等来激发村民等主体参与农村环境治理的积极性、创造性和效能感。例如，村民在环境治理中能够对治理措施和计划提出意见和建议，并得到回应。这种民主化的过程提升了环境治理方案的科学性和合理性，使治理措施更符合实际需求。监督权则确保了治理过程的透明性和公正性，效益分配权使得每位村民都享有权益凭借自己的贡献程度兑换相应的奖励，使得村民们能够及时分享环境治理带来的成果。这种权利的赋予让村民们感受到自身努力的价值，从而激发出更高的积极性和创造性，推动他们主动参与到环境保护和改善中。

技术动员下的激励型路径不仅仅是技术应用的简单叠加，它是多种逻辑相互交织、共同作用的复杂过程。这一过程既是技术穿透、引领和服务社会的过程，也是政治逻辑、行政逻辑、市场逻辑和乡土逻辑共同作用和系统增能的结果（王辉等，2024）。政府的政策导向和法规框架为农村人居环境治理的技术动员提供了制度保障；而行政层面的执行力和管理能力是技术动员成功的关键，市场机制在技术动员中起到重要的推动作用。乡土逻辑强调了地方文化和社区参与的重要性。在农村人居环境治理中，地方知识、村民文化习惯、价值观和环境治理实践经验等对技术的应用具有重要影响。这意味着技术的引入只有尊重当地的习俗和生活方式，才能使其在地方实践中得到落地、生根。政治、行政、市场和乡土逻辑的有效结合，最终形成了农村人居环境治理协同效应，推动实现了农村人居环境的有效治理。

总之，在农村人居环境治理中，技术动员下的激励型路径是一个多维度、多逻辑交织的复杂过程，其成功实施依赖于政治、行政、市场和乡土逻辑的共同作用。这一过程不仅提升了农村环境治理的效率和效果，也为实现可持续发展提供了有力支撑。

10.1.4 精英主导下的自治型路径

在农村环境治理"六自三微"模式的地方实践中，返乡青年精英 LY 凭借其一定的教育背景、外出务工经历和环境改造设计技能，以及浓厚的乡土情怀，成为推动村庄环境治理的关键力量。LY 在村"两委"的支持与配合下，发动并组织党员群体、工匠、乡贤以及有着共同梦想的青年人，在村里组建了乡村环境改造小分队，按照"小投入、微改造、精提升"的思路，坚持通过集思广益、科学规划、带头示范、宣传营销等方式引客入村、聚人气财气，最终让村庄村民、工匠、乡贤等主体在"自我参与、自我管理、自我维护、自我监督"中，稳步提升了自身作为人居环境治理"主人翁"和"缔造者"的荣誉感和获得感，纷纷积极主动且持续地参与到村庄人居环境治理中，走出了一条农村人居环境整治的新路子。

在精英主导下的自治型路径中，村庄精英是不可或缺的关键治理主体。其中，政治精英通常由村"两委"成员构成，他们不仅拥有丰富的政策理解和实践经验，还往往能够直接接触上级政府部门，为村庄环境治理争取政策支持、项目资金和各类资源。经济精英包括村里的成功企业家、外出务工返乡的致富带头人或是拥有较大经济实力的村民，他们拥有一定的经济资源和财力，能够为村庄环境治理注入资金支持。社会精英往往是村庄里受到广泛尊重的长者、文化和技术带头人或是志愿者组织的负责人，他们凭借长期在村庄中建立的良好信誉和人脉网络，成为村庄环境治理的主要组织动员者，抑或是因为拥有专业特长而在村民中有着极高的号召力和影响力，能够调动和组织村民积极参与农村环境治理。总而言之，治理精英凭借深厚的群众基础、广泛的影响力和草根威望，处于村庄环境治理的中心位置。这种核心位置使得村庄治理精英能够有效地组织动员村民等各方力量，协调各方之间的关系，使村庄的环境治理从被动接受转变为自主参与，推动村域环境有效治理。

最终，通过治理精英的协调和领导，村庄内的各类主体形成了一种"同心圆"式的圈层结构。不同的主体围绕治理精英逐层展开，形成了具有凝聚力和行动力的村域内本土性环境治理关系结构。政治精英在政策和资源层面提供支持，经济精英提供资金和产业发展带动，社会精英组织村民自主开展环境治理活动。普通村民在这个治理结构中，通过治理精英的引导，积极参与村庄环境治理的各项事务，从而使得村庄的环境治理更具活力并形成强大合力。这种"同心圆"圈层式的村域本土性环境治理关系结构不仅提升了村庄环境治理的向心力和凝聚力，还使村庄环境治理更加灵活高效，村民可以根据他们的需求和想法自主地参与村庄环境治理。这一治理路径也更适合村庄环境的多样式改造和精细化治理。

10.2　多元路径的差异及其生成机制

10.2.1　不同类型路径的差异及其比较

上文从农村环境治理中的村民主体性视角出发，分析了行政放权下的激活型路径、党组织引领下的凝聚型路径、技术动员下的激励型路径、精英主导下的自治型路径四类较为典型的凸显村民治理主体性地位的农村环境治理路径。那么，这四类路径分别适用于哪些具体的农村环境治理情境？也即每一类治理路径"为何生成?""何以生成?""结果如何?"。为了回应这些问题，下文将引入"动因–过程–效能"的分析框架，进一步比较不同情境下农村环境治理具体路径的特征及差异性，以期能更深层次地探寻农村环境治理不同实践路径的一般性规律。

在"动因 – 过程 – 效能"分析框架中，"动因"是指推动农村环境治理行动开展的各种内外部因素，其揭示了农村环境治理的背景和缘起，从而回应了农村环境治理的现实需求、治理路径转型的内在诉求以及治理驱动力的来源等关于每一类治理路径"为何生成?"的问题。"过程"则依赖于贯穿农村环境治理始终的一系列实施和运行机制，其中，主体联结是前提机制、主体互动是基本机制、主体决策是关键机制，通过对这三种机制的提炼可以勾勒出每一类治理路径"何以生成?"的过程逻辑。"效能"即为农村环境治理路径的具体特质及其实际治理效果，那么，一种有效的治理路径应该具有较强的治理韧性（能否有效适应农村环境治理中的各种情境）和治理能力（能否有效解决农村环境治理中的各种难题）以及能够培育维系蕴含可持续发展内核的治理文化，基于此，可以在一定程度上测量评估每一类治理路径"结果如何?"。这一分析框架为比较不同类型农村环境治理路径的异同提供了一个较全面且系统化的视角，具体如表 10.1 所示。

表 10.1　　凸显农村环境村民治理主体性地位的四类实现路径及其比较

路径类型	治理情境	治理动因		治理过程			治理效能		
		外部动因	内部动因	联结机制	互动机制	决策机制	治理韧性	治理能力	治理文化
行政放权下的激活型路径	治理内卷下的内生动力激活	行政干预过度	村域内生动力受限	基于自治型组织的"上下联结"	政社互动	基层党政、村"两委"主导决策	★	★★	★★
党组织引领下的凝聚型路径	治理真空下的治理关系重构	外部力量嵌入整合能力缺乏	村域治理关系松散	基于"群众路线"的主体凝聚	政社、社社互动	党组织引领决策	★★★	★★★	★★★

续表

路径类型	治理情境	治理动因		治理过程			治理效能		
		外部动因	内部动因	联结机制	互动机制	决策机制	治理韧性	治理能力	治理文化
技术动员下的激励型路径	参与不足下的社会治理创新	治理技术与方式的创新诉求	村民参与程度不高	基于行为量化与道德可视化的利益激励	政－企－社联动	村"两委"与其他组织共同决策	★	★★	★★
精英主导下的自治型路径	主体缺位下的公共性再生产	外部治理主体缺位	村域公共性危机	基于"草根威望"与社会资本的合作生产	社社互动	村民自主决策	★★	★★	★★

注：治理效能中"★"越多代表对应路径的治理效能在该维度的表现越好。

从表10.1可以发现，行政放权下的激活型路径一般更适应于治理内卷化下村域内生动力不足的农村环境治理情境，其生成动因在于传统的行政力量主导并支配农村环境治理全过程，使得村民在环境治理中被边缘化，压制了村民主体性作用的充分发挥，而这恰恰与农村环境长效治理所需的共建共治共享等内在诉求相悖，进而"干部干、村民看"的现象屡见不鲜，造成了行政主导下大量资源投入后农村环境治理效果短期化甚至是无效化的内卷化困境，因此亟须转变治理路径。另外，农村社会中存在着丰富的本土性治理资源有待发掘，例如，乡风民俗的濡化作用、村规民约的规制作用，因而成为农村环境治理路径转变的着力点，即在行政放权的基础上通过机制创新以激活村民自治的内生动力。在农村环境治理过程中，行政赋予的治理自主权如何转化为村民自治活力的"催化剂"是这一治理路径得以生效的关键环节，也即以一种可供替代的方式使得村民主体功能得以充分发挥，实现政社之间有效且可持续的互动。在农村环境治理实践中，村民理事会、协商议事会、乡贤联合会、发展理事会等自治型组织则起到了"上下联结"的关键作用。

基层政权和村"两委"通过这些自治型组织在实现对村民参与农村环境治理的内部组织动员的同时也为实现行政技术与本土资源的适配转化提供了可行载体。但是，在行政放权下的激活型路径中，行政力量是激活主体，村民是被激活主体，故仍然是基层党政和村"两委"主导环境治理决策。

党组织引领下的凝聚型路径一般更适应于治理真空下治理关系重构的农村环境治理情境。随着农村社会结构的变迁，在一些村庄，特别是偏远地区，地理区位的局限及外部资源的缺乏导致其无法借助村域外治理主体的推动与治理资源的输入实现村域内治理结构的整合优化。同时，原有的村委会、自治组织、社会团体功能薄弱，更是无力改变村民不参与的集体行动困境。政府注意力分配的不均等、企业的逐利化倾向、村庄本土性治理机制的不健全共同导致了治理结构松散与治理责任模糊等问题的出现，使得一些村庄处于"无人问津"的治理真空状态。农村环境治理作为影响人民群众生产生活质量的大事，直接关乎到人民群众的获得感和幸福感，然而治理真空状态则会直接导致农村环境治理陷入停滞不前的局面。在这样的治理困境下，党组织通过发挥其领导核心作用，以强大的政治号召力和组织动员能力。一方面，在联系家户的过程中通过基于从群众中来、到群众中去的"群众路线"，在自上而下地宣传动员村民参与的同时也自下而上地收集村民的需求、意见、建议等信息并予以解决；另一方面，将企业、社会组织等治理主体吸纳到农村环境治理中，进而有效地凝聚各方力量和统筹各方治理资源，形成具有凝聚力和行动力的农村环境治理关系网络。在这一治理关系网络的运转中，党组织引领广大村民参与到环境治理决策中。

技术动员下的激励型路径一般更适应于社会参与不足下社会治理创新的农村环境治理情境。随着农村社会中村民流动化与个体化的加剧，村民参与村域环境等公共事务治理的主动性和积极性不足已然成为制约农村环境长效治理的关键难题，对此，政府鼓励各地通过治理手段方式的创新去扭转这一局面。同时，诸多村庄在上级政府的指导下结合本地实际情况进行治理创新寻求破局之道，以激发村民参与农村环境治理的积极性。在农村环境治理创新实践中，积分制作为农村环境治理的一种兼具技术属性和社会动员属性的技术工具，通过将村民环境治理行为与道德量化和可视化，并且依托于声誉和面子等社会资本的隐性作用，以治理技术嵌入和社会资本调节等复合式手段，激励村民主体积极参与到村域环境治理中，并吸引环保企业等市场主体参与进来。在积分制治理中，积分细则、兑换流程和管理规章等内容往往是村"两委"在按照上级政府的指导文件的前提下，在契合本村治理实际情况的基础上，参考村民、企业等主体的意见建议进行决策，村民只需按照积分细则采取环境治理行动便可获得相应的收益，并不能充分地参与到环境治理决策中。

精英主导下的自治型路径一般更适应于治理主体缺位下村域公共性再生产的农村环境治理情境，这一路径的生成源于部分农村地区在资源配置、组织能力和社会动员等方面的特定困境，具体而言，由于政府在治理资源投入与治理能力供给方面存在不足使得部分村庄的农村环境治理行动缺乏来自外部的助力，也即行政主体的缺位。同时，村级自治组织缺乏有效的领导能力、执行能力和组织动员能力导致村域本土性治理机制无法有效运行，分散化的村民主体难以自主达成共识、形成环境治理集体行动，结果便是村域公共性危机加剧。这时，村庄中的地方精英，通常是具备较强社会资本、经济实力或文化影响力的群体，往往成为农村环境治理中的核心力量。村庄精英基于自身的群众威望和社会资本将村民们组织动员起来的同时，也联结了村级自治组织与村民之间的关系，从而在缺乏外部政府支持或正式组织力量的情况下促进村域公共性再生产，实现农村环境有效治理。在精英主导下的自治型路径中，村庄精英和村民共同自主决策村域内环境治理事务。

综合上述分析，并进一步比较表10.1可以发现，凸显农村环境村民治理主体性地位的四类典型实践路径中，村民主体在农村环境治理中的参与程度依据"激活型路径/激励型路径—凝聚型路径—自治型路径"的顺序不断深入。但是，从治理效能来看，村域环境治理韧性、治理能力与治理文化的提升度与这一趋势并未保持一致。这是因为，在当前农村环境治理实践中，凸显村民在农村环境治理中主体性地位的同时，也要关注村域外部主体、资源在农村环境治理中的整合协调作用。有效的农村环境治理应该是实现村庄外部与内部在主体联结和资源整合上的动态有机平衡，但其出发点和落脚点仍是助推村民自觉、自发、自主地参与到农村环境治理中，在这一过程中，外部力量与资源的嵌入也是不可或缺的。只有如此，农村环境治理才能有效地适应各种具体治理情境和有效地解决各种特殊治理难题，并培育维系蕴含可持续发展内核的治理文化，实现农村环境的有效且可持续治理。据此，党组织引领下的凝聚型路径更好地实现了外部资源嵌入作用和内生资源主体作用的互嵌融合，故治理效能高。精英主导下的自治型路径则更加突出内生资源主体作用的发挥，而较少依赖外部资源的牵引带动，故治理效能较高。而行政放权下的激活型路径和技术动员下的激励型路径在行政直接干预减少的同时村民又尚未能够直接且自主地参与到村域环境治理决策中，尤其是在具体的环境治理情境发生改变时不能及时且有效地适应，故治理效能较前两者而言一般。

10.2.2　路径差异的生成机制

进一步拓展上述研究，为什么位于同一县域甚至同一乡镇、环境治理内部结构（主体缺位、结构松散等）相似、环境治理议题（组织动员村民参与）也基本相同的不同村庄，其农村环境的有效治理会依赖不同的关键主体？为什么以不同的关键主体为核心建构而成的凸显农村环境村民治理主体性的实现路径会存在上述差异？我们从多个角度进行具体分析。

其一，回到典型农村环境治理案例中不同路径的治理情境，我们不难发现，如果仅依靠政府"政治权威"的号召与动员抑或顶层政策的刺激与牵引，组织动员村民参与以实现农村环境有效治理显然是难以从文本理念走向基层实践的。本质上而言，是农村地区环境治理压力外溢不同程度地触发了环境治理路径的建构。即农村环境治理压力外溢构成了组织动员村民参与以实现农村环境有效治理从理念到实践的关键推动力，当农村环境治理难题仅仅依靠现有核心主体难以得到有效破解时，那么环境治理压力将会突破原有治理结构边界，触发环境治理路径的转型再建构。例如，行政放权下的激活型路径的动力源头在于传统的行政力量单一主导农村环境治理全过程往往将村民的需求、意见、建议边缘化，压制了村民主体性作用的充分发挥，无法调动村民主动参与环境治理的积极性，造成了行政主导下大量资源投入后农村环境治理效果短期化甚至是无效化的内卷化困境，因此亟须转变治理路径。党组织引领下的凝聚型路径的动力源头在于农村社会结构的变迁使得一些村庄由于地理区位的局限及外部资源的缺乏导致其无法借助村域外治理主体的推动与治理资源的输入实现村域内治理结构的整合优化，同时原有的村委会、自治组织、社会团体功能薄弱，更是无力改变村民不参与的集体行动困境，因而需要一个具有强大统筹、组织、动员能力的治理主体将各主体凝聚起来。技术动员下的激励型路径的动力源头在于村民参与村域环境等公共事务治理的主动性和积极性不足已然成为制约农村环境长效治理的关键难题，因此，政府鼓励各地创新农村环境治理方式手段，村庄在上级政府的指导下结合本地实际情况进行治理创新以激发村民参与农村环境治理的积极性，便成为当前主要的治理压力。精英主导下的自治型路径的动力源头在于村域治理主体缺位和公共性危机加剧的困境需要一个既拥有较为丰富的治理资源又熟知村域本土情况的主体牵头和主导环境治理事务。

其二，凸显农村环境村民治理主体性作用的治理路径建构差异来自"关键主体"的不同，而关键主体的产生有的是"被动"的，有的则是"主动"的，也即，不论是"被动"或者"主动"，最终都因承接了外溢的环境治理压力而成为关键主体。因此，是否成为关键主体并不完全取决于各主体的自主选择，而是由所在地区乡村治理相关制度安排所最终决定的。制度安排一方面确保环境治理压力在多层次主体之间传导，通过监控和反馈机制，及时发现和解决传导路径中的问题，确保压力传导的顺畅和有效；另一方面通过激励与约束机制，鼓励关键主体积极参与环境治理，避免相关主体逃避责任。乡村治理相关制度安排通过形塑农村环境外溢的治理压力传导路径进行关键主体的甄别与选择。作为环境治理压力传导路径的终端，关键主体既不能将环境治理压力整体转嫁给其他主体，也无法依靠自身力量破解环境治理难题（许文文和张牧辛，2024）。在此情况下，通过与村庄内外其他主体联合互动并且互补嵌合开展协作行动便成为其必然选择。制度的设计和实施不仅决定了村庄环境治理压力的有效传导与路径选择，更影响了关键主体的行为和选择。故而，制度形塑了村庄环境治理压力传导路径，进而决定了凸显农村环境村民治理主体性的治理路径建构的关键主体。

其三，不同关键主体所拥有和掌控的战略性资源不同，很大程度上决定了环境治理建构路径的不同及其差异。战略性资源是一个组织或者主体在实现某一目标和使命的过程中能够长期提供长久竞争优势和独特价值的能力，具有稀缺性、难以模仿性、价值性和持久性等特征，包括物质资源、技术资源、人力资源、社会资本、网络资源、知识资源等多种类型，是其他与之存在竞争的组织或者主体难以复制的技术、能力与资源。在上述四类路径的构建中，不同关键主体凭借自己所特有的战略性资源，组织动员村民参与以实现农村环境有效治理的路径建构。例如，党政类型的关键主体依靠自身特有的"政治权威"和强大的组织动员能力建构农村环境治理网络，不断吸纳、凝聚、激活其他主体参与村庄环境治理。乡村精英类关键主体凭借自身独特的群众威望和社会资本，组织动员村庄居民自主进行环境治理。社会组织或者村庄内部自治型组织凭借自身的专业能力或专长，通过数字技术等手段将不同类别、层级的主体、资源、活动等集成到同一空间，撬动并聚合其治理资源，形成共同行动网络，建构共同行动秩序。因而，不同关键主体所拥有和掌控的战略性资源的差异，显著影响着农村环境有效且可持续治理实现路径的建构和实施。

综上所述，不同县域、乡镇乃至村庄的制度安排塑造了不同类型的环境治理压力传导路径，进而选择并最终决定了农村环境治理路径建构中的关键主体，而不同关键主体所拥有的战略性资源的差异又决定了其环境治理行动路径与行为选择的差异。故而，制度以"关键主体的选择"为中介形塑了以凸显村民治理主体性实现农村环境有效且可持续治理路径建构的多元化实践样态。

10.3 优化我国农村环境治理的政策启示

农村环境治理既是国家引领乡村地区村民生活治理变革的一次有益尝试，也是国家对于乡村振兴战略下村民生态宜居需求与美好生活向往的有效回应。随着当前农村环境治理的深入推进，农村环境卫生状况得到了极大的改善，村民环保意识得到了大幅提升。然而，农村环境治理是一个系统工程，村民能否积极有效参与其中是农村环境治理是否能够最终取得成功的关键因素。故而，如何在培育并增强村民参与农村环境治理内生动力、提升村庄自身环境治理整体能力的基础上，稳步推动实现农村生态环境的长效治理依然是新时代生态文明建设的重要议题。上述章节的研究，为进一步优化农村环境治理提供了很好的政策启示。

10.3.1 进一步理顺政府在农村环境治理中的职责与权能

前文研究表明，农村环境的有效治理离不开政府责任的实现，不仅需要政府承担起重要治理主体责任，充分发挥"同辈中的长者"作用，尊重村民主体、社会组织以及市场主体等在治理中的地位，并且有效整合各参与主体力量，与其他多元主体进行平等对话协作，为多元主体治理作用的发挥创造良好政策环境，积极引导和支持其他多元主体参与到农村环境治理中来。

第一，政府可以在改变城乡环境治理差序格局、提高城乡公共服务均等化上有更大作为。加大完善各级地方政府官员的政绩考评体系，提高生态环境治理考核力度（如生态环境改善的具体数据、污染物排放的减少比例、绿色空间的增加、生态修复的成效等），将政府官员在生态环境治理方面的实际贡献切实纳入晋升考评体系。同时，探索按照公共产品受益范围原则，根据其管辖范围内的利益相关者，清晰界定各级政府部门在农村环境治理中的责任与边界，明确各级政府在资源配置和政策执行中的角色与权责，加强不同部门之间的协作与沟通，避免职责空缺、职责悬浮、职责重叠与资源浪费。在此基础上，大力增加农村环境治理的财政投入特别是基层政府专项转移支付投入，加强农村地区供水、排污、垃圾处理等环境基础设施建设，加快补齐农村环境治理"硬件"短板。第二，在农村环境治理中，政府监督责任的有效发挥是实现农村地区生态环境有效治理的重要环节。政府作为环境治理政策的制定者、执行者和监督者，应当制定科学合理的农村环境污染监管政策、监管标准和监管规范，加强农村环境治理监管队伍建设，打造规范、公正的环境污染监管制度环境，优化监管机制，全面提升监督能力。例如，建立环境监测和信息公开平台，强化对环境治理过程的监督，促进各级政府部门和其他主体在环境治理中主动作为、正确作为，确保公共资源被合理和有效地使用。建立健全环境责任追究机制，对农村环境治理中失职、渎职的行为进行问责、追责，确保环境治理政策得到有效执行。第三，社会组织作为连接政府、企业和公众的桥梁，在农村环境治理中发挥了重要而独特的作用。政府要大力支持农村地区社会组织发展，通过提升社会组织发展能力来支持社会组织参与农村环境治理。例如，出台更加有效的奖励政策（如税收减免、项目资助等），建立表彰机制，对于在环境治理中表现突出的社会组织，给予表彰和奖励，提升其社会地位和影响力。出台相关规制性文件、搭建平台载体，督促社会组织建立健全内部管理制度，包括组织架构、财务管理和人力资源管理等，提升其专业服务水平。对于环保类社会组织属于纯粹公益性社会组织，适当放宽登记管理制度，提升社会组织参与农村环境治理的合理性和合法性。更为重要的是要强化社会组织的资金保障，完善政府购买服务的主体遴选机制、运行监管机制等，推动环保社会组织参与农村环境治理的规范化。此外，良好的制度信任水平有助于充分调动农民的环境治理决策参与意愿，而构建科学高效的环境污染监管体系则是提升农民制度信任水平的基础与保障（曲延春，2021）。应以村民自治组织为载体加强环保宣传教育，通过环境治理议题的设置和公共空间的建设，加强乡村社会资本的培育与建设，形成农民主动参与环境治理的良好社会氛围，大力提高农民的制度信任水平。在制度供给层面，设立多层次的参与渠道，建立多层次参与机制，提供必要的技术支持和资源配置，创造参与空间，提供参与支持，另外，制订参与计划，设计出灵活多样的参与方式。在权益实现层面，加强对环境权益的法律保障，主动公开与农村环境治理相关的信息，建立健全生态补偿机制等，回应农民环境权益、经济权益和其他权益诉求。

10.3.2 进一步完善和优化农村环境治理的村民参与机制

随着"和美乡村"建设进程的深入推进，理念与技术的变革使得村民参与农村环境治理成为越来越迫切的需求。村民参与的内容扩充和渠道扩展促使了环境治理中村民"象征性参与—实质性参与—科学参与"的路径转变，村民参与作为一支重要力量，其主体性地位的稳步提升将逐步打破传统农村环境治理"政府主动、企业被动、村民不动"的原有格局，推动农村环境治理模式向凸显村民主体特征的多元共治模式转型。进一步完善村民参与农村环境治理的制度设计与机制，一方面，将有助于赋予村民享有获取环境信息的权利以及按照相关途径与程序、平等参与关乎环境利益的决策，进而推进农村环境治理"理性决策"，提升决策的科学性、准确度与认同度。另一方面，也将使得村民们通过参与了解村庄内部及其周围环境信息，知晓自己暴露于污染的程度，进而采取预防措施与治理行动。此外，还将有利于促进村民社会学习、化解因各类环境问题引致的社会冲突。

党的十九大报告指出，要"构建政府为主导、企业为主体、社会组织和公众共同参与的环境治理体系"。而科学有效的农村环境治理体系既要能够让村民愿意对环境治理决策做出反应，更要能够促使村民积极主动有效地参与到环境决策及其具体实施过程之中。对此，政府需要从"全能支配型"向"有限引导型"角色转变，不仅要完善农村环境治理的顶层制度设计，引导和支持乡镇和村庄完善农村环境治理引导机制、奖励机制、惩戒机制、监督机制，激发村民的环保意识，更要建立良好的回应机制与保障机制，鼓励和保护村民环境治理参与正当行为，确保村民参与的效率。在社会层面，数字平台和大众媒体所特有的专业技术支持和智能优势使其具备良好的环境治理参与意愿和能力。要建立环境治理信息平台，及时发布环保知识、治理进展、村民贡献等信息，进行环境治理实时数据监测，提升透明度和参与度。此外，现实中，村民、公众的意见"代言人"往往通过微信、贴吧、微博、论坛等平台发布信息、进行号召和动员，借助手机进行传播、互动，这将让村民环保行动更具有组织性。因此，要完善大众媒体信息传播与交流平台，引导大众媒体积极为村民大众代言，实现传播信息和塑造价值的社会功能。在村民层面，以村级组织为主导，要在环境保护与自身生活之间找到一个平衡点，从农村生活领域出发，形成符合农村地区生产、生活、生态特点的环境治理复合治理参与机制，推动形成现代化的日常生活秩序，在回应村民日常生活需求的同时，培养自身环境治理主体意识，提升自身环境治理能力，实现从被动参与到主动投入的转型。

10.3.3 着力培育和提升村庄环境治理内生能力

农村环境实现长效治理的关键是提升农村地区环境治理内生能力。首先，农村环境治理内生能力强调的是村民在环境治理中的主体性、主动性和治理能力。村民作为环境治理的受益者、环境治理过程中的主要参与者，是与农村环境治理关系最密切也是利益直接相关的主体。村民主体参与是实现农村环境有效治理和长效治理的关键。这就需要定期组织环保知识讲座和实地培训，增强村民的环境保护意识与技能，建立村庄内部的信息共享机制，鼓励村民之间分享治理经验和成功案例；丰富村民自治组织，鼓励村民成立环境保护联合会或志愿者团队，提升自我治理能力。完善规则制度，制定村规民约，明确村民在环境治理中的权利和义务，增强村民的责任感和参与感。同时，村庄内部的社会网络和信任关系是村庄环境治理内生能力的重要基础。良好的社会资本有助于村民在环境治理中形成合作、共识与集体行动，这就需要加强乡风文明建设。乡风文明是指在农村社会中形成的以传统文化、道德规范和社会习俗为核心的文明状态，既包括对自然环境的尊重，也包括对公共事务的参与意识以及对集体利益的维护。通过加强乡风文明建设，引领村民形成良好的生态观念和环境意识，引导村民增强对乡村环境的认同感和责任感，促进村民之间的相互信任与合作，进而形成良好的社会规范，这是提升村民环境治理能力的基础与前提。

其次，农村环境治理内生能力强调的是确立村级自治组织在农村环境治理中的核心主导地位，提升农村基层组织的治理能力和社会生活服务能力（朱战辉，2023）。通过村民的组织化，可以更好地协调行动、分配任务和解决问题。在农村环境治理过程中，深度挖掘村庄社会内部个体之间的共同需求，驱动建构各种形态相互交织的立体化基层社会组织网络，进而提升农村基层社会村民的组织化程度，是提升农村基层组织治理能力和服务能力的前提。故而，农村基层政府应出台具体措施，赋予以村委会为代表的村级自治组织充分的自主空间，支持和鼓励农村地区其他社会组织的健康发展，鼓励社会组织、专家团队等积极参与村庄环境治理，提供技术支持和咨询服务。同时，完善基层组织环境治理实践与反馈机制，鼓励村庄组织探索契合本地农村地区生产生活实际的环境治理新模式与新路径。就组织自身而言，要大力加强组织能力建设，积极发挥组织动员能力、资源配置能力和内部治理能力，进一步提升自身在农村环境治理场域中的治理效能。

需要提出的是，农村环境治理本质上是农民生活治理的重要组成。立足于农村居民日常生活变化与转型的现实基础，嵌入国家对村民群众美好生活需要的响应和治理现代化目标的要求，通过政府引导的制度嵌入、村级组织主导的社会嵌入和村民主体参与的生活嵌入，提升村民和村级组织的治理能力，逐步实现农村环境治理的常态化，重塑村民生活习惯与人心秩序，稳步改善农村内部日常生活秩序，增强对群众日常生活需求的回应能力，也是提升农村环境治理内生能力，实现农村环境长效治理的重要路径。

10.3.4　大力加强农村环境治理制度建设

随着农村环境治理的深入推进，村规民约等非正式制度的治理功能愈加凸显，2024 年中央一号文件指出，要强化村规民约激励约束功能，持续推进农村突出问题综合治理。这意味着村规民约不仅是农村社会内部形成的集体共识与行为规范，还逐渐成为国家政策在农村基层的嵌入与延伸，从而正向引导与约束村民环境治理参与行为。前文的研究已经指出，村规民约作为农村地区非正式制度与政策工具的典型形式，是正式制度的重要补充，其主要通过惩戒监督机制、价值导向机制和传递内化机制作用于村民环境治理参与行为，能够通过社会舆论引导、社会资本约束、生态文化激励、诱致性制度变迁等支撑，促进自治、法治、德治的互补融合，为塑造村民环境友好行为、协调环境利益冲突、优化合作治理结构、提升环境制度运转绩效提供坚强保障（潘加军，2021）。因此，需要在充分发挥正式制度外部引导规制功能的同时，积极夯实非正式制度内部自我约束的功能，促进正式制度与非正式制度相互补充、相互融合，形成良性互动、协同运转的高效的农村环境治理制度体系。

一方面，要立足于农村环境治理具体实际，赋予非正式制度一定的运转空间，注重乡村生态文明价值观、生态道德伦理、人情礼法、地方性惯例、互助规则等，以耳濡目染、耳提面命、化民成俗等濡化体验感知的形式，将农村环境治理中所禁止的事项、行为和所倡导的价值观念转化为契合乡村实际的可操作性的制度规则，将"地方性知识"的内核与精华有机融入其中，并使之固化和传承，推动环境规制在农村地区落地生根。另一方面，要构建基层政府与村民之间、村干部与村民之间以及村民与村民之间的社会信任机制和互惠互利公共理性，这既是实现农村环境有效治理的必要条件，也是推动农村社会和谐、促进可持续发展的重要保障。社会信任是社会运行的基石。在农村环境治理过程中，良好的信任关系可以增强村民对政府政策及村干部工作的认同感和支持度，进而提升政策的执行效果。村干部作为村民与政府之间的桥梁，其信任程度直接影响到政策的落地实施。故而，在正式规制的基础上，通过非正式规制来强化和改善农村生态环境治理中的干群关系，引导村干部通过诚实守信、服务至上来赢得村民的广泛、深度信任，既是消减农村基层地区环境利益风险与冲突、提升村民环境治理满意度、获得感和安全感的重要环节，也是化解农村地区环境治理集体行动困境、营造协同共治环境治理格局的关键。同时，互惠互利的公共理性强调利益共享和共同发展。要求农村环境治理政策的制定和实施应充分考虑村民的实际需求和利益。例如，通过非正式制度的奖励、激励功能，对村民和相关组织环境治理优秀行为予以奖励（如提高村集体经济收入的奖励分配、提高资助等级等），鼓励和引导村民自觉遵守环境治理相关行为准则；通过非正式制度的监督、惩戒功能，对村民和相关组织环境治理违规行为施以处罚（如取消村集体经济收入的奖励分配、降低资助等级等），增加潜在违规者的心理压力与利益缺失感，约束村民环境治理违规行为。

总而言之，在推动农村环境治理制度建设时，要注重将农村环境治理制度安排有机嵌入农村地区价值理念、道德伦理风俗习惯等"地方性知识"的文化土壤中，使得环境治理正式制度与非正式制度相互支撑、相互促进、相得益彰，将农村环境治理的制度优势转化为治理效能，进而实现农村地区生态环境的持续改善和村民生活质量的稳步提升。

10.3.5　稳步推进农村环境治理共同体建设

构建"人人有责、人人尽责、人人享有"的农村环境治理共同体既是实现农村环境长效治理和乡村振兴战略的重要组成部分，也是推动生态文明建设的必然要求。农村环境治理共同体中的关系维度包括利益关系、权利义务关系、情感关系等相互关联、相互补充的多个层面（李祖佩，2024）。农村环境治理现实情境中，利益联结是最为常见和有效的手段之一。因此，通过构建利益协同机制，将农村基层纵向上的政府、村庄中的代理人、社会（民众）和横向上的农村集体经济组织、村庄自治组织与村民个体、村民群体内部等各方的利益关联起来，是推进农村环境治理共同体建设的基础与前提。同时，农村环境治理权利与义务相互依存，缺一不可。因此，构建良好的农村环境治理权利义务协同机制是推进农村环境治理共同体建设的重要环节。从关系向度看，权利义务协同机制是一种权利义务纵横双向协同的关系机制。纵向上包括政府与广大村民之间的权利义务关联，横向上包括村级组织与个体村民之间以及村民与村民之间的权利义务关联。纵向上权利义务的协同，有利于形成政府主体与村民主体之间环境治理权利义务的互动，使得政府能够更有效地组织和引导村民参与环境治理，村民能够更加积极主动地履行农村环境治理义务，享受环境治理知情权、参与权和监督权、利益享有权等各项权利。在横向层面，村级组织如村党支部和村民自治委员会在权利义务协同机制中起着桥梁和纽带的作用。他们不仅代表村民的利益，还承担着组织、协调和管理的职责。村级组织的权利包括进行环境治理决策、动员村民参与以及分配资源等，而村级组织的义务则在于倾听村民的声音，维护村民的合法权益，并确保治理过程的透明和公正。村民个体不仅享有参与治理、提出意见和建议的权利，还应承担对村级组织决策的支持与配合责任。通过实现横向上权利与义务的协同，使得村级组织能够更有效地发挥作用，村民能够更加有效地积极参与，形成共同治理的合力。权利义务协同机制的构建为农村环境治理共同体机制运行提供必需的合法性基础，且构成其他两者机制发挥作用的政治条件。另外，在农村环境治理目标达成中各参与主体在村庄公共价值维系、归属感形成和道德感形塑中的情感协同关系也是推进农村环境治理共同体建设的必要环节。通过组织开展村庄社群活动（如环保志愿活动、节庆活动等），挖掘和弘扬本土文化与传统习俗，促进村民之间的互动与沟通，增强彼此间的联系，形成共同体意识。道德感是推动村民自觉参与环境治理的重要动力。通过树立典型榜样、建立道德激励机制、构建情感互动平台等，以设立环保积分、评选"环保家庭""道德模范"等形式，宣传和表彰在环境治理中表现突出的个人或集体，鼓励村民自觉参与环境保护，提升村民的道德责任感。

需要指出的是，农村环境治理共同体建设中利益协同机制、权利义务协同机制和情感协同机制的构建，都离不开党组织和政府部门的引领和支持。党建引领和政府"在场"是农村环境治理共同体得以建构、稳定和可持续发展的必要条件。党组织可以充分运用组织资源、动员能力和情感联结能力，通过聚焦各方主体融洽相处、守望相助的现实案例，树立优秀党员和积极分子环境治理模范，充分发挥其示范效应，并采取针对性的帮扶与补强措施，培育和增强农村环境治理中各主体之间的亲密情感，强化其自我效能感体验，通过引导村民主体以及其他主体之间自我归类、消除主体间隔阂、强化外部保障等方面来强化主体之间的互动关系，激发多元主体环境治理共同行动。政府层面要基于府际视角整合相关力量，促进环境治理共同体顶层设计指引与基层自我创新探索的有机结合，是推进农村环境治理共同体建设的关键环节。政府可以通过自上而下形成农村环境治理共同体构建的战略蓝图，通过目标设定、权责框定、要素梳理、组织整合、结构优化、制度保障等方式，就农村环境治理共同体构建的核心问题进行深入研究、周密部署与统筹协调，通过立法、政策引导和激励机制，建立健全农村环境治理共同体建设的制度框架，确保各项政策与措施之间的协调性和嵌合性，识别并整合各类资源，建立跨部门、跨领域的协作机制，促进信息共享与资源配置的高效化，激发和保障村庄环境治理共同体建设的动力与活力。

结　　论

本书依据"由远及近"以及"发现问题—分析问题—解决问题"的双重逻辑，从宏观和中观视角解析了我国农村环境治理的五个典型阶段及其主要特征与政策脉络。基于典型农村地区的问卷调查数据与深度访谈资料，系统剖析了我国农村环境治理总体形势与执行进展，探究了我国农村环境治理存在的主要问题及制约因素。在此基础上，基于村民参与行为视角，实证考察了污染感知与村庄认同对农户生活垃圾处理行为的影响效应与影响机制以及村规民约与村干部信任对农户环境治理参与行为的影响效应与影响机制。基于农户满意度视角，就我国农村环境治理效果进行系统评价，并实证检验了影响农村环境治理效果的相关因素。然后，从微观层面的农村环境治理典型模式与实践个案入手，分别剖析并呈现了凸显村民参与主体特征的三类农村环境治理成功模式即积分制模式、内源驱动型模式、共同体模式及其主要特征与地方实践，并且分层分类总结和提炼了三类治理模式实践成功的典型经验。最后，在对相关典型案例模式进行对比分析的基础上，进一步探索和分析了我国农村环境长效治理的实现路径，分析了路径的差异及其背后的生成机制，提出了相关对策建议。通过以上研究，主要得出了如下几个方面的重要结论：

第一，在不同时期，国家针对农村环境问题出台了不同的环境保护与治理政策，通过对新中国成立以来我国农村环境治理出现的问题及其政策应对进行回溯与梳理可以发现，我国农村环境治理可以划分为五个鲜明的演进与发展阶段，即环境问题初显下的政策起步与尝试阶段（1949～1978年）、环境污染显现下的政策恢复与探索阶段（1979～1990年）、环境污染凸显下的政策完善与提升阶段（1991～2002年）、环境污染加剧下的政策转型与强化阶段（2003～2012年）、环境污染恶化下的政策创新与深化阶段（2013年至今）。每一个阶段都呈现出鲜明的特征。随着环境治理进程的推进，农村环境在治理理念上"绿水青山"与"金山银山"逐步由矛盾对立转向和谐统一，治理主体上逐步由政府单一主导转向多元主体共同参与，政策实施上逐步由零散性、碎片化、粗放式走向整合、协同与精准，治理进程上呈现出螺旋式上升的渐进梯级进阶过程。回顾新中国成立以来我国农村环境治理的历史进程与政策实践可以发现，我国农村环境治理总体上呈现良好发展态势，农村环境治理取得了积极而显著的成效，积累了宝贵的经验。但是，当前我国城乡发展不平衡不充分的矛盾尚未从根本上发生转变，农村环境治理能力与治理现代化水平还亟待持续提升，未来推进农村环境长效治理依然面临双层变迁诱发农村环境治理结构与治理利益的多元化转向、制度体系不完善削弱农村环境治理制度效能、治理机制不健全不同程度导致农村环境治理执行异化、关键主体参与缺位导致农村环境治理内生动力不足等诸多问题与挑战。

第二，从农村环境治理的总体形势来看，随着农村人居环境治理的稳步推进，农村地区"垃圾围村"的现象已经得到大力遏制，但是依然不同程度地存在"边整治边污染"现象，持续深入推进农村人居环境治理十分契合农村地区现实需求。从执行进展的实地调查来看，农民参与人居环境治理的整体意愿比较高、付诸行动比较好。村民参与在生活垃圾处置、污水处置、农业生产与畜禽养殖废弃物处置、"改厕"情况等人居环境基础性工程分项治理中存在较大差异。其中村民参与生活固体垃圾治理的行动进展整体较好，农业生产废弃物与畜禽养殖废弃物处置行动总体进展情况不太理想，"污水治理"和"改厕"行动相对滞后，农户不积极参与"改厕"的原因呈现多样化特征，无现实改厕需要与经济负担问题是其最主要原因。在推进农村人居环境治理进程中，仍存在因思想认知偏差、政策宣传不够到位、政民关系处理不当、整治行动没有真正落地等而不同程度地影响、制约村民参与意愿与行动的情况。从村干部情况来看，也存在因干群协同不力、聚合度低，工时多、薪资薄，上级检查频繁、工作压力大等而不同程度地影响村干部工作干劲的情况。从政府层面来看，环境治理责任逐级下沉、任务逐级加码、立"军令状"、资金投入不足、治理政策与现实不匹配等现象也亟待得到缓解。从建设生态宜居村庄整体层面来看，"村民意识不强、参与不深""资金来源有限、投入不足""环保技术落后、设施匮乏"等也不同程度地制约了生态宜居美丽村庄建设行动的深入推进。

第三，将污染感知、村庄认同、制度信任纳入到统一的分析框架，从理论上探讨三者对农户生活垃圾处理行为的影响效应及其内在作用逻辑。在此基础上，利用湖南省2508个农户的调查数据和有序 Logit 模型实证研究了污染感知、村庄认同对农户生活垃圾处理行为的影响效应与影响机制。研究发现：污染感知对农户生活垃圾处理行为具有显著的正向影响；村庄认同对农户生活垃圾处理行为的直接影响不显著，但其通过制度信任这一中介机制间接促进村民生活垃圾处理行为；村庄认同在污染感知影响农户生活垃圾处理行为中发挥了显著的正向调节作用。增强农户对生活垃圾污染及其危害的感知和认识，培育与强化农户村庄认同感，增强村干部的公信力和依法工作能力是切实推进农户生活垃圾处理行为规范化和环保化，实现生态宜居目标可行的优化路径。

第四，以农户秸秆处置行为为例，采用湖南省农户实地调查数据和 Logit 模型考察了村规民约、村干部信任对农户秸秆资源化利用行为的影响效应与影响机制。研究发现：规范性村规民约和引导性村规民约均显著正向影响农户秸秆资源化利用行为，并且后者对农户秸秆资源化利用行为的促进效应要大于前者。村干部品行信任和组织信任显著正向影响农户秸秆资源化利用行为，村干部能力信任对农户秸秆资源化利用行为的影响不显著。村规民约与村干部信任对农户秸秆资源化利用行为存在一定的交互影响，村干部信任在村规民约与农户秸秆资源化利用行为中起到显著的正向调节作用，这主要来自组织信任的影响。建议进一步完善村规民约、加强村干部队伍建设、建立健全村庄环保监督组织和监督机制、加大环保教育政策宣介，从而切实提高农业秸秆等可再生资源利用率。

第五，农户环境治理满意度是检视农村环境治理成效的重要衡量指标。基于 8 个省（自治区、直辖市）157 个行政村 1967 份农户的调研数据和有序 Logit 回归模型，探究了环境规制政策（约束型规制、引导型规制）、村庄治理效能感知、干部工作能力感知、村民参与、非正式制度（家乡认同、普法教育、道德教育）以及农户个体特征（包括年龄、受教育水平、职业、婚姻状况、环保意识等）等诸多因素对农村环境治理满意度的影响效应及其作用机制。研究表明：约束型规制、引导型规制、村庄治理效能、干部工作能力以及个体受教育水平和环保意识均显著正向影响农村环境治理满意度；环境规制和道德教育对农村环境治理满意度的影响存在显著的群体异质性。其中，约束型规制仅对具有较高受教育水平、较高收入水平以及身体健康农户群体的环境治理满意度存在显著正向影响，而引导型规制则对不同受教育水平、不同收入水平以及身体健康农户群体的环境治理满意度均存在显著正向影响。

此外，道德教育仅对具有较低受教育水平和较低收入水平农户群体的环境治理满意度存在显著正向影响。引导型规制在约束型规制影响农村环境治理满意度中发挥了显著的正向调节作用。而村庄治理效能、干部工作能力和环保意识则在引导型规制影响农村环境治理满意度中发挥了显著的正向调节作用，三者进一步强化了引导型规制政策的治理效果。此外，村庄治理效能在村民参与和农村环境治理满意度之间发挥了显著的中介作用，即村民参与通过增强村庄治理效能进而显著促进了环境治理满意度的提升。

第六，积分制模式（包括浙江贺田生活垃圾分类 3.0 模式、安徽黄山"生态美超市"模式等）、内源驱动型模式（包括四川丹棱模式、湖南辰溪的"六自三微"模式等）和共同体模式（湖北麻城"共同缔造"模式）都是凸显村民主体特征的农村环境治理的成功实践模式。积分制模式下农村环境有效治理的实现，至少得益于如下四个方面的要素与条件，即有效的利益链接机制撬动了多元主体的参与意愿与自觉行动、激励兼容的积分设计重塑了环境治理新规范与新秩序、技术治理平台的赋权增能促进了公平公正的治理实践、基于"四治"融合的互动协调机制的建立促进了治理主体的互动式协同。从内源驱动型模式来看，以环境治理内生动力激发和内生能力培育为目的的价值取向是内源驱动型农村环境治理得以成功的基础与前提，通过互动协商与赋权实现村民的有效参与是内源驱动型农村环境治理取得成功的核心特征，通过民主与治理的耦合并进以实现农村环境治理过程中国家意志与人民意愿的有机统一是内源驱动型农村环境治理模式取得成功的重要保障。共同体模式是农村环境有效治理的一种成功的实践模式，其成功得益于以下三个方面的要素，即以机制体制创新形塑多元主体有效参与的环境治理结构，基于共同责任理念和价值认同凝聚起和谐、稳定、持久的互动式治理关系，基于"共同"理念构建起普遍认同和遵守的环境治理制度以及构建起成体系的高效协同运作的环境治理机制。

第七，凸显村民主体特征的农村环境治理模式的成功可以通过不同的路径来实现。其中，行政放权下的激活型路径、党组织引领下的凝聚型路径、技术动员下的激励型路径、精英主导下的自治型路径等都是我国农村环境有效治理的有效实践路径。其中，行政放权下的激活型路径一般更适应于治理内卷化下村域内生动力不足的农村环境治理情境；党组织引领下的凝聚型路径一般更适应于治理真空下治理关系重构的农村环境治理情境；技术动员下的激励型路径一般更适应于社会参与不足下社会治理创新的农村环境治理情境；精英主导下的自治型路径一般更适应于治理主体缺位下村域公共性再生产的农村环境治理情境。四类路径中，村民主体在农村环境治理中的参与程度依据"激活型路径/激励型路径—凝聚型路径—自治型路径"的顺序不断深入。从治理效能来看，党组织引领下的凝聚型路径更好地实现了外部资源嵌入作用和内生资源主体作用的互嵌融合，治理效能高。精英主导下的自治型路径则更加突出内生资源主体作用的发挥，而较少依赖外部资源的牵引带动，治理效能较高。而行政放权下的激活型路径和技术动员下的激励型路径在行政直接干预减少的同时村民又尚未能够直接且自主地参与到村域环境治理决策中，尤其是在具体的环境治理情境发生改变时不能及时且有效地适应，治理效能较前两者而言要低。不同县域、乡镇乃至村庄的制度安排塑造了不同类型的环境治理压力传导路径，进而选择并最终决定了农村环境治理路径建构中的关键主体，而不同关键主体所拥有的战略性资源的差异又决定了其环境治理行动路径与行为选择的差异。故而，制度以"关键主体的选择"为中介形塑了以凸显村民治理主体性实现农村环境有效且可持续治理路径建构的多元化实践样态。未来，进一步提升农村环境治理效能，促进农村环境长效治理，需要进一步理顺政府在农村环境治理中的职责与权能，优化和完善村民参与环境治理的机制，着力培育和提升村庄环境治理内生动力，大力加强农村环境治理制度建设，逐步推动农村环境治理共同体建设。

参考文献

［1］安芳，颜廷武，张丰翼. 收入质量对农户秸秆还田技术自觉采纳行为的影响：基于有调节的中介效应分析［J］. 中国农业资源与区划，2022，43（7）：1-13.

［2］白淑英，王月. 微社区治理共同体建设的内生性路径：居民精英的转译策略［J/OL］. 长白学刊，1-14［2024-10-06］.

［3］常烃，牛桂敏. 农村人居环境整治满意度及支付意愿的影响因素分析：基于天津市问卷的调查数据［J］. 干旱区资源与环境，2021，35（1）：36-42.

［4］陈国申，史培. 新内生发展理论视域下新型职业农民成长动力及路径研究［J］. 山东行政学院学报，2024（5）：34-42.

［5］陈朋亲，杨天保. 参与式治理在中国的发展与实践［J］. 人民论坛，2016（2）：33-35.

［6］陈卫东，杨若愚. 政府监管、公众参与和环境治理满意度：基于CGSS2015数据的实证研究［J］. 软科学，2018，32（11）：49-53.

［7］陈永刚，毕伟. 村干部代表谁？：应然视域下村干部角色与行为的研究［J］. 兰州学刊，2010（12）：69-72.

[8] 程建青，等.制度环境与心理认知何时激活创业？一个基于 QCA 方法的研究 [J].科学学与科学技术管理，2019，40（2）：114－131.

[9] 程银.新时代乡村治理共同体建设研究 [D].贵阳：贵州师范大学，2023.

[10] 仇泸毅，何凌云.政策脱轨效应：评估环境政策的新框架 [J].产经评论，2020，11（2）：80－95.

[11] 代晨，李洁雪，俞天智，等.协同治理理论视角下医联体绩效管理的优化策略探讨 [J].中国农村卫生事业管理，2024，44（8）：550－554.

[12] 党国英，卢宪英.新中国乡村治理研究回顾与评论 [J].理论探讨，2019（5）：5－14.

[13] 丁焕峰，孙小哲.禁烧政策真的有效吗：基于农户与政府秸秆露天焚烧问题的演化博弈分析 [J].农业技术经济，2017（10）：79－92.

[14] 杜焱强，刘诺佳，陈利根.农村环境治理的农民集体不作为现象分析及其转向逻辑 [J].中国农村观察，2021，158（2）：81－96.

[15] 杜焱强，詹昕颖.农村人居环境何以实现异质性治理？：基于外部资源和内在动力的解释 [J].公共管理学报，2024，21（4）：151－165，176.

[16] 斐迪南·滕尼斯.共同体与社会：纯粹社会学的基本概念 [M].林远荣，译.北京大学出版社，2010.

[17] 盖豪，颜廷武，周晓时.政策宣传何以长效？：基于湖北省农户秸秆持续还田行为分析 [J].中国农村观察，2021（6）：65－84.

[18] 甘黎黎，吴仁平.改革开放以来农村自然资源治理政策变迁研究：基于政策文本的定量分析 [J].江西社会科学，2018，38（10）：101－109.

[19] 高飞.梯度情感动员的双重过程：社会治理共同体构建中的递进

逻辑 [J]. 中国行政管理, 2022 (4): 55-62.

[20] 高立, 赵丛雨, 宋宇. 农地承包经营权稳定性对农户秸秆还田行为的影响 [J]. 资源科学, 2019, 41 (11): 1972-1981.

[21] 高雅罕, 蒋振, 靳乐山. 秸秆综合利用生态补偿政策与农户秸秆还田行为 [J]. 中国生态农业学报 (中英文), 2024, 32 (4): 713-72.

[22] 高艳芳, 黄永林. 论村规民约的德治功能及其当代价值: 以建立"三治结合"的乡村治理体系为视角 [J]. 社会主义研究, 2019 (2): 102-109.

[23] 葛万达, 盛光华. 环境影响评价的公众参与特征及影响因素研究 [J]. 干旱区资源与环境, 2020, 34 (8): 43-51.

[24] 葛晓军, 阿依波塔·阿那克塔西, 路柯怡. 新内生发展理论下新疆伊犁州树上干杏产业发展研究 [J]. 北方园艺, 2024 (16): 138-143.

[25] 公维友, 刘云. 当代中国政府主导下的社会治理共同体建构理路探析 [J]. 山东大学学报 (哲学社会科学版), 2014 (3): 52-59.

[26] 郭晨星. 全球环境治理主体结构模型建构及经验验证 [D]. 济南: 山东大学, 2010.

[27] 郭利京, 林云志, 周正圆. 村规民约何以规范农户亲环境行为? [J]. 干旱区资源与环境, 2020, 34 (7): 68-74.

[28] 郭清卉, 李世平, 李昊. 描述性和命令性社会规范对农户亲环境行为的影响 [J]. 中国农业大学学报, 2022, 27 (1): 235-247.

[29] 郭晟豪. 基层干部的担当作为: 基于角色认同中介的动机与行为关系研究 [J]. 公共管理与政策评论, 2021, 10 (1): 67-80.

[30] 郭士勤, 蒋天中. 农业环境污染及其危害 [J]. 农业环境科学学报, 1981 (6): 24-25.

[31] 韩艺, 杨文军, 江桃. 农作物秸秆禁烧政策执行阻滞及其破解: 一个力场分析框架 [J]. 农林经济管理学报, 2024, 23 (2): 216-225.

［32］郝炜，赵培茜．乡村积分制治理的三维内涵与实践逻辑：以山西省 P 县"道德银行"为例［J］．新视野，2024（1）：121－128．

［33］何可，张俊飚，张露，等．人际信任、制度信任与农民环境治理参与意愿——以农业废弃物资源化为例［J］．管理世界，2015，14（5）：75－88．

［34］何培培，张俊飚，何可，等．认知型社会资本与农民环境治理参与行为：以秸秆资源化利用方式为例［J］．中国农业资源与区划，2019，40（8）：187－194．

［35］洪炜．协同治理视域下城市社区居民自治决策研究［D］．北京：北京交通大学，2023．

［36］胡珺，宋献中，王红建．非正式制度、家乡认同与企业环境治理［J］．管理世界，2017，282（3）：76－94，187－188．

［37］胡卫卫，张迪，龚兴媛．城乡融合发展中数字治理共同体的三重逻辑与建构路径［J］．华中农业大学学报（社会科学版），2023（2）：112－120．

［38］黄蕊，李桦，杨扬，等．环境认知、榜样效应对半干旱区居民亲环境行为影响研究［J］．干旱区资源与环境，2018，32（12）：1－6．

［39］黄森慰，唐丹，郑逸芳．农村环境污染治理中的公众参与研究［J］．中国行政管理，2017（3）：55－60．

［40］黄元，赵正，杨洁，等．个体环境态度对城市森林感知和满意度的影响［J］．资源科学，2019，41（9）：1747－1757．

［41］黄振华．新时代农村人居环境治理：执行进展与绩效评价——基于 24 个省 211 个村庄的调查分析［J］．河南师范大学学报（哲学社会科学版），2020，47（3）：54－62．

［42］黄祖辉，钟颖琦，王晓莉．不同政策对农户农药施用行为的影响［J］．中国人口·资源与环境，2016，26（8）：148－155．

[43] 贾亚娟, 赵敏娟. 生活垃圾污染感知、社会资本对农户垃圾分类水平的影响: 基于陕西 1374 份农户调查数据 [J]. 资源科学, 2020, 42 (12): 2370 - 2381.

[44] 江鑫, 颜廷武, 尚燕, 等. 土地规模与农户秸秆还田技术采纳: 基于冀鲁皖鄂 4 省的微观调查 [J]. 中国土地科学, 2018, 32 (12): 42 - 49.

[45] 金书秦, 韩冬梅. 我国农村环境保护四十年: 问题演进、政策应对及机构变迁 [J]. 南京工业大学学报 (社会科学版), 2015, 14 (2): 71 - 78.

[46] 李冬青, 侯玲玲, 闵师, 等. 农村人居环境整治效果评估: 基于全国 7 省农户面板数据的实证研究 [J]. 管理世界, 2021, 37 (10): 182 - 195, 249 - 251.

[47] 李芬妮, 张俊飚, 何可, 等. 归属感对农户参与村域环境治理的影响分析: 基于湖北省 1007 个农户调研数据 [J]. 长江流域资源与环境, 2020, 29 (4): 1027 - 1039.

[48] 李芬妮, 张俊飚, 何可. 非正式制度、环境规制对农户绿色生产行为的影响: 基于湖北 1105 份农户调查数据 [J]. 资源科学, 2019, 41 (7): 1227 - 1239.

[49] 李芬妮, 张俊飚, 何可. 农户外出务工、村庄认同对其参与人居环境整治的影响 [J]. 中国人口·资源与环境, 2020, 30 (12): 185 - 192.

[50] 李芬妮, 张俊飚, 何可. 替代与互补: 农民绿色生产中的非正式制度与正式制度 [J]. 华中科技大学学报 (社会科学版), 2019, 33 (6): 51 - 60, 94.

[51] 李华胤. 集成式联结: 党组织何以引领社会治理共同体的构建 [J]. 华中师范大学学报 (人文社会科学版), 2023, 62 (1): 43 - 51.

［52］李金盾. 行动者网络理论视角下景区治安治理体系研究［J］. 北京警察学院学报，2022（5）：51-57.

［53］李楠，石智雷，杨雨萱，等. 贫困地区的环境保护：库区居民的环保意识与行为［J］. 农业经济问题，2018，463（7）：129-139.

［54］李宁，王芳. 共生理论视角下农村环境治理：挑战与创新［J］. 现代经济探讨，2019（3）：86-92.

［55］李鹏，张小敏，陈慧. 行动者网络视域下世界遗产地的空间生产：以广东开平碉楼与村落为例［J］. 热带地理，2014，34（4）：429-437.

［56］李乾，王玉斌. 畜禽养殖废弃物资源化利用中政府行为选择：激励抑或惩罚［J］. 农村经济，2018（9）：55-61.

［57］李青，张琪. 浅析传统民居中的人居环境［J］. 国外建材科技，2004（3）：122-124.

［58］李全鹏，温轩. 农村生活垃圾问题的多重结构：基于环境社会学两大范式的解析［J］. 学习与探索，2020（2）：36-42.

［59］李文彬，李少抒，李渝. 环境认知、环保参与和地方政府环保满意度［J］. 领导科学论坛，2016，83（21）：59-72.

［60］李文明，殷程强，唐文跃，等. 观鸟旅游游客地方依恋与亲环境行为：以自然共情与环境教育感知为中介变量［J］. 经济地理，2019，39（1）：215-224.

［61］李云新，程颖. 重嵌：乡贤治理形成的社会网络机制分析［J］. 华中科技大学学报（社会科学版），2023，37（2）：130-140.

［62］李祖佩. 农村社会治理共同体：分析维度、基本问题与实现路径：基于中西部农村治理实践的讨论［J］. 西南大学学报（社会科学版），2024，50（1）：66-78.

［63］廖薇. 农户秸秆处理行为特征与影响因素分析［J］. 地域研究与开发，2020，39（4）：134-138，145.

[64] 林丽梅，刘振滨，许佳贤，等. 水源地保护区农村生活环境治理效果评价分析：基于农户收入异质性视角 [J]. 生态经济，2016，32（11）：141 – 146.

[65] 林龙飞，李睿，陈传波. 从污染"避难所"到绿色"主战场"：中国农村环境治理70年 [J]. 干旱区资源与环境，2020，34（7）：30 – 36.

[66] 刘文旋. 从知识的建构到事实的建构：对布鲁诺·拉图尔"行动者网络理论"的一种考察 [J]. 哲学研究，2017（5）：118 – 125，128.

[67] 刘晔，等. 领导创新支持与员工突破性创新行为：基于角色认同理论和行为可塑性视角 [J]. 科学学与科学技术管理，2022，43（2）：168 – 182.

[68] 刘祖云，张诚. 重构乡村共同体：乡村振兴的现实路径 [J]. 甘肃社会科学，2018（4）：42 – 48.

[69] 吕天宇，赵微，李娜，等. 基于农民满意度的农村水环境治理绩效研究：以湖北省部分县市的调查为例 [J]. 水土保持通报，2020，40（6）：137 – 145，152.

[70] 罗博文. 村干部角色类型、职务行为与乡村治理有效性研究 [D]. 杨凌：西北农林科技大学，2023.

[71] 罗岚，刘杨诚，李桦，等. 第三域：非正式制度与正式制度如何促进绿色生产？[J]. 干旱区资源与环境，2021，35（6）：8 – 14.

[72] 马克思恩格斯全集：第46卷（上）[M]. 北京：人民出版社，1979：176.

[73] 马亮，杨媛. 公众参与如何影响公众满意度？：面向中国地级市政府绩效评估的实证研究 [J]. 行政论坛，2019，26（2）：86 – 94.

[74] 毛慧，曹光乔. 作业补贴与农户绿色生态农业技术采用行为研究 [J]. 中国人口·资源与环境，2020，30（1）：49 – 56.

[75] 孟洪宇，李涛. 行动者网络理论视角下公安机关参与环境犯罪治

理的路径研究 [J]. 北京警察学院学报, 2024 (2): 83 - 89.

[76] 闵继胜. 改革开放以来农村环境治理的变迁 [J]. 改革, 2016 (3): 84 - 93.

[77] 聂峥嵘, 罗小锋, 唐林, 等. 社会监督、村规民约与农民生活垃圾集中处理参与行为: 基于湖北省的调查数据 [J]. 长江流域资源与环境, 2021, 30 (9): 2264 - 2276.

[78] 宁越敏. 优化人居环境, 建设宜居城市 [J]. 张江科技评论, 2020: 42 - 44.

[79] 潘加军. 非正式制度视域下的乡村环境治理路径创新 [J]. 求索, 2021 (5): 170 - 181.

[80] 裴宇成, 潘秋群. 多中心治理理论视域下的农村精神文明建设 [J]. 农村经济与科技, 2024, 35 (15): 202 - 204, 211.

[81] 曲延春. 农村环境治理中的政府责任再论析: 元治理视域 [J]. 中国人口·资源与环境, 2021, 31 (2): 71 - 79.

[82] 任龙. 以生态资本为基础的经济可持续发展理论研究 [D]. 青岛: 青岛大学, 2016.

[83] 阮海波, 孟新婷. 政府信任、社会信任对居民人居环境满意度的影响 [J]. 西华师范大学学报 (哲学社会科学版), 2023 (5): 32 - 42.

[84] 尚燕, 颜廷武, 江鑫, 等. 公共信任对农户生产行为绿色化转变的影响: 以秸秆资源化利用为例 [J]. 中国农业大学学报, 2020, 25 (4): 181 - 191.

[85] 石敏俊. 农村环境治理: 挑战与希望 [J]. 环境经济研究, 2019, 4 (2): 1 - 9.

[86] 史丹, 汪崇金, 姚学辉. 环境问责与投诉对环境治理满意度的影响机制研究 [J]. 中国人口·资源与环境, 2020, 30 (9): 21 - 30.

[87] 司开玲. 秸秆焚烧问题的话语建构及治理困境: 一项文献研究

[J]. 南京工业大学学报（社会科学版），2019，18（2）：38 - 48，111.

[88] 宋国君，金书秦，冯时. 论环境政策评估的一般模式 [J]. 环境污染与防治，2011，33（5）：100 - 106.

[89] 苏红岩，郭红燕，王华. 基于参与者满意度的中国社区环境圆桌对话实施效果评估 [J]. 中国人口·资源与环境，2019，29（6）：156 - 167.

[90] 苏晓鹏. 农村人居环境整治提升路径探究：以怀化市辰溪县柿溪乡为例. [J]. 湘遇调研，2023（3）：10 - 18.

[91] 苏毓淞，汤峰. 互联网使用何以影响公众的环境治理满意度？：基于环境问责调节的政府环保形象中介效应分析 [J]. 社会政策研究，2021，24（3）：44 - 63.

[92] 檀学文. 贫困村的内生发展研究：皖北辛村精准扶贫考察 [J]. 中国农村经济，2018（11）：48 - 63.

[93] 汤峰，刘晓龙，李彬，等. 政府环保形象、互联网使用与公众环境治理满意度：基于 CGSS2015 的实证分析 [J]. 中国人口·资源与环境，2021，31（7）：107 - 115.

[94] 唐林，罗小锋，黄炎忠，等. 主动参与还是被动选择：农户村域环境治理参与行为及效果差异分析 [J]. 长江流域资源与环境，2019，28（7）：1747 - 1756.

[95] 唐林，罗小锋，张俊飚. 环境规制如何影响农户村域环境治理参与意愿 [J]. 华中科技大学学报（社会科学版），2020，34（2）：64 - 74.

[96] 唐林，罗小锋，张俊飚. 环境政策与农户环境行为：行政约束抑或是经济激励 [J]. 中国人口·资源与环境，2021，31（6）：147 - 157.

[97] 唐林，罗小锋，张俊飚. 社会监督、群体认同与农户生活垃圾集中处理行为：基于面子观念的中介和调节作用 [J]. 中国农村观察，2019（2）：18 - 33.

［98］唐啸，周绍杰，赵鑫蕊，等．回应性外溢与央地关系：基于中国民众环境满意度的实证研究［J］．管理世界，2020，36（6）：120－134，249．

［99］田毅鹏，张笑菡．村落社会"重层结构"与乡村治理共同体构建［J］．中国特色社会主义研究，2021（4）：76－84，2．

［100］童洪志，刘伟．政策工具对农户秸秆还田技术采纳行为的影响效果分析［J］．科技管理研究，2018，38（4）：46－53．

［101］W．理查德·斯科特．制度与组织：思想观念、利益偏好与身份认同［M］．姚伟，等译．北京：中国人民大学出版社，2020：56－115．

［102］汪红梅，魏思佳．基于农户满意度的农村环境综合治理政策效应研究［J］．福建论坛（人文社会科学版），2018（10）：59－66．

［103］汪现义，李祖建．"双减"政策下青少年校外体育培训监管困境与优化策略研究：基于行动者网络理论视角［J］．体育科技文献通报，2024，32（8）：152－155．

［104］王昌璐．北票市农村人居环境治理研究［D］．秦皇岛：河北科技师范学院，2024．

［105］王芳，李宁．赋权·认同·合作：农村生态环境参与式治理实现策略：基于计划行为理论的研究［J］．广西社会科学，2021（2）：49－55．

［106］王飞，黄国栋．乡村学校"新内生式发展"的理论逻辑与推进路径［J/OL］．当代教育论坛，1－9［2024－10－31］．

［107］于光海．基于共同生产理论的社区治理共同体建构实践：以深圳市D社区为例［J］．西华大学学报（哲学社会科学版），2024，43（5）：77－88．

［108］王辉，金子健，张继容．激励性技术动员：积分制何以动员村民参与人居环境治理［J］．中国行政管理，2024，40（8）：65－79．

［109］王火根，肖丽香，黄弋华．农户生态环保意识对农业废弃物资源

化利用的影响机制研究 [J]. 农林经济管理学报，2020，19（6）：699－706.

[110] 王建民. 转型时期中国社会的关系维持：从"熟人信任"到"制度信任"[J]. 甘肃社会科学，2005（6）：165－168.

[111] 王建明. 资源节约意识对资源节约行为的影响：中国文化背景下一个交互效应和调节效应模型 [J]. 管理世界，2013（8）：77－90.

[112] 王进文. 行政激活自治：农村人居环境治理有效的实践逻辑 [J]. 地方治理研究，2024（1）：41－49，79.

[113] 王军锋，吴雅晴，关丽斯，等. 国外环境政策评估体系研究：基于美国、欧盟的比较 [J]. 环境保护科学，2016，42（1）：4－47.

[114] 王俊程，胡红霞. 中国乡村治理的理论阐释与现实建构 [J]. 重庆社会科学，2018（6）：34－42.

[115] 王璐瑶，颜廷武. 社会信任、感知价值对农户秸秆还田技术采纳意愿的影响：基于鄂豫两省样本农户的实证 [J]. 中国农业资源与区划，2023，44（7）：107－116.

[116] 王敏. 基层动员式治理如何获得一线参与者支持：一个秸秆禁烧政策的追踪调查 [J]. 农业经济问题，2024（1）：132－144.

[117] 王西琴，李蕊舟，李兆捷. 我国农村环境政策变迁：回顾、挑战与展望 [J]. 现代管理科学，2015（10）：28－30.

[118] 王学婷，张俊飚，何可，等. 农村居民生活垃圾合作治理参与行为研究：基于心理感知和环境干预的分析 [J]. 长江流域资源与环境，2019，28（2）：459－468.

[119] 王学婷，张俊飚，童庆蒙. 地方依恋有助于提高农户村庄环境治理参与意愿吗?：基于湖北省调查数据的分析 [J]. 中国人口·资源与环境，2020，30（4）：136－148.

[120] 王玉君，韩冬临. 经济发展、环境污染与公众环保行为：基于中国 CGSS2013 数据的多层分析 [J]. 中国人民大学学报，2016，30（2）：

79 - 92.

[121] 王玉君, 韩冬临. 空气质量、环境污染感知与地方政府环境治理评价 [J]. 中国软科学, 2019, 344 (8): 41 - 51.

[122] 王玥, 邹燕舞, 阳国利. 行动者网络理论视角下人物纪念地研学活动设计创新策略 [J]. 东南文化, 2024 (4): 165 - 172.

[123] 魏羽洁. 新时代我国乡村社会治理共同体构建问题与对策研究 [D]. 石家庄: 河北师范大学, 2023.

[124] 吴良镛. 人居环境科学导论 [M]. 北京: 中国建筑工业出版社, 2001.

[125] 夏佳奇, 何可, 张俊飚. 环境规制与村规民约对农户绿色生产意愿的影响: 以规模养猪户养殖废弃物资源化利用为例 [J]. 中国生态农业学报, 2019, 27 (12): 1925 - 1936.

[126] 夏雯雯, 马红坤, 乔翠霞. 新内生发展理论下家庭农场内生发展的机理与路径 [J]. 宁夏社会科学, 2022 (2): 124 - 132.

[127] 熊美娟. 政治信任研究的理论综述 [J]. 公共行政评论, 2010, 3 (6): 153 - 180, 203.

[128] 徐建中, 贯君, 林艳. 制度压力、高管环保意识与企业绿色创新实践: 基于新制度主义理论和高阶理论视角 [J]. 管理评论, 2017, 29 (9): 72 - 83.

[129] 徐明华, 代婉琦. 国际传播中社交机器人的转译机制与网络治理启示: 基于行动者网络理论视角的分析 [J]. 信息技术与管理应用, 2023 (5): 52 - 63.

[130] 徐明. 社区治理共同体的数字化建构逻辑与实践路径 [J]. 江苏社会科学, 2024 (5): 126 - 133.

[131] 徐晓峰. 联合国三次人类环境会议宣言比较分析 [J]. 科技展望, 2014 (13): 126 - 128.

［132］徐勇. GOVERNANCE：治理的阐释［J］. 政治学研究，1997（1）：63 –67.

［133］徐越倩，吴丹阳，陈宁. 地方满意度、地方依恋与社区公民行为关系研究：基于浙江省湖州市长兴县6个移民村的调查［J］. 地域研究与开发，2021，40（3）：175 –180.

［134］徐志刚，张炯，仇焕广. 声誉诉求对农户亲环境行为的影响研究：以家禽养殖户污染物处理方式选择为例［J］. 中国人口·资源与环境，2016，26（10）：44 –52.

［135］许亿欣，王晓霞，周景博，等. 农村人居环境治理满意度及影响因素分析：基于2019年的典型调查［J］. 干旱区资源与环境，2022，36（5）：17 –24.

［136］杨惠芳. 生猪面源污染现状及防治对策研究：以浙江省嘉兴市为例［J］. 农业经济问题，2013，34（7）：25 –29，110.

［137］杨玉明. 多中心治理理论视野下农村公共服务供给模式创新路径研究［J］. 云南行政学院学报，2014（3）：124 –126.

［138］杨志海. 老龄化、社会网络与农户绿色生产技术采纳行为：来自长江流域六省农户数据的验证［J］. 中国农村观察，2018（4）：44 –58.

［139］杨紫洪，张洋，龙昭宇，等. 村规民约对村民生活垃圾治理出资意愿的影响及其机制分析［J］. 中国农业资源与区划，2022，43（7）：154 –163.

［140］姚科艳，陈利根，刘珍珍. 农户禀赋、政策因素及作物类型对秸秆还田技术采纳决策的影响［J］. 农业技术经济，2018（12）：64 –75.

［141］俞可平. 治理与善治［M］. 北京：社会科学文献出版社，2000.

［142］［美］詹姆斯·罗西瑙. 没有政府的治理［M］. 张胜军，等译. 南昌：江西人民出版社，2001.

［143］张诚，刘旭. 农村人居环境数字化治理：作用机理、现实挑战与

优化路径 [J]. 现代经济探讨，2023 (5)：109 – 118.

[144] 张诚. 农村环境软治理：内涵、挑战与路径 [J]. 求实，2020 (5)：84 – 95，112.

[145] 张红丽，李洁艳，滕慧奇. 小农户认知、外部环境与绿色农业技术采纳行为：以有机肥为例 [J]. 干旱区资源与环境，2020，34 (6)：8 – 13.

[146] 张纪岳，郭治安，胡传机. 评《协同学导论》 [J]. 系统工程理论与实践，1982 (3)：63 – 64.

[147] 张嘉琪，颜廷武，江鑫. 价值感知、环境责任意识与农户秸秆资源化利用：基于拓展技术接受模型的多群组分析 [J]. 中国农业资源与区划，2021，42 (4)：99 – 107.

[148] 张连辉，赵凌云. 1953～2003 年间中国环境保护政策的历史演变 [J]. 当代中国史研究，2008 (1)：122 – 123.

[149] 张萌，郑华伟，高春雨，等. 基于农民主体视角的村庄环境整治满意度研究：以江苏省 4 个地区的调查为例 [J]. 中国农业资源与区划，2018，39 (4)：145 – 151.

[150] 张奇男，董芹芹. 新内生发展模式下乡村体育发展：理论溯源、价值意蕴与行动策略 [J]. 天津体育学院学报，2024 (2)：197 – 203.

[151] 张童朝，颜廷武，何可，张俊飚. 资本禀赋对农户绿色生产投资意愿的影响：以秸秆还田为例 [J]. 中国人口·资源与环境，2017，27 (8)：78 – 89.

[152] 张笑菡. 村落共同体视域下乡村复合治理研究 [M]. 北京：光明日报出版社，2023.

[153] 张新文，张国磊. 社会主要矛盾转化、乡村治理转型与乡村振兴 [J]. 西北农林科技大学学报（社会科学版），2018 (3)：63 – 71.

[154] 赵连杰，南灵，李晓庆，等. 环境公平感知、社会信任与农户低

碳生产行为：以农膜、秸秆处理为例［J］．中国农业资源与区划，2019，40（12）：91－100．

［155］赵普民，左停．内核、平台与互动：组织振兴视角下乡村治理共同体建构：基于东部地区南村的考察［J/OL］．西安财经大学学报，1－11［2024－10－06］．

［156］赵新民，姜蔚，程文明．基于计划行为理论的农村居民参与人居环境治理意愿研究：以新疆为例［J］．生态与农村环境学报，2021，37（4）：439－447．

［157］郑纪刚，张日新．认知冲突、政策工具与秸秆还田技术采用决策：基于山东省892个农户样本的分析［J］．干旱区资源与环境，2021，35（1）：65－69．

［158］郑珊，张英梅，杭天敏．参与式发展理论下青岛市村居环境污染问题及治理对策［J］．农村经济与科技，2017，28（16）：11－13．

［159］周宏春，季曦．改革开放三十年中国环境保护政策演变［J］．南京大学学报（哲学．人文科学．社会科学版），2009，45（1）：31－40，143．

［160］周家明，刘祖云．村规民约的内在作用机制研究：基于要素—作用机制的分析框架［J］．农业经济问题，2014，35（4）：21－27，110．

［161］周云冉．改革开放以来河南省乡村治理模式研究［D］．长春：吉林大学，2023．

［162］朱纪华．协同治理：新时期我国公共管理范式的创新与路径［J］．上海市经济管理干部学院学报，2010，8（1）：5－10．

［163］朱凯宁，高清，靳乐山．收入水平、村干可信度对农户生活垃圾治理意愿影响分析：基于云南省465个农户调研数据［J］．长江流域资源与环境，2021，30（10）：2512－2520．

［164］朱丽娜．基于社会文化可持续性的城市历史文化遗产保护研究

［D］. 武汉：华中科技大学，2013.

［165］朱清海，雷云. 社会资本对农户秸秆处置亲环境行为的影响研究：基于湖北省 L 县农户的调查数据［J］. 干旱区资源与环境，2018，32（11）：15 -21.

［166］朱润，何可，张俊飚. 环境规制如何影响规模养猪户的生猪粪便资源化利用决策：基于规模养猪户感知视角［J］. 中国农村观察，2021（6）：85 -107.

［167］左孝凡，康孟媛，陆继霞. 社会互动、互联网使用对农村居民生活垃圾分类意愿的影响［J］. 资源科学，2022，44（1）：47 -58.

［168］Anton C E, Lawrence C. Home is Where the Heart is: The Effect of Place of Residence on Place Attachment and Community Participation［J］. Journal of Environmental Psychology, 2014, 40: 451 -461.

［169］Bricker K S, Kerstetter D L. Level of Specialization and Place Attachment: An Exploratory Study of Whitewater Recreationists［J］. Leisure Sciences, 2000（22）: 233 -257.

［170］Bryson J M, Crosby B C, Stone M. The Design and Implementation of Cross-Sector Collaborations: Propositions from the Literature［J］. Public Administrations Review, 2006, 66（1）: 44 -55.

［171］Carrus G, Bonaiuto M, Bonnes M. Environmental Concern, Regional Identity, and Support for Protected Areas in Italy［J］. Environment and Behavior, 2005, 37（2）: 237 -257.

［172］Chen N, Larry D, Tracey F. Residents' Place Attachment and Word-of-Mouth Behaviours: A Tale of Two Cities［J］. Journal of Hospitality & Tourism Management, 2018（36）: 1 -11.

［173］Chen Y Y. Practice of Environmentally Significant Behaviors in Rural China: From Being Motivated by Economic Gains to Being Motivated by Environmental Considerations [J]. Behavioral Sciences, 2017, 7 (3): 59.

[174] Cook K S. Networks, Norms, and Trust: The Social Psychology of Social Capital [J]. Social Psychology Quarterly, 2005, 68 (1): 4 – 14.

[175] Droseltis O, Vignoles V L. Towards an Integrative Model of Place Identification: Dimensionality and Predictors of Intrapersonal Level Place Preferences [J]. Journal of Environmental Psychology, 2010 (30): 23 – 34.

[176] Harring N. Understanding the Effects of Corruption and Political Trust on Willingness to Make Economic Sacrifices for Environmental Protection in a Cross-national Perspective [J]. Social Science Quarterly, 2013, 94 (3): 660 – 671.

[177] Hartmann E, Herb S. Opportunism Risk in Service Triads: A Social Capital Perspective [J]. International Journal of Physical Distribution and Logistics Management, 2014, 44 (3): 242 – 256.

[178] Hernández, et al. Place Attachment and Place Identity in Natives and Non-natives Science Direct [J]. Journal of Environmental Psychology, 2007, 27 (4): 310 – 319.

[179] Khanal Y, Devkota B P. Farmers' Responsibilization in Payment for Environmental Services: Lessons from Community Forestry in Nepal [J]. Forest Policy and Economics, 2020 (118): 1 – 9.

[180] Li Q, Wang J, Wang X, et al. The Impact of Alternative Policies on Livestock Farmers' Willingness to Recycle Manure: Evidence from Central China [J]. China Agricultural Economic Review, 2020 (12): 583 – 594.

[181] Marquart-Pyatt S T. Concern for the Environment among General Publics: A Cross-national Study [J]. Society & Natural Resources, 2007, 20 (10): 883 – 898.

[182] Mccall G J, Simmons J L. Identities and Interactions. [J]. American

Journal of Sociology, 1968, 74 (1): 99 – 100.

[183] Messick D M, Kramer R M. Trust as a form of Shallow Morality. [M]//Cook K. Trust in Society. New York: Russel Sage Foundation, 2001: 89 – 117.

[184] Moulay A, et al. Understanding the Process of Parks' Attachment: Interrelation between Place Attachment, Behavioural Tendencies, and the Use of Public Place [J]. City Culture & Society, 2018 (14): 28 – 36.

[185] Neshkova M I, Guo H. Public Participation and Organizational Performance: Evidence from State Agencies [J]. Journal of Public Administration Research and Theory, 2011, 22 (2): 267 – 288.

[186] Putnam R D, Leonardi D R. Making Democracy Work: Civic Traditions in Modern Italy [J]. Contemporary Sociology, 1994, 26 (3): 306 – 308.

[187] Ray C. Neo-endogenous Rural Development in the EU [J]. Handbook of rural studies, 2006 (1): 278 – 291.

[188] Rhodes-Purdy M. Beyond the Balance Sheet: Performance, Participation, and Regime Support in Latin America [J]. Comparative Politics, 2017, 49 (2): 252 – 286.

[189] Toma L, Mathijs E. Environmental Risk Perception, Environmental Concern and Propensity to Participate in Organic Farming Programmes [J]. Journal of Environmental Management, 2007, 83 (2): 145 – 157.

[190] Williams R. Using the margins command to estimate and interpret adjusted predictions and marginal effects [J]. Stata Journal, 2012, 12 (2): 308 – 319.

[191] Worchel P. Trust and distrust [M]//Austin W G, Worchel S. The Social Psychology of Intergroup Relations. Belmont, CA: Wadsworth, 1979: 213 – 228.

［192］ Zajonc R B. Social Facilitation ［J］. Science, 1965, 149 （3681）: 269 –274.

［193］ Zhou Z F, Liu J H, Zeng H X, et al. How Does Soil Pollution Risk Perception Affect Farmers' Pro-environmental Behavior? The Role of Income Level ［J］. Journal of Environmental Management, 2020 （270）: 110 –126.